庄寨密码

永泰文书与山区开发史研究

闽海人文丛书

郑振满　主编

海峡出版发行集团
THE STRAITS PUBLISHING & DISTRIBUTING GROUP
福建人民出版社

图书在版编目（CIP）数据

庄寨密码：永泰文书与山区开发史研究／郑振满主编. --福州：福建人民出版社，2020.12（2025.3 重印）
（闽海人文丛书）
ISBN 978-7-211-08594-1

Ⅰ.①庄…　Ⅱ.①郑…　Ⅲ.①地方文化-研究-永泰县　Ⅳ.①G127.574

中国版本图书馆 CIP 数据核字（2020）第 272342 号

庄寨密码
ZHUANGZHAI MIMA
——永泰文书与山区开发史研究

主　　编：郑振满
责任编辑：江叔维
装帧设计：白　玫
责任校对：林　芬
出版发行：福建人民出版社　　**电　　话**：0591-87533169（发行部）
网　　址：http://www.fjpph.com　　**电子邮箱**：fjpph7211@126.com
地　　址：福州市东水路 76 号　　**邮政编码**：350001
经　　销：福建新华发行（集团）有限责任公司
印　　刷：福州德安彩色印刷有限公司
地　　址：福州市金山工业区浦上标准厂房第 42 幢
开　　本：700 毫米×1000 毫米　1/16
印　　张：18.75
字　　数：319 千字
版　　次：2020 年 12 月第 1 版　　2025 年 3 月第 2 次印刷
定　　价：88.00 元

目　录

郑振满

前　言

（在庄寨发现古文书。右郑振满，左一宋怡明）

念物力维艰

永泰地处戴云山余脉，境内多为中低山地，森林覆盖率高达70%以上，为福建省重点林区之一。明清时期，由于林业经济的快速发展，大批外来移民进入永泰山区，促成了社会经济结构的转型。近年来，在永泰县政府的支持下，我们在永泰山区开展广泛的田野调查，收集了丰富的历史文献资料，其中大多是民间契约文书。本书试图通过解读这些契约文书，考察明清以来永泰山区的开发进程，探索庄寨建筑的历史奥秘。在开篇之前，拟简要介绍相关历史背景，以期有助于阅读与理解。

永泰文书的保存状态

在中国历史上，“官有正条，民有私约”，契约文书是民间日常生活的主要规范体系。因此，在中国社会经济史研究中，民间契约文书可以说是最可靠的原始资料。

永泰民间现存的契约文书，总数应有数十万件。在我们初步调查的嵩口、洑口、同安、盖洋、霞拔、梧桐等乡镇，通常每个村落都有几百至数千件契约文书。如本书重点考察的嵩口镇漈头村和盖洋乡珠峰村、三对厝，已收集现存契约文书3000余件；洑口乡山寨村和盖洋乡碓头村，已收集现存契约文书2000余件。我们已将这些契约文书逐一扫描和归档，其原件略作修补和整理后全部归还给收藏者保存。到目前为止，共复制现存契约文书3万余件，还有大量的族谱、阄书、账本、科仪书、人情簿等民间历史文献。这些民间历史文献的形成年代，最早可以追溯至明代前期，最迟延续至20世纪末，时间跨度长达600年以上，构成了系统性的历史记录。

从田野调查中收集的民间契约文书，大多具有良好的“归户性”和“归物性”。所谓归户性，是指契约文书与收藏人的相关性；所谓归物性，是指契约文书与具体事物的相关性。在契约文书研究中，如果原有的资料系统已被扰乱，无法揭示其归户性和归物性，就很难开展深入的分析和讨论。我们已经收集的永泰契约文书，绝大多数来自当事人家中，较好地保存了契约文书的“原生态”，可以依据归户和归物的原则，逐步开展后续整理和研究。

我们在田野调查中发现，永泰村民的家中大多有专门收藏契约文书的容器，通常是樟木箱子或柜子。我们打开这些箱子或柜子时，通常可以看到包扎成一捆一捆的契约文书，每一捆的外面都有“包契纸”，其表层通常有收藏者留下的原始记录，内容包括年代、数量、契约名称、相关人物等。这些“包契纸”反映了契约文书的原始分类系统，为我们整理和研究契约文书提供了基本依据。

永泰民间的现存契约文书，主要是历代分家的文书和历次产权交易的“上手契”。从现存分家文书可以看出，每一次分家析产都要瓜分相关契约文书，如涉及公共产业则必须指定契约保管者。因此，每一代收藏的契约文书都可以完整保存，并由派下子孙世代相传。此外，永泰民间的产权交易必须提交“上手契”，其意义在于证明产权来源的正当性。由于大多数产业都要经历多次交易，其上手契就像滚雪球似的不断累积，有时一次交易涉及的上手契就有数十件之多，其时间跨度长达数百年。通过考察这些契约文书的流传过程，不难发现当地社会经济结构的转型。

永泰文书涉及社会生活的许多不同领域，其形式极为复杂，其内容极为丰富。为了集中反映永泰文书的形式与内容，本书较为完整地抄录了若干契约文书，以期揭示其史料价值。当然，本书的重点在于考察永泰的山区开发与庄寨建筑，而不是系统研究永泰文书。永泰现存契约文书的分类系统、历史源流及其解读方法，还有待更为深入的专题研究。

明代以来的山区开发

永泰山区地势险峻，早期居民大多散居于山间盆地，维持自给自足的农耕经济。北宋末年的永福县令黄子理，曾论及本地交通闭塞，经济落后，“其山居之人，终身不知车马驰骤之逸也。其民火翳水耕、崖锄陇莳将终岁，仅仅以输王租、给岁供”①。到了明代前期，有些土著家族致力于开发山区资源，经营山林经济。如大章人董璘，“其先以田畜竹木起富，至璘，四世擅其利，遂致累巨万，田占数县。嘉靖初，由岁

---

① 〔宋〕黄子理．越峰寺玩芳亭记［Z］//万历永福县志：卷4．福州：海峡书局，2012：123—124。

贡拜电白令。自携千金之官"①。董家四世以经营"田畜竹木"而发家致富，应是永泰山区较早经营山林经济的世家大族。不过，明代永泰山区开发的主要动力，来自明初的屯田军户和明中叶的外来移民。

明代永泰的卫所屯田始自洪武二十九(1396)年，"以未科荒地分与福州、延平二卫军之老弱者屯种"。当时在永泰各地共设立17屯：二都龙屿屯，七都葛岭屯，八都郑洋屯，十都汰口屯，十四都北桥屯，十六都古岸屯，十八都白面屯，二十都下庄屯、章室屯，二十一都洋尾屯，二十三都后坑屯、东山屯，二十六都埔埕屯，二十七都拿板屯，二十八都姜埕屯，三十三都松行屯，三十五都洑口屯。到了永乐二(1404)年，又增派福州卫、延平卫的屯军，在永泰各地增设7屯：十六都洋山屯，十九都古洋屯、白面屯，二十三都赤洋屯、秋垄屯，二十八都白渡屯，三十二都南墘屯。② 按明代军屯制度，每屯约有屯军100人，每人耕田30亩。因此，明初在永泰开设24屯，共有屯军约2400人，可开垦荒地7万多亩。

明代前期，由于军屯制度日益废弛，屯军大量逃亡，屯田逐渐流失。不过，明代永泰的军屯系统并未完全解体，至康熙七年福州左卫"实在屯田"10453亩、康熙十七年仍有延平卫"实在屯田"17088亩。③ 明代永泰的屯田军户，有不少发展为当地的世家大族，如同安鲍氏家族、大洋鄢氏家族、洑口白氏家族，原来都是明代的屯军家族。从现存契约文书看，这些屯军家族于明中叶陆续进入当地的里甲系统，致力于开发山林资源。本书关于三洋爱荆庄鲍氏家族、洑口双溪白氏家族和嵩口漈头村的研究，反映了屯军家族的生计模式与"在地化"过程。

明代中叶，江南地区与闽浙沿海城镇经济的发展，推进了东南丘陵地带的山林资源开发。④ 永泰靠近闽江流域出海口，水运系统比较发达，较早出现山区开发的高潮。本书考察的盖洋珠峰谢氏家族、洑口山

---

① 万历永福县志：卷6[Z]. 福州：海峡书局，2012：212。

② 万历永福县志：卷1[Z]. 福州：海峡书局，2012：37。

③ 乾隆永福县志：卷3[Z]. 福州：海风出版社，2011：73。

④ 郑振满. 明清时期的林业经济与山区社会——福建永泰契约文书研究[J]. 学术月刊，2020(2)：148—158。

寨黄氏家族、洑口双溪卢氏家族等，都是明代前期进入永泰山区的外来移民。这些早期移民的生计模式，大多是以租山伐木、种植经济作物为生，往往居无定所，被视为“客民”。万历《永福县志》记载：“邑居万山之中，地之平旷者不得什一……至于引水不及之处，则漳、泉、延、汀之民种菁种蔗，伐山采木，其利乃倍于田。久之，穷冈邃谷，无非客民。”又云：“漳、泉、延、汀之幸民流布山谷，生齿凌杂，实皆邑之户口，而不登邑之黄籍。”① 万历十八(1590)年，永福知县陈思谟为了防止客民作乱，“令里宰举山谷中种菁客民籍记之”②。在此历史背景下，这些外来移民逐渐入籍定居了。

清代永泰山区的山林经济日益多元化，植树造林与加工、贸易并举，逐渐形成以市场为导向的生产经营模式。从现存契约文书看，清代永泰的山场大多已经开发利用，种植杉、松、竹、楂、桐、李、茶等人工林。有些山场甚至可以综合利用，同时种植各种经济林和粮食作物。在林木种植业的基础上，发展造纸、榨油、烧炭、烧窑、制茶、制笋、木器等山区手工业，并经营山区特产的转运与贸易。当然，由于自然条件有所差异，永泰各地的山林经济也有不同特色。如盖洋碓头、同安三捷盛产茶油，而洑口紫山、盖洋珠峰以造纸闻名。更为重要的是，随着市场环境的变化，永泰山林经济的经营方向也会不断调整。本书力求通过研究契约文书，揭示永泰山林经济的区域特征与时代特征。

由于经营山林需要长期投资，永泰山林经济形成了多种合作经营模式。早期的山区开发，通常是采用租佃经营的模式，由佃户租山种树，交纳定额山租，或是待树木长大后与山主分成。清代有不少合股租山或买山契约，即通过按份集资，共同经营山林。有时可以通过合约的形式，共同开发同一山场，但各自培植或利用不同的树木。在经营过程中典卖山林产权，或是通过包买林木转让收益权，为山林经营者提供了特殊的融资形式。此外，由于山林经济适宜多种经营，家族式的经营模式在永泰山区尤为盛行。

在永泰历史上，山林的产权归属很不明确，经常发生山林产权纠

① 万历永福县志：卷1[Z]. 福州：海峡书局，2012：39。
② 万历永福县志：卷2[Z]. 福州：海峡书局，2012：59。

纷。明代永泰的山主通常是土著家族，在里甲系统中按山税负担分配山场，其产权号称“税山”或“丁山”。明中叶以后，有不少土著家族趋于衰落，陆续典卖其山林产权。到了清代，永泰的山主通常都不出卖山场，而是出租或转让其经营权。由于山场地域辽阔，地形复杂，其经营与利用方式又较为多元，因而经常引起产权纠纷。从现存契约文书看，永泰的山林纠纷主要涉及经营权与收益权，较少涉及山场（“税山”）的归属。由于永泰的山场大多归家族所有，其产权纠纷通常涉及不同的家族，必须请“公亲”协调解决。有些难以调解的山林纠纷，可能进入诉讼程序，但最终仍是回归民间调解。在盖洋珠峰村和洑口山寨村，曾经发生跨政区的山林纠纷，有些经历了较为复杂的诉讼与调解过程。

聚落形态与庄寨建筑

永泰山区的聚落形态与庄寨建筑，近年来引起广泛关注，已有不少相关研究成果。[①] 本书力求从山区开发的历史维度，探讨聚落形态与庄寨建筑的发展机制。从现存契约文书看，永泰山区大多聚族而居，但主要聚落形态并非庄寨，而是以祖厝为中心的建筑群，或是祖厝和寨堡相结合的“民居-防御”体系。

永泰山区广泛流行“十八姓”传说，即当地居民原有十八姓。这一传说可能导源于明初的卫所屯田，也反映了当地历史上的生存竞争。山区的生存空间相对狭小，很难容纳较多的人口，导致当地人口频繁迁移。在一般情况下，每一家族的入籍定居，都是由于兼并了其他家族的田地和山场，而失去立足之地的家族只好迁走了。因此，在当地长期聚族而居的家族，必然有较为成功的生存策略。

为了满足聚族而居的需要，通常必须建造大宅院，俗称“厝”或“庄”。永泰山区的古厝，一般是三合院或四合院，中间为明间厅堂，两边房间对称排列，前有左右书院，两翼有左右护厝，可以居住三至四

① 如：李建军．福建庄寨［M］．合肥：安徽大学出版社，2018；李耕，张明珍．社区参与遗产保护的延展与共度——以福建永泰庄寨为例［J］．广西民族大学学报（哲学社会科学版），2018（1）：95—103。

代人。在分家之后，通常会留下厅堂、官房、书院等公共空间，作为族人的礼仪交际场所。经过若干代的繁衍之后，这些古厝逐渐演变为供奉祖先的祖厝，而在祖厝附近又会建造新的大厝。在盖洋三对厝，可以看到永泰山区传统民居的理想模式；在洑口山寨村和盖洋碓头村，至今仍保存以祖厝为中心的聚落格局。在永泰现存契约文书和族谱中，有不少关于历代古厝的记载，集中反映了家族聚落的发展机制。

明清之际，永泰山区经历了长期的社会动乱，当地民众纷纷建造寨堡，聚众自卫。这些寨堡大多建在地势险要的山顶，易守难攻，但缺乏水源，无法长期居住。到了清初安定之后，民众回归日常生活，这些寨堡也就废弃了。清代永泰山区的寨堡，逐渐与日常住宅相结合，形成了集居住与防御于一体的“庄寨”建筑。如梧桐陈氏家族的六世祖朝历，明末曾避乱于螺园寨，“及清主大定之后，散寨归田，仍鸠通族，筑立土堡于坂中之野，以卫身家，以便力农”①。盖洋珠峰村的谢氏家族，于乾隆年间重建寨堡，平时由“十八股”族人分房居住，动乱时可供全体族人进寨避难。这种同时兼顾居住与防御需求的建筑形式，可以说是永泰庄寨的基本特征。

永泰庄寨通常都有厚实的闭合式外墙，墙上配备碉楼、铳孔等防御设施；内为正屋和护厝，通常是二至三层楼房，可以分隔为住房、仓库、厕所等各种不同的生活空间。这些庄寨建筑规模宏大，设施齐全，可以居住数百人，其实就是自成体系的家族聚落。本书考察的同安三捷村仁和庄（青石寨）、同安三洋村爱荆庄（美祚寨）、盖洋珠峰村钦察寨，都是这种聚族而居的庄寨。在这种庄寨建筑中，家族成员分工协作，可以开展多种经营，发挥家族经济的综合优势。

建造庄寨需要耗费巨大的财力，而且历时长久，并非普通民众可以做到的。因此，每逢动乱时期，永泰山区都会出现重建寨堡的高潮。如嵩口漈头村和盖洋碓头村、三对厝，晚清民国时期都重建了用于避难的寨堡。这些寨堡建在村外的山头上，在动乱时期可以临时居住，但到了和平时期就不适宜居住，难以长期维持，最终都荒废了。从现存契约文书看，这些寨堡通常都是若干家族集资重建的，形成了具有集体防卫性

---

① 梧桐陈氏族谱:世系．民国抄本:无页码。

质的族群联盟。此外，寨堡与住宅之间可以实现功能互补，实际上是永泰庄寨的又一表现形式，或者说是永泰山区的特殊聚落形态。

本书为永泰县村保办（古村落保护办公室）委托项目，由厦门大学民间历史文献研究中心组织编写。参加本项目的主要成员为厦门大学历史系研究生董思思、张泽宇、卓竞、周煜翔、郑鹏程、于帅、顾浩、万力胜、马多，每位同学独立完成各自的个案研究，郑振满负责统稿。如无其他说明，书中所引契约文书、碑刻、族谱、账簿、祭文等民间文献均由本中心收集、整理并编号，不再标识文献类型；录文中（）表示原文标注、〈〉表示引用者提示、[ ] 表示改正字、〔〕表示酌补字，加框表示因缺损、模糊、潦草、讹误而难以辨识、适度推定的字。本项目调研过程得到了永泰县政协张培奋副主席和东南乡建咨询有限公司张明珍先生的指导，谨此致谢！

卓　竞

珠峰谢氏家族与钦察寨

（钦察寨，赖泽樟摄）

引言

位于盖洋乡珠峰村的钦察寨，始建于道光年间，历时22年建成，在当地俗称“珠峰寨”。寨内原有主体建筑五厅十扇，包括372间房屋，占地7000多平方米。在20世纪下半叶，共有300多位谢氏族人住在寨内，划分为三个生产队(图1)。自80年代以来，寨内族人陆续迁出另建住宅，或是迁往永泰城关、福州南屿等地。此后，古老的钦察寨逐渐荒废，五间厅堂逐一坍塌，右侧房屋已经拆除，唯有寨墙完整保存(图2)。近年来，在各级政府的支持下，珠峰谢氏族人发起重建钦察寨，使之再度焕发生机。

图1　20世纪80年代的钦察寨（谢林仁供图）

2016年农历八月二十日子时，在嘈杂而喜庆的奏乐中，伴随着“盖洋红”的阵阵醇香，钦察寨关帝厅的上梁仪式（图3）准点揭幕。在珠峰这个深山古村，平时常住人口不到百人，当日却热闹非凡。为了参加重建钦察寨的开工仪式，在外经商、务工的谢氏族人纷纷返回故乡，共襄盛举。

上梁所用的巨型杉木在十几天前就已选好，当地称为“伐梁”。①

① 关于珠峰寨关帝厅上梁仪式的过程记录均为东南乡建张明珍先生提供。

所选杉木直径超过半米，高大挺拔，枝繁叶茂，象征子子孙孙万代相传。上梁当日，全村所有人早早地聚集在了庄寨内外，搭建天梯，张灯结彩。子时一到，数位身强力壮的谢氏族人抬着梁木爬上天梯，上面的“鲁班师傅”（木匠）早已做好准备，围观人群迸发出阵阵喝彩和掌声。

图 2　修缮前的钦察寨（叶俊忠摄于 2015-9-8）

图 3　钦察寨重建上梁仪式（张培奋摄于 2016-9-3）

上梁完成后，两盏大红灯笼挂上梁木，象征着家族能够不断“添丁”；一个装着五谷的红袋子压在大梁底下，代表“添财”。随后，众人开始在梁下祭拜先祖，鲁班师傅则一边诵读着吉祥的话语，一边将包着竹钉的红纸分发给大家，俗称“分钉”。上梁仪式结束后，众人在寨内聚餐，谈论城里乡间的种种趣事，觥筹交错，灯火通明，热闹非凡。

2017 年 10 月，厦门大学民间历史文献研究中心一行八人，在永泰县村保办、盖洋乡政府和东南乡建咨询有限公司等单位的协助下，前往珠峰村进行田野考察。我们在村中看到了树龄已达数百年的银杏树，在村民家中看到族谱、契约、账簿、科仪文献、私塾课本等历代文献资料。本文通过解读珠峰村与钦察寨的相关历史文献，探讨明清以来山区开发的历史进程。

聚落形态与现存文献

珠峰村地处永泰、尤溪、德化三县交界处，东、北为尤溪山头顶村和上洋村，西、南为德化淳湖村，距离盖洋乡政府约 19 千米。明清时期，珠峰村属永福县三十六都一图南山保，清代地方志称其为“初坑”。民国时先后编入永泰县南区、盖洑联保，1949 年后隶属盖洋乡。①

珠峰村平均海拔约 700 米，为戴云山东北麓最偏僻的山中古村落，周围层峦叠嶂，山路险峻难行。全村现存古屋旧厝 40 余座，大多建在靠近山顶的向阳山坡(图 4)，其中尤以钦察寨的地势最为险要(图 5)。

珠峰辖区面积约 4.44 平方千米，现有毛竹林 225 公顷、油茶林 20 公顷、李果林 5 公顷。由于当地农田有限，漫山的竹林和果树是主要经济资源。竹林出产的春笋产量较高，大多制成笋干出售。通常在清明时分开始挖笋，送至笋寮经削笋、煮笋、漂笋、切皮后放入榨围之中烘烤，工序至少历时一个月。烘烤时火力不可中断，需要专人看管，均匀加热。

据村民回忆，本地以前盛行造纸，各家先将成竹放入水池中浸泡，再加工为毛边纸，运至尤溪中仙乡售卖。流经村边“溪兜”的长潭溪，

① 永泰县志[Z]. 北京:新华出版社,1992:35—42。

图 4　珠峰村全景（左为钦察寨，叶俊忠摄于 2015-9-8）

图 5　钦察寨位置（最高处，刘熹摄于 2017-10-15）

春季水流充沛，可将杉木和竹林放排，在后亭一带进入大樟溪。大樟溪发源于德化，经永泰注入福州南港，为闽江下游的主要支流。本地的竹排通常扎成三层，每层十余根。通常三个人每次可以放十个竹排，到达洑口乡需要三天。现在由于长潭溪下游兴建水库，已经无法放排，一般由尤溪县的商人来本地收购成竹。

在人民公社时代，珠峰村每年生产数百根杉木，主要也是通过溪流外运。不过长潭溪上游河道狭窄弯曲，杉木在溪流中容易堵塞，需要大量的劳动力一路跟随疏导。每放流 100 根杉木，大约需要 20 人照管，途中历时两个月，最后交付洑口乡林业局。① 因此，以前培植与售卖杉木都是家族产业，并非一家一户可以经营。

在珠峰的小溪涧边上，现存 50 多株高大的银杏树，树龄有六七百岁。杏仁果和杏仁叶都有药用价值，可以带来可观的经济收益。村中最高大的银杏树，每年可以采摘 20 多担银杏果。现在实行分包到户，大约每四五户共同管理一株银杏树。每年深秋，杏叶泛黄，层林尽染，吸引了不少游客。近年来，由于珠峰村入选“传统村落”“美丽乡村”，对外交通不断改善，发展旅游业的条件日益成熟。

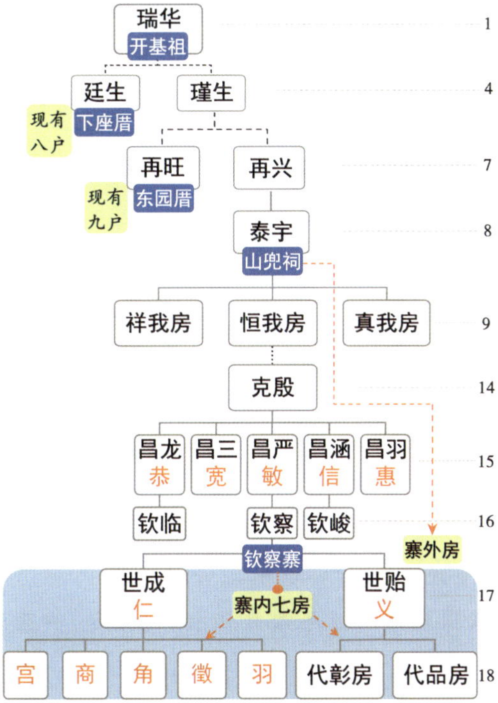

图 6　珠峰谢氏家族世系图

珠峰村的早期居民是张氏族人，目前张氏只有两户人家，其余都是谢氏族人。谢氏分为山兜祠、东园厝和下座厝三大房，山兜祠派下又分为寨内房和寨外房，其中寨内房人口居多，约占全村一半。（图 6）

每年农历七月，珠峰谢氏族人都要祭祀“大祖”和“二祖”。大祖是指谢氏在本地的开基祖瑞华公，二祖是山兜祠房、东园厝房和下座厝房各自的支祖。七月初一祭大祖，每户都要派人参加，由四户做头，在大祖祠堂祭祖后聚餐，并派人到尤溪中仙乡参加祭拜入闽始祖添隆公的仪式。七月初二，山兜祠房在二祖祠堂祭二祖，仪式与祭大祖相似；东园厝房和下座厝房人户较少，在本村没有二祖祠堂，一般是在本房的大厝中祭拜。每年农历十一月，外出的族

① 受访人：谢义兴，采访人：卓竞，场景：珠峰村，2017-10-9。

人一般都要回乡扫墓，同时拜会亲友，团聚数日。

珠峰历史上有两座寨堡，即下寨和上寨，都是谢氏族人建造的。下寨的始建年代不明，乾隆年间重建，现存乾隆十二年的建寨合同。根据相关文书记载，当年共有“十八股”族人合作建寨，寨内土地分成上、中、下三坪，由出资者在寨内建房居住。后来此寨毁于火灾，现存寨门与寨基。上寨即钦察寨，寨内除住宅之外，有祖厅、关帝厅、书斋、武厅等公共空间，还配置了走马道、仓库、通沟、丁厝、左右横楼等附属设施。外侧的土石围墙厚达 1 米，附设炮楼、瞭望孔；寨门由铁皮包裹的实木制成，配置灭火装置与枪眼。

村里有一座奉祀广泽尊王的“富兴宫”，据传在谢氏族人迁来之前就已存在，至今已有 500 余年历史。广泽尊王信仰源自泉州府南安县，为闽南地区的乡土神。[①] 早期崇拜广泽尊王的人群，应是来自泉州地区的移民。他们在数百年之前已经进入戴云山东北部地区，可见永泰山区的人口流动由来已久。

在本村靠近尤溪县的边界，有一座泗州佛庙，曾为永泰嵩口到尤溪中仙的必经之地，往来商旅都会在此停歇，故一度香火兴旺，后毁于火灾，1996 年周边村落集资重建。庙中匾额上的募捐名录，来自附近 20 多个村落的 40 多个姓氏，包括尤溪吉华村萧氏和德化淳湖村郑氏，以及永泰盖洋乡的：湖头村林氏，石塘村柯氏、苏氏、陈氏、张氏、曾氏，珠峰村谢氏、张氏。其中珠峰谢氏族人捐款最多。

每年元宵节的请神仪式，在本地是最为隆重的民间宗教活动。珠峰村的请神仪式，不仅要请本地的广泽尊王、泗州佛等，还要请外来的卢公、圣母和关帝圣君。卢公是赤岭暗亭寺的主神，据说原是嵩口人，后来修炼成仙，曾到珠峰村的湖顶山修身施法；圣母为上洋仙马亭的主神，据说该庙原是珠峰和上洋共同修建的；关帝原来供奉在钦察寨的关帝厅，据传是钦察公在外经商时带回的。从这些神明信仰可以看出，虽然珠峰地处闽中山区深处，但却具有多元与开放的文化传统，这无疑是

---

① 关于广泽尊王信仰的起源和传播途径，可参见：李玉昆．广泽尊王信仰及其传播[J]．世界宗教研究，1997(3)：122—127；泗州佛的相关研究参见：林晓君．泉州泗州佛信仰调查[J]．福建文博，2009(2)：51—55。

长期对外交流与互动的结果。

珠峰村现存的历史文献，主要保存于谢氏族人家中，大致可以分为家族文献和私人文献两大类。家族文献包括契约、族谱、祭产簿、丁粮册、收据、借条等，主要是谢氏山兜祠历代祖先购置山林、经营土地的相关文书。这些家族文献原本放置于钦察寨的厅堂之中，后来由仁房族人谢绍及带回家中收藏，另有其兄谢绍俊保管的仁、义二房分家阄书。私人文献是指村民家中世代流传下来的文献，种类繁多，且分属于不同支房。我们已收集的珠峰历史文献资料，如表 1 所示：

表 1　珠峰谢氏家族现存文献一览表

保管者	文献类型	数量	保管者所属支房
谢绍及	契约、族谱、账单、收条、借据、阄书、丁粮册、书信等	约 3000 件	山兜祠房·仁房·第四房
谢绍华	契约、借据、收条等	1115 件	东园厝房
谢孟炉	契约、借据、收条等	470 件	山兜祠房·寨外房
谢绍田	流水账簿、人情簿、生卒表、田租簿、捐款册、契约文书等	12 册，契约 155 件	山兜祠房·仁房·第四房
谢绍晶	科仪本	10 册	山兜祠房·仁房·第五房
谢绍怡	契约、借据等	42 件	山兜祠房·寨外房
谢绍俊	阄书、科仪本、民国私塾课本、日用杂书、账簿等	45 册	山兜祠房·仁房·第五房

珠峰村谢氏家族现存的历代文献仍然保存于使用者家中，具有明显的“归户性”。其家族文献涉及族产与规约,有助于考察谢氏家族的整体运作状况；其私人文献涉及若干家庭的经济活动,有助于探讨当地村民的不同生计模式。形成年代从 16 世纪的明代后期一直延续到 20 世纪下半叶。通过解读这些历史文献,可以较为系统地了解明代以来当地的社会经济形态。

在收集谢氏文献的过程中，我们惊喜地发现，当地村民注重保护历史文献的原生态，通常是按照文献的原有系统分类保管。例如契约、借据、收条等单件文书，一般不是杂乱无章地放在一起，而是按照不同的分类放进一个个小包。在小包外面通常有“包契纸”注明类别，如“后坑垄土地契约”“张晏忠卖山契”“宗族规约”“杂契”等（图 7）。

图 7　珠峰谢氏文书掠影（郑鹏程摄）

通过这些原始标识，我们很容易重建文献的原有系统，而不至于张冠李戴。

现存谢氏文书有不少是“上手契”，即产权以往历次转手交易的相关契约，在谢氏成为最终买主后也被一并交给谢家。当地历史上的产权交易，通常要经历典、卖、撮、尽、断、洗等不同环节，上手契可以揭示产权转移过程。此外，谢氏文书中的上手契，往往涉及周边地区的上洋萧氏、南山柯氏、淳湖郑氏等家族，可据以追溯当地历史上的族群关系，探讨地方社会的长期演变趋势。

当地村民非常珍惜历代祖先留下的文字记录，各种文献在他们的日常生活中都具有重要意义。他们需要通过族谱记载家族历史，通过契约确认产权归属，通过礼仪文献维护社会网络，这些民间文献无不承载着他们的历史记忆与文化传统。因此，我们在调查研究时，也小心翼翼地保护这些历史文献，尽可能避免人为的打乱、损坏或流失。

谢氏家族的定居过程

根据《山兜祠谱志》记载，珠峰谢氏的入闽始祖为添隆公，原住南京乌衣巷，洪武年间曾经戍边西北，后来在汀州府致仕，最终迁居尤溪县。其子孙散居于福州、永泰、尤溪、闽清等地，各有不同的开基祖。这一祖先传说融合了屯军和客家的因素。

珠峰谢氏的开基祖瑞华公，据说为添隆公之曾孙，原住尤溪县，往仙游考察途经珠峰村时，发现本地“龙脉旺盛，定能发展子孙至百家以上”，遂于洪熙元(1425)年携妻迁来。此地原有十八姓人家，其中势力最大的是“路上张氏”。谢氏族人初到时以养鸭为生，仅有一间寮棚容身。后来路上张氏因得罪风水师而败落，不得不将山场、房屋典卖给善待风水师的谢家。当年瑞华公在张氏的地基上建造的住宅，后来成为珠峰谢氏的大祖祠堂。①

“初住寮棚”“风水师报恩”等故事与客家移民密切相关②，毗邻珠峰的石塘曾氏家族也有风水师报恩的故事。客家人对风水师格外敬畏，认为他们有能力改变祠堂风水，导致宗族兴衰。③ 至于“十八姓”的说法，在永泰山区流布甚广，如漈头、官林等地都有类似的传说。盘谷《张氏族谱》记载：明代永乐二年，从江苏、江西、安徽等省投军移民来福建屯垦，后分别迁居永福西区大洋、龙门、鳞阳、盘谷等地的有鄢、汪、张、林、黄等十八姓。④ 可见“十八姓”可能源自明初的屯田军户。《山兜祠谱志》记述祖先退伍后流徙闽西和闽中山区，可能就是吸收了军户家族的祖源传说。

---

① 山兜祠谱志：定居珠峰村．珠峰谢志垚于20世纪90年代据民国旧谱残卷抄本：无页码。

② 参见：徐晓望．明清东南山区社会经济转型——以闽浙赣边为中心［M］．北京：中国文史出版社，2014：256；［澳］梁肇庭．中国历史上的移民与族群性：客家人、棚民及其邻居［M］．冷剑波，周云水，译．北京：社会科学文献出版社，2013：25—34；刘敏．论清代棚民的户籍问题［J］．中国社会经济史研究，1983(1)：17—29。

③ 林晓平，戚莎莉．略论客家农村地区风水盛行的原因和客家祠堂文化观［J］．农业考古，2007(6)：221—224。

④ 永泰县志［Z］．北京：新华出版社，1992：753。

“十八姓”传说和“风水师报恩”故事，可能分别对应着明初的屯田军户和明清之际的客家移民；而闽西汀州记忆与闽南广泽尊王信仰，则反映了本地族群来源的多元性。这些不同的文化符号，共同塑造了珠峰谢氏族人的历史记忆，构成了永泰山区开发的历史语境。

据族谱记述，瑞华公来到珠峰之后，购置了路上张氏的田地、山林和房屋，而张氏从此一蹶不振。明代后期，路上张氏与谢氏之间依然有产权交易。在现存谢氏文书中，有两张万历二十(1592)年的契约，其一如下：

英达里三十五、六都朱坑住人张晏忠、弟晏富，有故侄张新起在日将本处地场一所，坐落楯埕大路下，上至坪后为界，下至番尾为界，左至田为界，右至梨樸，送卖南山柯璀为业。今见柯璀已故，管业不便，伍官娘转卖朱坑谢再旺边，出头办契银壹两壹钱，凭契赎回，并及原契缴付照。晏忠、晏富见侄无人应役，托中人劝谕，再加增尽契素银捌钱正。其银当日交足，其地场自增之后，任许开垦起盖房屋，并不敢妄言生端异说。两家甘允，各无反悔；如有反悔，执出增契，当官比对，□众无词，永远管业，不敢赎回。向后并无弟男子侄争占，如有不明系是晏忠出头知当，不涉买主之事。今欲有凭，亲立增契壹纸，付与买主收执，永远为照者。

万历二十年四月　日。立增契人：张晏忠。同契人：张晏富。〈押〉①

在这一契约中，张新起最初将地场卖给南山柯璀，柯璀去世后又“活卖”给谢再旺，而张晏忠兄弟又借故加价“尽卖”。从此，张家放弃了回赎权，谢再旺得以在此起盖房屋，永远管业。从契约看，谢再旺通过向张家买地，获得了在珠峰的“入住权”。时过半年，谢家又买下了此地附近的地基，以便“整做风水花台”。其契约如下：

永福县三十六都朱坑下路园住人张晏忠同弟张晏富，因欠南山柯处田租，被田主具告本县张爷，供断罪价，无银照纳，自将祖地基土名坐落楼下一所，东至岺下，西至下厝路，南至园头，北至浮沟为界，四至明白，自情愿托中送卖本乡谢处出头承买为业。三面

---

① 盖洋乡珠峰村谢绍华文书：散件-丙00328。

言议，时价银二两五分正，即日交讫完毕，无欠分文。其地任从买主前去整做风水花台，卖主再不敢言说等情。其地与叔伯兄弟子孙并无相干；如有外人争夺侵占，系卖主出头支当，不涉买主之事。其地向后并无尽契洗业，永远与买主管业，卖主子孙不敢取赎等情；如有此等，此系诓骗等情之罪。如有言说，推出契纸，当官支理，认罪无词。今欲有凭，立文契一纸，付买主为照。

万历二十年十月　日。立契：张晏忠、张晏富……〈押〉[①]

所谓“风水花台”，又称“化胎”，即正屋与环形围屋或围墙之间的露天部分，呈半月形，是客家“围龙屋”建筑的典型标志。[②] 这一契约表明，谢氏在建屋定居的过程中，力求把自身的文化因素融入本地。

从契约看，当时张晏忠兄弟因欠租、无人应役等原因被迫出卖祖地，可见珠峰的原住民张家至此已经衰败，而谢家可能就是在这一时期取代了张家。契约还明确记载，如果发生产权纠纷，可以“当官对比”“当官支理”。这说明，当时谢氏族人购买的土地已经拥有合法的产权。当时正值永福知县陈思谟对“种菁客民”实行“籍记”[③] 即强制登记入籍，谢氏族人可能就是因此而入籍定居。

谢再旺为珠峰谢氏第八世族人、东园厝房的支祖。关于谢再旺的发迹过程，在谢氏家族中有不少传说，大意是：“再旺公父母早逝，与其兄再兴公相依为命，到南山为财主家放牛、耕地。后来，再旺公遇到一个老人，自称曾为匪首，家财万贯，膝下只有一女，要再旺公入赘，为他养老送终。再旺公因此继承了许多财产，建造了东园厝，购置了大量田地和山场。再旺公的子孙在清初已有200余口，到咸丰年间因祖祠损坏而人口锐减，民国七(1918)年又遭德化土匪洗劫，东园厝及相连四重横楼全部烧毁，自此彻底衰落。”据考证，谢再旺入赘南山确有其事。在谢氏文书中，现存如下合约婚书：

永福县卅六都苿坑住人谢元隆，有男谢再旺，凭媒说合，引到

① 盖洋乡珠峰村谢绍华文书：散件-丙00330。

② 林淑芳，魏建康，王隽，等．闽西客家民居建筑形式与文化［J］．现代园林，2014(9)：33—37。

③ 万历永福县志：卷2［Z］．福州：海峡书局，2012：59。

本都南山，吴二遗生有女子吴妹娘，壬己相当，招赘男谢再旺配合夫妻，当受财礼银叁两正。其男再旺自今入赘成亲之后，奉祀吴二夫妇汤水，不敢悖逆不孝、背义私通、亲属拐带、偷盗家物等情，务要在家勤谨农业，亦不敢抛闲懒惰。直待吴二夫妇百年之后，方敢归宗。此系二家父子甘允，各无反悔；如有反悔，甘罚银伍两奉众公用，亦许经官告谕，甘当背义不孝情罪。惟愿再旺夫妻偕老，琴瑟和鸣，接续宗枝。今恐无凭，亲立婚书一纸，付吴二收执为照者。

亲立合约婚书二纸，各执为照者。

隆庆肆年拾壹月　日。立婚书人：谢元隆。媒人：柯五官。里长、见人：柯七官、柯六官、柯十官、柯四官。立婚书男：谢再旺。代书人：陈仕七。家长：谢贵。〈押〉

从婚书可以看出，当年谢再旺是经由其父谢元隆做主，入赘南山吴二家中，为吴二夫妇养老送终后回谢家。值得注意的是,这一婚书的见证人是柯姓里长,谢家也有“家长”画押担保,谢家违约须罚银五两“奉众公用”。这说明谢再旺入赘吴家是家族事件，可能涉及当地里甲系统的赋役负担。

明代后期，珠峰谢氏族人已有不少田产，并开始出现贫富分化。万历二十三(1595)年，谢再富将自己继承的田产卖给谢再旺，立卖契如下：

永福卅六都珠坑保住人谢再富，今见无银应用，自情愿将己分过有祖地土名坐落坑里坂〈下缺〉堀兜田叁丘，又及后坂仔，又及前墘坂共等墩，东至埔坑，西至大坑，上至伍甲田，下至舍头田，四至明白，开垦成田，托中送卖□□□谢再旺边出头承买。三面言议，时值工食价银捌两正。又坑里坂苗田，载租壹石伍斗正，每石重伍拾斤，其苗米叁升正，时值银壹两伍钱正。其银当日交足，无欠分文。其田付买主管业，收租纳粮。其田承回耕作，约纳租谷壹石伍升正。其田自卖之后，永远不得言说□□增尽之理。其田开垦不明，系卖主出头支当，不涉买主之事。今欲有凭，亲立契书为照者。

万历二十三年正月　日。立卖契人：谢再富。中人：萧进君。

见人：张晏富。见知：柯兴。代字：柯栋。〈押〉[1]

这一契约涉及的田产，包括两种产权形态：一是由荒地“开垦成田”，应该尚未登记纳税；二是需要纳税的“苗田”，每年可收租75斤。谢再富在卖出“苗田”之后，又重新“承回耕作”，每年需要向谢再旺交纳租谷。经过此次交易，谢再旺成为“收租纳粮”的田主，谢再富则从田主转变为佃户。

明万历至崇祯年间，谢氏家族致力于山林开发，在珠峰附近地区购置了许多山场。在谢氏文书中，现存万历十三(1585)年上洋萧添称兄弟所立缴契[2]，将其先祖所买郭家门前山场转卖给谢家，“原契缴付珠坑谢文保、文富、文贵、文满、文清，依原契前去管业为定，向后外人不敢侵占”。契中文贵为谢再兴独子，文清、文富和文保为谢再旺之子，可见这些山场是谢氏家族的共有财产。万历四十(1612)年，上洋萧氏与珠峰谢氏为划分山场边界，立合同如下：

尤溪县廿二都上洋萧进居、萧新福、萧进明等有祖山场，大湖、大岐分水流通至界。或有水过尤溪，系是上洋管业；水流永福，系是永福管业。今二家相争至界，投公踏看明白：各人山场培留树木遮荫牛场，不许杉、松树木乱砍乱伐；如有，罚银一两公用。此山场分自流水为至界，向后子孙不敢妄行争占；如有争占，执出合同，当官比对。二家喜允，各无反悔。给立二家，各执壹纸付执为照。今恐无凭，亲立合同付于永远为业。

万历四十年三月二日。给立合同：萧进明、萧新福、萧进居。排年依公议：萧廷相。代字人：谢世恩。见人：赖再添、萧胜凌。[3]

这一合同中涉及的湖顶山场，位于珠峰与上洋接壤之处，是本地最重要的水源地。合同约定，谢氏与萧氏以水流为界，各自经营界内山场，并负责保护风水林和牧场。在合同的署名人中，出现了“排年依

---

① 盖洋乡珠峰村谢绍华文书：散件-丙00299。

② 盖洋乡珠峰村庄寨文书：散件-庚00066。乙酉年应为1645年，此时永福等地区为南明隆武政权占据。

③ 山兜祠谱志：湖顶山场合同。

公议”等见证人，可见这是地方社会中的重大事务。

崇祯年间，珠峰谢氏与邻近的山头黄氏发生湖顶山场的产权纠纷，最终诉诸官府，经当地公人、里长、乡宦等调解，才得以确认其产权。议决如下：

> 今观牛袋岐山顶有广地、平湖，人迹稀行，东连珠峰谢家，西连后帛黄家。原因黄宝峰起盖私用，谢家手执有上洋合同，分水为界，恐日后难以分清，互相争竞。两造投公踏勘，而谢家道是彼之山场，而黄家称系伊之置业。若凭合同，则是谢家之湖；若凭物业，则系黄家所置。依公议，向后两家准施于观音圣母，而果物皆充于祀香火者费用。如久后不祀观音，依议归谢家，合同分水流过为界，掌管岐湖，二家不得浑争。今恐无凭，付照。
>
> 崇祯十年三月十一日。公人：龙湖郑玉楼、郑晦如、郑淑昭。里长：柯双杨。①

从调解书看，此事的起因是黄氏族人到谢氏山场“起盖私用”，引起争执。经调处，黄氏将物业捐给观音庙，如果日后观音庙废弃，其山场仍归谢氏掌管。这次主要依据当年谢氏与萧氏之间关于湖顶山场的合同，确认了谢氏的产权。不过，黄氏族人似乎并未服从“公议”，继续以奉祀观音的名义侵占山场，培植林木。为此，谢氏族人再次上诉，最终由布政使司判决如下：

> 谢再新、黄高海所争山场，依照郑乡宦原勘分水为界，不许黄高海重筑庵观，侵越其土地。所种粟、茶、竹、果，黄高海族内培植多年，应听管业。照准。
>
> 崇祯十一年十二月　日。执照给告状人：谢再新。②

在上述判决中，黄氏族人虽然仍可继续管理“所种粟、茶、竹、果”，但不得“重筑庵观，侵越其土地”。由此看来，当时庵观已被拆毁，而谢氏的山场也得以保全。据谢氏族谱记载，在此次诉讼中，黄氏曾买通衙役，试图阻挠审判，时任族长谢再新在冲突中失去了左耳。为此，“全族公议，将林沙一片山场补偿给公，为功劳资”。

---

① 山兜祠谱志：郑乡宦批文。

② 山兜祠谱志：没耳公的故事。

在明代珠峰地区，谢氏无疑是外来移民，而上述契约涉及的张氏、柯氏、萧氏、吴氏、郑氏则是土著家族。明中叶以后，谢氏族人通过建造住宅、购买田产和山场，逐渐在当地入籍定居，并形成家族组织。由于资料不足，我们还不清楚谢氏家族如何获得里甲户籍，但从现存契约文书看，明末的谢氏族人已经进入当地的里甲系统，其田产与山场的产权得到了里甲组织和官府的确认。

珠峰下寨与“大祖”族产

清代前期，谢氏族人经历了分化与整合过程，逐渐形成以东园厝、下座厝和山兜祠为标志的三大支派。与此同时，他们通过集资建造寨堡和共同经营“大祖”族产，建立了较为严密的家族组织。

《山兜祠谱志》记载，珠峰谢氏族人于第四世分为廷生、瑾生二房，瑾生房至第七世又分为再兴、再旺二房。廷生的子孙聚居于下座厝，故称“下座厝房”；再兴的独子泰宇建造了山兜祠，其派下子孙号称“山兜祠房”；再旺的子孙聚居于东园厝，故称“东园厝房”。（图6）这些支派大致形成于明万历年间，到清代初期成为珠峰谢氏的主要支派。从现存契约文书看，珠峰下寨的建造和大祖族产的经营，就是由三大支派合作进行的。

1. 建造下寨

明清之际，谢氏族人为了应对持续不断的社会动乱，曾经在珠峰村内建造寨堡，清初基址犹存。乾隆初期，由于永泰山区再次面临盗匪威胁，谢氏族人决定重建寨堡，于乾隆十二(1747)年签署了如下合约(图8)[①]：

立合约珠峰谢众等，承祖遗有寨基一座，坐址隔丘前墩。今见天时大旱，各乡俱已造寨以防不测，吾家亦宜协同修整。奈贫富不齐，不能均应。通族相议，间有不能者，将此寨付有能之人，作十八股前去修理基址，筑墙盖屋，太平之世，永远住居；乱漓之日，

① 盖洋乡珠峰村庄寨文书：箱2-包2005-乙00491。这份文书过去一直收藏在钦察寨的祖厅之中，寨内族人皆为克殷后裔，可知该份文书过去为克殷持有。

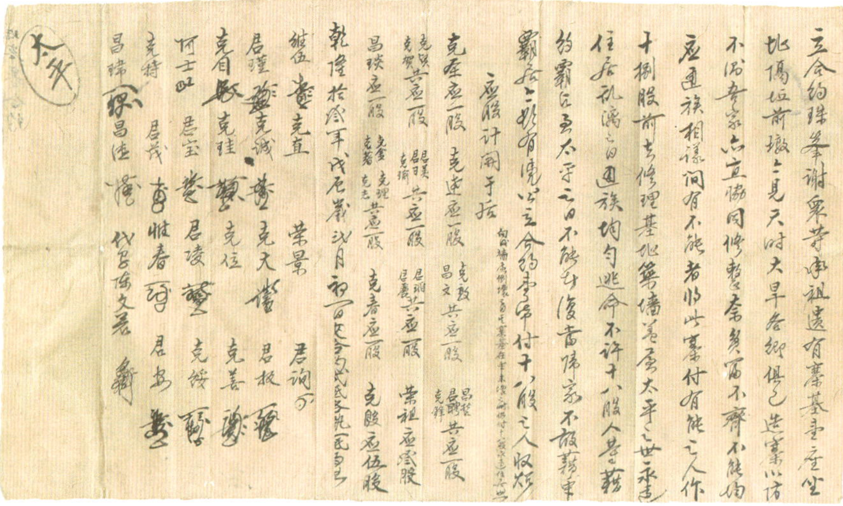

图 8　乾隆十二年珠峰谢众立合约书

通族均匀逃命，不许十八股人等借约霸占；至太平之日，不能者复当归家，不敢借众霸居。今欲有凭，立合约一纸付十八股之人收照。

向后墙屋倒坏之日，其寨基在众；未坏之时，永付十八股永远住居。照。

应股计开于后：克圣应一股，克达应一股，昌敦、昌文共应一股，克锋、昌聘、昌哲共应一股，克贺、克贤共应一股，克瑜、君日、君美共应一股，君丽、君滔共应一股，荣祖应三股，昌琰应一股，克著、克金、克志、克理共应一股，克春应一股，克般应五股。

乾隆十二年戊辰岁二月初一日，立合约二纸，各执一纸为照。

维伍、克直、荣景、君询、君瑾、克诚、克大、君拔、克目、克珪、克位、克善、柯士、君宝、君凌、克绥、克特、君茂、维春、君安、昌玮、昌陆。代字：陈文若。〈押〉（太平）

从上述合约看，当时谢氏族人贫富不均，难以平均分摊修寨费用。因此，经过“通族相议”，决定授权族内“有能之人”，以合股的形式修建寨堡。合约规定，参与建寨的族人可以在寨内建屋居住，而未参与者可以在动乱之际进寨避难，到太平之时则必须离开。如果今后寨墙和房屋倒塌了，寨基仍然属于全族共有。可知该寨堡建成后，谢氏族人将分化为“寨内”与“寨外”两群人。

在上述合约的署名中，可以看出家族组织的基本结构。当时珠峰谢氏的排行字号为“我维君克，昌钦世代”，其辈分与年龄最高者为族长和房长。在合约中首位画押的维伍应为时任族长，随后画押的克直、荣景、君询应为三大房的房长，再其后画押的则为各房内小支派的长者。这说明，族中的长辈可以行使公共权力，通过立约的形式约束族人。此外，“立合约二纸，各执一纸为照”表明，当时是由族长、房长代表全体族人，与参与建寨的“十八股”族人签订合约。

乾隆十三(1748)年，珠峰下寨的寨墙已经修复，可以开始在寨内营造住房。为了分配寨内的地坪，“十八股”族人又签订了如下分阄书(图9)[1]：

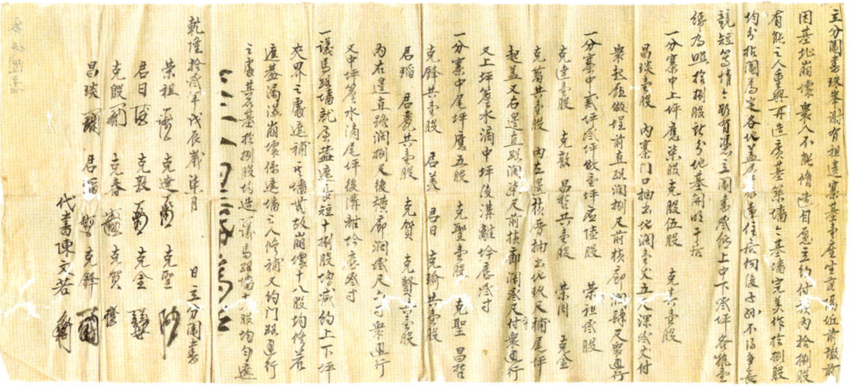

图9　乾隆十三年十八股寨坪阄书

立分阄书珠峰谢，有祖遗寨基壹座，坐址隔丘前墩。前因基址崩坏，众人不能修造，自愿立约，付族内拾捌股有能之人重兴再造，广基筑墙。今基墙完美，作拾捌股均分，拈阄为定，各地盖屋，永远住居，向后子孙不得争长竞短等情。今欲有凭，立阄书叁纸，上、中、下叁坪各执壹纸为照。

拾捌股所分地基开明于后：

一分寨中上坪，应柒股：克殷伍股，克春壹股，昌琰壹股。内

① 盖洋乡珠峰村庄寨文书：箱2-包1401-丙01346。保管流转状况同上条。

寨门口抽出地，阔壹丈伍尺，深叁尺，付众起厅做埕。前直路阔捌尺，前横廊阔肆尺，众通行。

一分寨中贰坪、叁坪做壹坪，应陆股：荣祖叁股，克达壹股，克墩、昌哲共壹股，荣周、克金、克著共壹股。内左边横厝抽出地玖尺，补尾坪起盖。又右边直路阔柒尺，前横廊阔叁尺陆寸，付众通行。又上坪澹水滴、中坪后沟，离坅底叁寸。

一分寨中尾坪，应伍股：克圣壹股，克圣、昌哲、克锋共壹股，君美、君日、克瑜共壹股，君滔、君丽共壹股，克贺、克贤共壹股。内右边直路阔捌尺，后横廊阔叁尺陆寸，众通行。

一议马路墙就屋盖遮，长短拾捌股增减。约上下坪夹界之处遮补，其墙基故蹦坏，拾捌股均修。若遮盖漏湿崩坏，系遮墙之人修补。又约门路通行之处，其石基拾捌股均造。

一议马路墙，拾捌股均匀遮。

乾隆拾叁年戊辰岁柒月　日。立分阄书：荣祖、克达、克圣、君日、克墩、克金、克殷、克春、克贺、昌琰、君滔、克锋。代书：陈文若。〈押〉

上述阄书将寨内空间一分为三，由三大房各占一坪，以拈阄为定。从表面上看，山兜祠、东园厝、下座厝三大房在族内相对平等①，但各自的参股比例并不相同（各七、六、五股）。各房内部也存在明显的贫富分化，如山兜祠房的克殷独占五股，东园厝房的荣祖独占三股；而下座厝房的克圣独占一股，又与昌哲、克锋共持一股并代表二人画押。此外，通过比对上述“合约”和“阄书”的署名可以发现，前者有 22 人持股，而后者只有 20 人持股；在前后一年时间内，有 5 人失去股份，有 3 人新入股，其他人的控股比例也发生了变化。

在寨内地坪按股分配之后，有些股东无力建造住房，又把地坪转让他人。因此，最终在寨内建房并入住下寨的族人，并不同于原来参与建寨的“十八股”族人。乾隆二十三(1758)年，谢荣周立卖契②如下：

① 克殷、克春等属山兜祠房，荣祖、克达等属东园厝房，克圣、昌哲等属下座厝房。

② 盖洋乡珠峰村庄寨文书：箱 3-层 2-包 1401-丙 01349。

立卖契叔荣周兄弟，今因少银应用，自情愿将己分下寨基，土名坐址本寨第二坪右边，与克著、克金共一股，三分应一分，托中送卖侄克殷处。三面言议，卖出价银二两二钱五分正，其银水钱色，其银即日交讫，其地坪即付买主管业动作，卖主不敢霸占。此地坪系是自己应分之地，与他人无干，并无重张典当等情；如有此等，卖主出头支当，不累卖主之事。向后言约自己有能起盖之日，依契赎回，不敢搬卖他人。今欲有凭，立卖契一纸为照者。

乾隆二十三年十二月　日。立卖契：叔荣周。同卖：弟荣景。中人、代字：弟君瑶。〈押〉

此契中的卖主荣周属东园厝房，买主克殷属山兜祠房，而见证人君滔属下座厝房。离当初阄分寨坪已有十年，谢荣周依然未能在寨内建立住房，不得不转让自己的三分之一股地坪。不过此次交易为活卖，谢荣周保留回赎权，而谢克殷似乎亦无意在此寨坪建造住房，其目的应是限制其他族人入住寨内。

在珠峰谢氏历史上，建造下寨是宗族整合的重要事件。其直接影响是为谢氏族人提供了避难所，可以在动荡时期聚族自保。但更重要的是，以建造下寨为契机，谢氏族人中的“有能力者”控制了公共资源，而贫穷族人则无权入住寨内，从而形成了以“十八股”族人为中心的依附式宗族。①

2. 大祖族产

从现存文书看，清代珠峰谢氏有不少公共财产，包括田地、山林、房屋、借贷资本和公共设施等。目前我们共收录相关文书 131 件。从文书保管者看，钦察寨子孙共保存 125 件，山兜祠寨外房和东园厝房各保存 6 件；从文书年代看，最早的为乾隆三(1738)年，最迟的为嘉庆二十二(1817)年；从文书内容看，购置和租佃土地的契约有 78 件，其余涉及山林、房屋和借贷资本等，还有一些代缴赋税的收条。通过解读这些契约文书，我们大致可以了解清代中期大祖族产的经营管理方式。

首先，从文书事主的角度，可以考察大祖族产的创置及管理方式。

---

① “依附式宗族”以地缘关系为基础，族人之间处于支配与依附的关系。参见：郑振满．明清福建家族组织与社会变迁[M]．北京：中国人民大学出版社，2009：61—77。

文书中的事主包含立文书者和收文书者：前者在将财产转卖或进行租佃、借贷给后者时，通常会立下契约交予后者；后者则利用契约文书对前者进行约束，从而确立其财产所有权。

在谢氏族产文书中，“收文书者”一栏主要有三种表述：其一为“陈留堂”，即谢氏大祖祠堂，这是以祠堂的名义管理族产；其二为“大祖三房”代表，如“大祖三房克殷、荣祖、君日众人”等，其后出现的人名往往有数十个，且同一房内参与族产经营者多为父子关系；其三为“大祖众”或“谢瑞华众”，意为大祖派下的所有族人，旨在强调该物产为全体族人共有。大致说来，这一时期珠峰谢氏的公共族产主要是以“大祖”的名义经营、由三房族人代表参与管理。当然，三房代表未必同时出现，通常是实行轮流管理。乾隆三年，谢君锡在接手掌管族产经营时，立字据如下：

> 今在陈留堂上祖先领出赤岭林下田卖契一纸，价银七两五分；又承字一纸，及业票一纸；又五丘归契一纸，价银四两；又惟五承字一纸。共领来收藏，不敢失管，立字为照。(右字付克殷照)①
>
> 乾隆三年七月　日。立领字：君锡。执笔：克圣。〈押〉

君锡为东园厝房族人，他从陈留堂中领出五份契约，同时写下字据交予山兜祠房克殷，而代字者为下座厝房克圣。由此可见，陈留堂的族产由三房精英族人共同控制，山兜祠房的克殷占据主导地位。

在131件谢氏族产文书中，有98件的“立文书者”为各房支的谢氏族人。这说明，谢氏族产主要来自族人的私有财产，呈现出私有经济公有化的态势。此外，有些族人在不同时期分别作为“立文书者”与“收文书者”出现，即他们既参与族产的经营，又不得不将自己的私产卖入祠堂。如嘉庆十三年谢昌忠所立卖契②：

> 立卖契孙昌忠，今因少银应用，自情愿即将父抽养膳有苗田，土名福里坑昌道分一号，递年载租五斗、载米一升正，今见送卖大祖克良、钦驭、钦谕众处，卖出价银十一两正。其银即日交讫，其田承回，递年约纳租谷一百一十斤正，至冬交称明白，轮流祭扫，

---

① 盖洋乡珠峰村庄寨文书：箱1-包2007-乙00062。

② 盖洋乡珠峰村庄寨文书：箱1-散件-庚00008。

不敢少欠。如是少欠，其田另召他人耕种，卖主不敢阻占等情。自卖之后，并无来历不明等情；如有不明，卖主出头支理，不及买主之事。其银水钱色，向后有能之日依契取赎。今欲有凭，立卖契一纸付执为照。

嘉庆十三年十一月　日。立卖契：谢昌忠〈押〉。知见：天理。

在这一契约中，谢昌忠将“苗田”卖给大祖，又领回耕作，每年需要缴纳租谷110斤。由于此次交易保留了回赎权，实际上是一种抵押借贷，即谢昌忠向大祖借银11两，每年交租谷110斤作为利息。这种以土地作为抵押、以地租作为利息的借贷行为，在清代闽中山区颇为流行，其买主亦称“银主”或“钱主”。与永泰毗邻的闽清县，俗称此类交易为“掏根利”：

闽清田业根主，多有将其田根向人立契借钱，契内载明递年纳租若干，其田仍系自己耕作，谓之“掏（土音，即拿）根利”。①

在“掏根利”的交易模式中，买主可以获得稳定的地租收入，又无需承担缴粮纳税的义务，可以说是没有风险的投资行为；对于卖主来说，虽然不得不转让一部分土地收益，但借到钱后仍然保留耕作权和回赎权，同样不失为救急之策。

在谢氏大祖的山林、房屋等族产经营中，都有类似“掏根利”的借贷模式。如乾隆丁未(1787)年，谢昌宁将石碑墘一号竹林以6两银子的价格卖给大祖祠堂，随即承回经营，约定“递年纳租钱五百文”②。嘉庆七(1802)年，谢克谟将屋柽卖给祠堂后，随即承回居住，约定“递年约纳租谷五十斤”③。乾隆三十一(1766)年，谢克贤将苗田林前丘一号当给大祖，借钱1200文，约定“每年每千加二扣利”④。典当通常不涉及产权转让，但此契约定，如果不能如期付息，“将原当付大祖起佃耕种”，即必须转让其耕作权。

---

① 前南京国民政府司法行政部．民事习惯调查报告录[R]．胡旭晟，夏新华，李交发，点校．北京：中国政法大学出版社，2000：307。

② 盖洋乡珠峰村庄寨文书：箱1-散件-39。

③ 盖洋乡珠峰村庄寨文书：箱1-包1205-183。

④ 盖洋乡珠峰村庄寨文书：箱1-包2007-82。

在谢氏大祖文书中，有不少重复抵押借贷的契约，相当于土地流转中的找价文书。兹摘录为表2。

表2 谢氏大祖族产找价文书一览表

时间	事主	契约类型	涉及财产的处置方式
1743-7	谢克大	增尽断根契	其田即付众人起佃耕种,其粮暂顿君锡户下递年完纳
1770-12	谢君宝等	卖断根契	其田付大祖子孙轮流祭扫,其苗粮付大祖办纳粮差
1778-7	谢昌至	增契	承回耕种,递年添谷20斤
1779-7	谢昌期	增契	付众耕种收租
1779-7	张宗积	增契	任便谢家收租管业
1781-4	谢昌道等	地坪卖断根契	付众边开池,任便整做风水
1781-7	谢昌期	加增契	付大祖子孙轮流祭扫
1782-7	谢克贤	增尽契	依旧另安他人别耕
1782-7	张传守等	增契	付买主安业收租
1784-7	谢昌至	加增契	付众轮流祭扫
1787-7	谢士任	加增契	承回,递年纳租10斤
1794-7	谢钦谕	增契	付众轮流祭扫,收租管业
1795-11	谢钦达等	增契	付众另安别耕
1797-8	谢钦达等	加增契	承回耕种,共纳租150斤
1798-7	谢钦保	增契	承回,添谷20斤
1801-7	谢钦保	增契	加增纳出田租谷100斤
1805-8	谢钦保	增契	另安他人起佃耕种
1807-7	张绍墘	增契	依旧承回纳租(未添谷)
1807-10	萧孟高	加增契	付来年春起佃耕种
1810-10	萧孟高	增契	其田依旧管业
1813-7	萧孟禄	加增契	依旧承回,纳租70斤(未添谷)
1814-11	萧孟钟	加增契	其田依旧管业
1814-11	萧孟信等	增尽契	付众人来年春轮流祭扫
1817-7	萧孟高	增尽根推苗字	其田依旧付业主永远管业,其苗粮付买主收割入户
1859-7	谢昌佑等	卖断根推苗契	付大主永远收租管业,其苗粮依旧付断主收回完官字照

资料来源：笔者根据珠峰谢氏文书中关于大祖族产的“苗田增契”“苗田加增契”“苗田增尽契”等文书整理而成，该部分文书保存在庄寨文书-箱1中。

上表的找价文书，包括“增”“加增”“增尽”“卖断根”等多种形式。卖方在索取找价之后，通常会面临两种结果：其一，原来的抵押借贷演变为土地买卖，其经营权最终转让给祠堂，上表多数条目如是；其二，卖主可以继续经营土地，但每年缴纳的租谷有所增加，如上表第3、15、16号。不过，在第18号和21号文书中，张绍墘和萧孟禄在找价后既没有添租，也没有失去耕作权，其原因有待探讨。

谢氏大祖祠堂通过经营族产，可以坐收租利，并使之转化为生息资本。在现存大祖文书中，有不少“借字”和“约字”，反映了家族内部的借贷活动。“借字”是指借贷时立下的凭据，如乾隆三十五(1770)年谢克志所立借字①：

> 立借字克志，今因少钱应用，就在大祖借出众钱五百文正。言约每年加二扣利，俟至来年七月初一，备本利一足送还，付众买肉祭祖，不敢过期。今欲有凭，立借字一纸为照。
>
> 乾隆三十五年七月初一日，立借字：克志〈押〉。

在珠峰谢氏家族中，每年农历七月初一为大祖祭日。谢克志在当天向大祖借钱500文，约定次年祭祖之日还本付息，利率为20%。此次借贷没有抵押品，利息也相当优惠，可能与谢克志在族内的地位及信用有关。

从表2可以看出，谢氏大祖的借贷行为大多发生在农历七月，其原因可能有二：首先，谢氏男丁在成家后都必须轮流作为祭首，承担祭祖的主要费用，如有族人添灶也必须交钱祭祖，其余族人则随意乐捐。因此，当这些族人在祭祖之日无钱交纳，就不得不向祠堂借贷或出卖财产。其次，在祭祖之日，全体族人都在场，欠债者一般不敢赖账，只能如期还本付息，这就可以确保借贷资本的顺利运作。

谢氏大祖文书中的“约字”同样涉及借贷行为，但不同于“借字”，通常是只需偿还本金，无需缴纳利息。如乾隆六十(1795)年谢克绶所立约字②：

> 立约字孙克绶，今因少钱应用，就在大祖三房众处约出谷钱一

---

① 盖洋乡珠峰村庄寨文书：箱1-包2008-123。

② 盖洋乡珠峰村庄寨文书：箱1-包2008-117。

千文正，言约十二月交钱四百文，又明年春三月再交钱六百文正。如是过期，加三扣利。如是少欠，坐家取讨。今欲有凭，立约字一纸为照。

乾隆六十年七月　日。立约字：孙克绶〈押〉。

在这一文书中，谢克绶同样是在农历七月向祠堂借贷，约定分两次归还本金，如逾期不还则加收利息，还可能面临“坐家取讨”的窘迫局面。此外，对于族人的欠租少钱等违约行为，谢氏大祖还会采取保认代还与加租收田等惩罚方式。如嘉庆十六(1811)年，谢克志因欠下田租，每年需加租15斤，若再次违约“将原承之田付众另召别耕”。所谓“保认代还”，是指族人向祠堂借贷或承租土地时，需要有其他族人担保，即作为承担连带责任的“保认”。如嘉庆十二(1807)年，谢克谟“因少欠大祖众钱九百文”，立约字承诺，待家中卖猪之日“备办钱本送还”，如违约则“保认代赔”，担保人为孙钦藻。[①]

谢氏大祖的田产，通常是由派下三房“轮流收租管业”。不过，在召佃耕作之际，三房代表都必须在场。如嘉庆三(1798)年张大茂等所立“承字”[②]：

立承字井后张大茂、珠峰谢昌凤二人，今因少田耕种，就在珠峰谢克良、昌忠、钦材三房众处承来有苗田，土名坐址墓后墘尾一号，又及段仔头一号，共计二号，递年载租共上七十零半斤正。递年不拘丰损，至冬交称明白，不敢少欠。如是少欠，将原田付还田主起佃耕作，不敢霸佃等情；如是无欠，十年以满，逢戊备礼换批，其牲两年一双。今欲有凭，立承字一纸为照。

嘉庆三年岁戊午正月　日。立承字：张大茂。同承：谢昌凤。代字：弟大余。〈押〉

在这一租佃契约中，约定的租期为十年，每隔十年必须“备礼换批”。由于谢氏大祖实行“三房轮流收租管业”，张大茂与谢昌凤每年面对不同的业主，在“换批”之际则同时面对三房代表。

谢氏大祖族产的收益，主要用于族内公共事务，对社区建设也有贡

---

① 盖洋乡珠峰村庄寨文书：箱1-包2008-117。

② 盖洋乡珠峰村谢绍华文书：散件-36。

献。例如，乾隆四十六(1781)年，大祖祠堂购置谢昌道兄弟的地坪，其目的是“付众边开池,任便整做风水”；嘉庆十二(1807)年，谢钦北向大祖借钱，其“利息”是在元宵时提供一双猪首作为祭品；乾隆十三(1748)年，谢钦积承租大祖的土地，“言约其仓付众贮谷,其间乡中公事、丧事,任众出入”①。改善社区环境和举办节庆仪式，强化了大祖祠堂的社会整合功能。

米粮贸易与山林经济

乾隆至道光年间，山兜祠派下的克殷房异军突起，在珠峰谢氏家族中占据主导地位。乾隆十二(1747)年重建下寨，克殷在“十八股”中独占五股；其孙钦察，又独资建造了上寨。克殷公及其子孙的崛起，关键在于走出深山，从事米粮贸易，发展山林经济。

谢克殷（1701—1794）为珠峰谢氏第十四世族人，属于山兜祠派下的恒我公房。《山兜祠谱志》记载：

> 德钟公，字克殷，晋封耆宾，系君荣公之长子……公在珠峰村购置田产不多，只有数百担，于四十岁后赴永福县开米店做生意，一面购置田租，短短几年时间便购置三千六百多担。斯时就把全家迁往福州，目的在于使省城出生的子孙能够发展。除房屋外，还购置了永福、闽清、闽侯三县官科，自己也在布政使司衙门工作办事……每日与官僚来往，酒食应酬连绵不辍，天天如是，导致经济付出大得惊人……公细算了一下，在省城居住已三十多年，财产未见进益，却是亏损。公于七十六岁时返回珠峰居住，卒于乾隆五十九年。②

谢克殷在珠峰原有田租数百担，四十岁后到永福县城开米店，当时应是乾隆初年。在几年时间内，他就购置了年收租3600担的田产，然后又去省城福州发展。他在福州住了36年，曾担任布政司衙门的吏员，到晚年才回珠峰定居。他的生平经历相当复杂，从乡村地主转变为商人

---

① 盖洋乡珠峰村庄寨文书：箱2-包1201-110。

② 山兜祠谱志：克殷公。

和城居地主，又购置吏职进入官场，晚年才回归乡土。他回珠峰居住的原因，据说是因为在省城费用太多，“财产未见进益”。这说明，相对于城居生活，在乡村定居更有优势。

谢克殷通过米粮贸易致富，反映了当时永泰山区开发的特殊历史环境。珠峰村地处深山，粮食自给有余，而谢克殷家又是当地的大地主，在出外经商前已可收租数百担，而且可以主导族产经营，这就为进城开设米店提供了有利条件。更为重要的是，明清之际福建的粮食供应日益紧张，沿海地区经常发生抢米风潮，米粮价格长期上涨。① 在这一历史背景下，无论买田收租，还是经营米粮贸易，都有利可图。永泰山区邻近省城福州，又有大樟溪通往闽江流域，在福建沿海地区的米粮市场中颇有区位优势。清人郑光策指出：

> 福州府属闽、侯二邑，为会城首县，居民稠集，岁产米谷亦只敷本地一季食用，惟赖上游客贩接济。故南台河下米船三日不到，则米价必然骤涨。闽清、永福二县米谷稍多，水路亦通，亦可运出发卖；古田、长乐、连江、罗源四个县，只敷本地食用；屏南居大山之中，虽有米谷，但不能运出；福清土壤浮松多沙碛，有一半种番薯，以资食用。②

通过上述对清代福州地区粮食供应的综合分析，我们可以看出，当时只有闽清、永福二县出产的稻米和谷物可以供应福州府城和闽县、侯官县。这是因为当地既有余粮，运输条件又较好，有水路直通省城。谢克殷家族的米粮贸易网络，就是经由大樟溪水运系统，从永泰县城拓展至省城。

至于谢克殷“购置官科”，现存的一组相关契约可以证实确有其事。其实，谢克殷之子昌涵、曾孙世成等，都曾经担任布政司书吏。不过，在谢克殷家族的生计模式中，担任书吏未必有利可图。在谢克殷回珠峰之前，已经苦于“每日与官僚来往，酒食应酬连绵不辍”，甚至因

---

① ［美］王业键．十八世纪福建的粮食供需与粮价分析［J］．陈春声，译．中国社会经济史研究，1987(2)：69—85。

② 转引自：徐晓望．清—民国福建粮食市场的变迁［J］．中国农史，1992(3)：38—48。

此而“亏损”；到其子昌涵，更是“不计聚财，只知花出”，以致“将省城之住房及财产，连同三县官科，俱被卖光”。[①] 此后，其孙钦察又赎回“官科”，但似乎只是为了图名，并未从中获利。

从现存契约文书看，谢克殷在购置田租、经营米粮贸易的过程中，同样致力于发展山林经济。在闽中山区，杉木贸易在明代就已相当兴盛。崇祯《尤溪县志》记载：“计岁贸约至数十万，自省会而下，架屋者率取给于本邑。深山百年者，为寿具最佳，然亦不多得。”[②] 永泰山区盛产毛竹，可以发展种笋与造纸业。明人何乔远记述：“余尝游永福县，竹匝地漫山，罔有间断，至隔绝数里者。”[③] 清人周亮公亦云：“东南之竹最盛，而闽中种类尤多，奇形异状，产于阴崖深壑中者，不可胜纪。”[④] 至乾隆年间，笋干与茶叶、木材并列为福建外销商品的三大宗。道光中期，每年从福州外运的笋干达到140余万斤。[⑤] 用竹子制作毛边纸，就是闽中山区的支柱产业之一。[⑥] 如尤溪县，“地瘠民贫，惟赖纸为生”[⑦]。

从乾隆初期开始，谢克殷家族凭借外出经商积累的财富，在本地及周边村落大量购置山场，培植林木，发展山林经济。如乾隆二十七(1762)年康锡侯所立卖契：

> 立卖契人北山康锡侯，今因无银应用，自情愿即将己分下杉苗一所，土名坐落寨后地方，八十余根，托中送卖与珠坑谢克殷表叔处为业。三面言议，时值价银三两正。其银即日收讫，言约递年纳租谷七十斤正。其租递年明白，其杉苗不在日月远近，依契取赎。如是欠租，将杉苗付买主前去铲钹掌管为业，培养长大，卖主不敢言增言赎等情。今欲有凭，立卖契一纸为照。

---

① 山兜祠谱志:昌涵公。

② 崇祯尤溪县志:卷4[Z]. 明崇祯九年刻本:10。

③ 〔明〕何乔远. 闽书:卷150[M]. 明崇祯二年刻本:32。

④ 〔清〕周亮公. 闽小纪:卷1[M]. 清康熙六年周氏赖古堂刻本:14。

⑤ 戴一峰. 试论明清时期福建林业经济[J]. 中国农史,1991(4):27。

⑥ 李国祁. 中国现代化的区域研究——闽浙台地区,1860—1916[M]. 台北:“中研院”近代史研究所,1985:56。

⑦ 民国尤溪县志:卷8[Z]. 民国十六年铅印本:69。

乾隆二十七年十二月　日。立卖契：康锡侯。中人：兄日侯。〈押〉①

此次交易性质与“掏根利”相同，康锡侯为了借 3 两银子，把自己家的 80 余根杉苗抵押给谢克殷，每年交租谷 70 斤作为利息。如果欠租，这些杉苗就要交给谢克殷掌管。由于培植杉木的投资周期较长，此类交易对谢克殷等财主比较有利。当然，如果直接收购现成的杉木，其投资周期更短，获利更快。如乾隆三十五(1770)年林英光兄弟所立卖契②：

立卖契赤岭林英光、英济兄弟，今因无钱应用，自情愿即将己分置有杉木，土名坐址本地下墩墈，上至坡、下至墈尾、左至隔丘、右至墈中，四至分明，托中送卖与珠坑谢克殷处。三面言议，时值价银九两五钱正，又价谷一千一百五十斤正。其银谷即日交讫，其杉木大小一百根，付养大砍伐变卖。其杉木砍尽之日，其山场付还卖主管业。自卖之后，并无增尽取赎生端等情。今欲有凭，立卖契一纸为照。

乾隆三十五年十一月　日。立卖契：林英光、英济。中人：兄英夏。代字：侄启琳。〈押〉(进益)

在这一契约中，谢克殷只是买下杉木，其山场产权依然归林氏所有。由于谢克殷长期在外地经商，对市场行情较为了解，购买现成的杉木林自然有利可图。

嘉庆至道光年间，有不少谢氏族人租山种树，家族内外形成了相当复杂的产权关系。在谢氏文书中，现存一组有关庆仔仑山场的契约文书，涉及其山林产权的频繁转移过程。为了集中探讨这一时期谢氏家族的山林经营方式，下面试对有关契约略作分析。嘉庆二十四(1819)年，南山柯氏族人与珠峰谢钦来兄弟发生山林产权纠纷，经调解后立“换安批字”③ 如下：

立换安批字柯为美、为东等，承祖遗下有税山，坐址南山，土

---

① 盖洋乡珠峰村谢孟炉文书:包 1214-庚 00376。

② 盖洋乡珠峰村谢孟炉文书:包 1301-辛 00009。

③ 盖洋乡珠峰村庄寨文书:箱 3-层 1-包 1504-戊 00250。

名庆仔仓，上至隔丘岭仔楂畬边柯岩墺平界、下至溪、左至粪箕垮右边仓开沟界、右至扶枫仓直上为界，四至明白。于前嘉庆三年间，兄为宝等安与珠峰谢钦来、胞兄钦高开掘架厂、种插桐杉楂竹等物。安字内誊载杉木，承主应七分，安主应三分均分。其山租递年交纳明白，其杉木付承主砍伐。又载古业杉木，付还山主。缘因安承誊载不明，以致两相角口，控告县主，批巡讯详。经巡质讯三堂，两造各执一词，未经结断。物卷详送县主，批准亲讯，两造停催，未曾断结。兹蒙亲友进前相劝，息讼谕劝，钦来兄弟备出木价银七十两正，付柯众收。其银即日收讫，其旧安字内既载三分杉并古业杉木及楂竹等物，一并统付谢掌，培留成材，变卖批砍，任从其便，安主不敢异言霸占等情。其山租递年约纳三百二十文，至六月中旬交纳明白，不得少欠。如是少欠，付还山主另召别耕。如无欠租，依旧耕种。向后杉木砍尽之日，其山底并楂林等物付还山主管回，承主不得借批再耕，亦不得转批他人。其旧安批字粘呈在案，向后领回取出不堪行用。其山内吉地壹穴，于前安与承主埋葬弟柩，依凭旧批祭掌。更有吉地，听凭山主安批，承主不得霸占。两家愿息，各无反悔。今恐无凭，依公换立安批字一纸，付执为照。

立安承两纸，各执一纸为照。

嘉庆二十四年四月　日。立换安批字：柯为美、弟为东。同安：侄枢兴、勇兴。地保：郑仲盛、林居万、曾尧有。公见：张嘉维、许举华、宗侄尔庚。代字：林英超。〈押〉(进益)

这一契约显示，庆仔仓山场原为南山柯氏“税山”，于嘉庆三年批租给谢钦来兄弟开发经营，约定每年缴纳山租320文，其所种杉木由山主抽成30%，山内原有“古业杉木”仍归山主所有。后来双方发生诉讼，经亲友调解，谢钦来兄弟补偿山主70两银子，而山上的树木全部归谢氏所有；谢氏必须每年按时缴纳山租，在树木砍伐之后必须把山场交还山主。为此，南山柯氏在地保等人的见证下，重新立下“换安批字”，以确认各自权益。在这里，谢钦来兄弟实际上是以70两银子的代价，提前买断了柯氏山主在庆仔仓山上所拥有的林木，这是一笔相当大的投资。到了嘉庆二十五(1820)年，谢钦来兄弟因资金不足，又将山上的部分杉木转让给他人。其契约如下①：

立批字人珠坑谢钦来同弟钦厚，将手置有杉木一所，坐址本都□冲井地方，土名庆仔仓，今因无钱应用，托中〔就〕此山内抽去大杉木四百一十五根，送批盖洋郑文举处。三面言议，批出价番二百四十一元正。其番即日交讫，其杉木即付买主前去砍伐，往省变卖，任从其便。其杉木并无重张典当他人及交加不明等情；如有此等，系是卖主出头支理，不涉买主之事。既议株数，不许多砍。如有多砍，照价补偿。其批字言约本年内交还椟主收回，如是未交，向后取出不堪行用。今欲有凭，立批字一纸为照。

嘉庆二十五年六月　日。立批字：谢钦来，同弟钦厚。在见：柯尔受。同见：凌清捷。中人：萧国大。代字：弟钦为。〈押〉(大发财)

在这一契约中，谢钦来兄弟将庆仔仓山上的415株杉木“批”与盖洋郑文举，由他“前去砍伐，往省变卖”。谢氏兄弟自称为“椟主”，即杉林之主，而不是山主，其产权意识还是很明确的。过了两年，谢钦来兄弟的经济状况似乎仍未改善，又将山上的一部分杉苗转让给谢钦察。其契约②如下：

立卖杉苗契人本房兄钦来同弟钦厚，前年在南山下柯承来山场一号，坐址南山，地方土名庆仔仓，左至粪箕塆右边仑仔沟界、右至安答垄田为界、上至下垄尾隔丘仔为界、下至大溪为界，四至分明。界内手置有杉苗一全号，今因少银应用，自情愿即将手置杉苗托中送卖房弟钦察处出头承买。三面言议，杉苗价银番元四百元正。其价番即日交讫，其杉苗即付买主自去铲钹培养成材，任从其便，砍伐出批，卖主不敢异说生端等情。递年界内应纳原租钱三百二十文正，系是买主自行支理，不负卖主之事。其杉苗并无重张典挂他人财物；如有不明，卖主出头支当，不涉买主之事。今欲有凭，立卖杉苗契一纸为照者。

---

① 盖洋乡珠峰村庄寨文书：箱3-层1-包1504-戊00252。

② 盖洋乡珠峰村庄寨文书：箱3-层1-包1504-戊00256。钦来、钦察均为山兜祠房谢克殷之孙，分属祥我、恒我公房。

道光二年十二月吉　日。立卖杉苗契：兄钦来，同弟钦厚，同侄承钟。在见：叔昌璜。代字中：张嘉维。〈押〉（留养生财）

在这一契约中，谢钦来兄弟以400元番银的价格，转让了庆仔仑山场的大部分杉林，其山租也全部由买主谢钦察交纳。与此同时，谢钦来兄弟还以番银50元的价格，将附近另一片杉苗的有关权益卖给了谢钦察。其契约①如下：

立卖杉苗契本房兄钦来同弟钦厚，于前年在南山下柯处承出山场一号，坐址南山地方，土名庆仔仑，左至下垄尾隔丘仔埔坑沟界、右至粪箕塆右边仑仔沟为界、上至岐面隔丘仔界、下至大溪，四至分明。界内手置杉苗一全号，原与柯家言约三七均分，柯家三分，承主七分。今因少银应用，自情愿即将七分杉苗托中送卖房弟钦察处出头承买，言议杉苗价番五十元正。其价银即日交讫，其杉苗永付买主自去铲钹，培养成材，出批砍伐，任从其便，卖主不敢异说生端等情。原议三七均分，并无纳租。其出卖分内杉苗并无交加；如有辞色，卖主支当，不涉买主之事。今欲有凭，立卖杉苗契一纸为照者。

道光二年十二月　日。立卖杉苗契：兄钦来。同卖：弟钦厚，同侄承钟。在见：叔昌璜。代字中：张嘉维。〈押〉（培养得利）

这一片杉苗也在庆仔仑山场，属于南山柯氏，租给谢钦来兄弟培植杉苗，待杉木长成后与山主三七分成。在此次交易中，谢钦来兄弟把自己应得的70%权益转让给谢钦察，使之与山主确立租佃（分成）关系。值得注意的是，在上述两次交易中，谢钦来兄弟都只出卖山场上的杉苗，而保留了山中其他植物的经营权与收益权。又如②：

立合据字兄钦来，今出卖有杉苗两号，坐址南山，地方土名庆仔仑处。杉林内来置楂林、桐、棕、茶，言议任兄铲钹，收成管业，递年应纳山租钱四十文正，至冬付弟收，统纳柯收。兄所卖杉苗，照契永付弟管业，兄不敢借近擅砍私挖等情。此杉林内所有子粒谷□，铲钹物业，并付察自划管回。俟至杉木砍尽之日，其山底

① 盖洋乡珠峰村庄寨文书:箱3-层1-包1504-戊00254。

② 盖洋乡珠峰村庄寨文书:箱3-层1-包1504-戊00245。

并安批三纸及卖杉苗契二纸付还兄收回，不得执留。今欲有凭，立合据字一件两纸，各执为照者。

道光二年十二月　日。立合据字：兄钦来，同弟钦厚。在见：弟钦为。代字：张嘉维。〈押〉

这一字据与上述二契都是立于道光二年十二月，应该是同一时间成交的，可以说是一揽子交易。从中可以看出，庆仔仑山场有杉、楂、竹、桐、棕、茶等多种林木，还可以种植番薯、谷物等粮食作物，但谢钦察只收购山上的杉木，其余都留给谢钦来兄弟经营。有趣的是，在此次交易之后，钦来兄弟每年要向钦察缴纳 40 文山租，由他转交给柯氏山主，似乎他们是合租关系。

上述契约涉及的山林产权关系，首先是柯氏山主与谢钦来兄弟的租佃关系，其次是谢钦来兄弟陆续把杉木转让给郑文举、谢钦察等人，最后是谢钦察、钦来等共同租山经营、与柯氏山主形成租佃关系。值得注意的是，谢钦来兄弟为珠峰谢氏山兜祠派下的祥我房族人，与谢钦来为五服之外的族兄弟。他们在同一山场培植不同的林木，其实也可以视为家族内部的分工协作关系。

南山柯氏是当地的土著大族，自明代以来长期担任里长、保长，拥有当地许多山场的产权。不过，到了清代后期，南山柯氏已经逐渐衰落，其山场产权陆续转入他人之手。如①：

立典字人本都南山下厝柯志兴，即将祖遗下有山场一片，坐址庆仔仑，地方土名粪箕垮一派，于前安于珠峰谢钦高兄弟前去开掘耕种插杉，原约三七均分，承主七分，安主三分，系是天地人三房居众。今见钦高兄弟即将七分已卖与谢钦察、凌清捷兄处为业，今因乏用，自愿典与谢钦察、凌清捷兄同出，典出伏八元钱正，其钱随字交讫。言约十二月末备钱送还交清，不敢少欠。如是少欠，即将三分内杉苗任从其便，典主不敢霸占生端支折之理。两家甘允，各无反悔，恐口无凭，立典字一纸为照。

道光庚寅年三月　日。立典字：柯志兴。在见：叔为美。代字中：礼隆。〈押〉（付执）

---

① 盖洋乡珠峰村庄寨文书：箱 3-层 2-包 1304-辛 00076。

这一契约中的庆仔仓山场，为南山柯氏三房所共有，原来批租给谢钦高兄弟种植杉木，约定主佃三七分成。此后，钦高兄弟将自己应得的70%权益卖给了谢钦察和凌清捷，而柯氏族人为了借款，也将自己应得的30%权益典给钦察和清捷。契约中注明，到岁末如果柯氏未能还清借款，就完全放弃其有关产权。后来这一典契一直由谢氏保存，并未交还柯氏族人，可见最终是由典转变为卖了。还应当指出，在嘉庆二十五年谢钦来所立批字中，凌清捷已经作为“在见”出现，可见他也是当时当地的山场经营者。此次他与谢钦察共同购置庆仔仓一带的杉木，双方应该存在合伙经营关系。珠峰谢氏族人在山林经营中如何处理与族外人的合作关系，是有待继续探讨的问题。

现存谢氏山林文书大多为族人之间的产权交易，反映了家族成员之间的贫富分化。珠峰谢氏家族中的贫困族人，通常是因借贷而失去山林产权，此后逐渐成为租山的佃户。例如，嘉庆十九(1814)年与道光十(1830)年，谢昌英兄弟先后立下“典契”与“断契”①，将荒山一所转让给谢钦察。这两件契约的书写形式较为特殊，“断契”直接书于“典契”之后，兹抄录如下：

立典契叔昌英，今因少钱应用，将有荒山番土名坐址下墩仔坑尾岐一所，上至岐、下至田、左至察己番、右至世盛番，四至分明，今托中典与侄钦察处。三面言议，时值价银钱六百文正。其钱即日交讫，其荒山任付钱主管业。山内或有数株杉苗，并付划掌开荒，栽置杉苗物业，等树长大成材批砍，任从其便，典主不敢言说生端等情。并无来历交加不明等情；如有此等，典主出头支当，不及买主之事。今欲有凭，立典契一纸为照。

嘉庆十九年七月　日。立典契：昌英。同典：弟昌雄。代字中：侄钦谕。〈押〉(进益)

立断契叔昌泮，今因于前昌英手出卖荒山，土名坐址下墩仔，其至界俱原契内。今见价已足讫，再向业主侄钦察断出价钱三百文正。其钱即日收讫，其荒山付侄永远管业，叔兄弟不敢霸占生端言说等情，亦不敢别生枝节之理。两家甘允，各无反悔。今欲有凭，

① 盖洋乡珠峰村庄寨文书：箱1-包2008-11-庚00358。

立断根契一纸永远为照。

道光庚寅十年十二月　日。立断根契：叔昌泮。同断：弟昌英。代字：黄良瑜。〈押〉（永远）

从上述二契可以看出，谢昌英兄弟于嘉庆十九年典出荒山之后，一直无力赎回，到道光十年由谢昌泮加价卖断。一般而言，山林出典必须转让经营权，受典者可能随之开荒种树，在树木砍伐之前出典者很难赎回，只能谋求加价卖断。

谢氏家族中的山主，大多无力自己经营山场，只能通过批租的形式，与其他族人共同开发经营。如道光四年谢钦谕所立“承字”①：

立承字兄钦谕，今因少山划管，就在弟钦察处承出有竹林，坐址北坂坑里钦皞下一号；又承竹林土名开后长垄孙大保下一号。承来出入划管掘笋，递年不拘丰损，约纳笋租钱一千一百文正，俟至三月备钱缴纳明白，不敢少欠分文。如是少欠，其竹林付还番主管回，承主不敢异言霸占。自承之后，其番小心划管，不敢抛荒。其杉木长大，山主批砍，承主不敢私□□□。其松树杂木，承主砍为火薪，山主不得言说等情。今欲有凭，立承字为照。

道光四年七月　日。立承字：钦谕。在见：弟钦程。〈押〉（丰熟）

此契中的佃户谢钦谕属东园厝房，山主谢钦察属山兜祠房，二者合作经营的山场有多种树木，其中最有价值的是杉木与竹林。双方约定，租山者可以挖笋，每年必须交“笋租钱”1100文，而杉木仍归属山主，待长大后另行“批砍”。在这一经营模式中，山主的主要目的可能不是收租，而是保护杉木，避免山场抛荒。

总之，谢克殷家族的生财之道，主要是从事米粮贸易和经营山林经济。由于经营山林需要长期投资，普通人家往往难以为继，以致山林产权频繁转移。在珠峰谢氏的山林经济中，谢克殷家族占据了主导地位，而普通族人通过承租山场与之合作经营，共同开发多元化的山林经济。

---

① 盖洋乡珠峰村庄寨文书：箱2-包2011-乙00220。

谢氏族人的分工与协作

从乾隆初期开始，谢克殷家族广泛涉足土地、山林、米粮贸易、地方政治等不同领域，在珠峰周边地区、永泰县城和省城福州有多种产业。因此，只有通过家族成员之间的分工协作、各司其职，才能实现多种经营，发挥家族经济的综合优势。

谢克殷有五子，长子昌龙在永福县城经营米店，三子昌涵随他去福州，次子昌三、四子昌严在家经营田产和山林，五子昌羽以读书为主。乾隆四十(1775)年左右，谢克殷回到珠峰，在五坪岐建造了大厝。此后诸子分家析产，派分恭、宽、信、敏、惠五房（图6）。分家之后，大部分家族成员住在珠峰，信房子孙仍在福州管理官科，恭房子孙继续管理永泰县城的产业；同时家族仍有各种公共产业，家族成员之间长期维持分工协作关系。乾隆四十四(1779)年，谢钦峻为了接管永泰县城的家族产业，立承契[1]如下：

> 立承字孙钦峻，前祖在县置有店屋、田租，俱是伯昌龙掌管收租，日食家风外，其租付还众收用。今伯长兄钦临身故，嫂张氏孀守，独居不便，又兼业广事繁，伯回照顾本家，县事不获统理。承祖命，家眷搬县，与嫂帮居，其屋店、田产之租俱付峻收用。言约嫂每月米四斗五升，又钱一千五百文，交付日用养膳，不敢少欠。其中或增价，或纳粮，或接应官役，或控田控租，县中社事，亲友人情，俱是峻支理。或五房兄弟有事下县，自当款待饮食。以上诸事料理妥当，其租付收，兄弟不得言说。若更不足，不敢向兄弟增谷。若县不居之日，其业依旧五房在众。又其业不得私卖私当等情；如有此等，将本家之业罚补。其县有事要用大伯，其答钱往来峻理；若大伯自己有事，往来答钱大伯自理。今欲有凭，立承字为照。
>
> 乾隆四十四年九月　日。立承字：孙钦峻。在见：叔公克春。〈押〉

恭房昌龙掌管永福县城的店屋、田租等产业，因长子钦临亡故，必须回珠峰料理家务，将县城产业移交给信房的钦峻接管。文书约定，钦

---

① 盖洋乡珠峰村庄寨文书：箱2-丙01608。

峻接管县城产业之后，必须负责办理谢家在县城的各种公共事务，还要承担寡嫂张氏的生活费用、大伯昌龙到县城办事的应酬费用，以及五房兄弟到县城的接待费用。此外，县城产业属于谢氏家族的公共产业，钦峻只能作为家族代表经营这些产业，而没有处分权。

在谢克殷派下五房中，恭房、宽房人丁不旺，逐渐衰败；留守省城的信房也不善持家，日益没落，最后连祖传的“三县官科”都典卖了。出人意料的是，留居本乡经营田产和山林的敏房昌严子孙，在嘉庆年间日益兴盛，最终形成以钦察寨为中心的新格局。昌严在世时，曾在尤溪县注册“谢奎光户”，为当地二图一甲的甲首户。这说明，他试图在尤溪县置产收租，扩大土地经营。该甲首户后由其次子钦察继承。钦察派下分为仁、义两房，仁房掌管尤溪上洋一带的土地，义房大多外出经商。到晚清时仁房又分为宫、商、角、徵、羽五房（图6），从光绪十(1884)年开始轮流催征赋税。①

谢钦察出生于乾隆五十(1785)年，为昌严次子，克殷之孙。据传昌严不擅长经营，钦察在十几岁时就开始负责家族产业。《山兜祠谱志》记述：

> 刚满十五岁那年除夕，他蹲在昌严公身边，看着父亲结算本年收付，是〔盈〕余或是亏空，将要算完时，他就先说：“今年还没有什么进益。”……公那时向他父亲建议说：“明年给我当家，保证进益。”……如是年年由他掌管，进益很多。至二十五岁，公兄弟才分居。此后更克勤克俭，积累财粟，买卖田庄。至三十五岁左右，就已达到年收租谷上千担。②

谢钦察的理财能力，集中表现为买田收租和经营山林。在当时粮价持续上涨的市场环境中，为了控制粮食资源，他在出租土地时采用了分成租的地租形态。如道光六(1826)年谢世荣所立“承字”③：

> 立承字侄世荣，今因少田耕种，就在叔钦察承出苗田，土名坐址秋湖一号，又及山边墙一号……通共上二十四号，承来耕种。递

---

① 谢奎光户丁粮册//盖洋乡珠峰村庄寨文书：箱2-包1206。

② 山兜祠谱志：钦察公。

③ 盖洋乡珠峰村庄寨文书：箱2-包1202-辛00008。

年分收到割，不敢私割。如是私割，依原租称等，不敢少欠。如是少欠，其田复还田主，另召安他人别耕，承主不敢阻占等情。今欲有凭，立承字一纸为照。

道光六年二月　日。立承字：侄世荣。代字：钦定。〈押〉(进益)

这一租佃契约的关键在于“递年分收到割，不敢私割”。这就是说，谢世荣租种这些土地后，每年收成时必须请谢钦察到场，当面分成。一般而言，分成租是比较原始的地租形态，不利于调动佃户的生产积极性。在清代普遍实行定额租的历史环境中，谢钦察竟然采用分成租，似乎是倒行逆施。不过，在实行分成租之后，田主较为关注生产过程，有时会帮助佃户改善生产条件，如兴修水利、改良土壤、提供贷款等，客观上也有助于提高粮食产量。

谢钦察对家族发展有两大贡献：一是赎回“永福县官科”，二是建造了钦察寨。前者改善了家族发展的外部环境，后者强化了家族成员的凝聚力。谢家的“官科”是福建布政司衙门中主管永福县的书吏。在清代行政体制中，书吏是在各级衙门中从事文书处理与收贮档案的雇员，时称“朝廷之有百官，百官之有吏书”①。早在乾隆三十九(1774)年，谢克殷家族已通过私下交易，获得福建布政司书吏之职，经管永福县的人事考核。其契约如下②：

立卖断契张敬理，原买断得郑国桢、国玉有布政司官科役缺，经管永福全县，并教职、杂职、乡绅各项，全历掌无异。今因别用，托亲友引到谢处为业，本日得讫役价银二百三十两纹广。其银即日收足，其役缺自断之后，即听谢家前去上名应役，进官办事。凡上下一切文移，无论新旧案件，及契内开载未尽事宜，俱归谢家办理，永不得言凑、言赎之理……统付为照。

乾隆三十九年十一月　日。立卖断契：张敬理。中见：林启允、童永山、童永清、张斯天、张斯国、官孝静、张焕彩、高朝步、郑国桢、张廷梁、张廷材、张享纲、龚在德、梁栋造。代笔：侄孙张焕登。〈押〉（大发财）

① 〔清〕于成龙．于山奏牍：卷5[M]．清康熙二十二年三韩刘鼎刻本：29。

② 盖洋乡珠峰村庄寨文书：箱3-层3-包1306-辛00044。

谢克殷家族曾经先后购买了“三县官科”，到嘉庆年间都被克殷之子昌涵典卖了，道光四(1824)年谢钦察赎回后由长子世成负责打理。此后，义房的代彰、永冠等先后继任布政司书吏，与经营商业的义房子孙配合，在福州和永泰县城建立了广泛的社会联系。在现存谢氏文书中，有同治十二(1873)年谢代彰所立借字①：

立借字谢代彰，托保向在万隆宝行借出本番银一百五十元正，每月行息加三照算，面约在山作有杉木一百二十根，又杉木筒四百余枯，报在宝行发售，抵还本息，代彰不敢少欠之理。倘有不敷抵款，另行补还，亦不敢另投别行。倘有此情，保认人愿将本息并行仲一起赔还。恐口无凭，立借字一纸付执为照。

同治癸酉十二年十一月　日。立借字：谢代彰。保认：李玉积。〈押〉

这一借据由谢代彰手书，字迹工整，在署名之后书有“花押”二字。谢代彰以家中杉木作为抵押，向万隆商行借银，杉木则由万隆商行发售，可见这一借贷关系与其家族商业经营密切相关。

清代后期，在省城担任书吏的谢氏族人经常参与永泰公共事务，在地方社会有较大的影响力和话语权。据《山兜祠谱志》记载，谢代彰曾捐纳监生，“三十五岁接替世成公住省城管理官科事务”。有一年，东坡陈氏族人闯祸，永福县令率武营衙役上百人下乡处理此案，而陈氏族人不懂衙门规矩，受到多方刁难。陈氏族人只好去请姻亲代彰公，“知县见公至，亲自下阶迎接，邀上公馆，互相礼毕，递茶让座……其案不久也就完结。公因此受到各乡村民称赞与敬佩”。② 这一故事或许有夸大之处，不过谢代彰在布政司吏科经管永福县事务，地方官员对他以礼相待也在情理之中。可以想象，这一时期的珠峰谢氏族人经常游走于城乡之间，在地方政治与经济领域都有较大的权势。

钦察寨始建于道光十二(1832)年，建成于咸丰四(1854)年，前后

① 盖洋乡珠峰村庄寨文书：箱3-层3-包1203-小小包-庚00197。另据庚00196《光绪十三年郑鸿禧立倒收字》所载，万隆宝行原由郑鸿禧祖父与长乐县石氏家族在福州南台地区合办，谢代彰则为杉木客商之一。

② 山兜祠谱志：代彰公．代彰为珠峰谢氏第十八世，钦察之孙，克殷玄孙。

历时 22 年。据族谱记载，谢钦察家族在道光年间曾遭德化县扶风林土匪偷袭，损失大量财物。为此，谢钦察决定在离下寨不远的险要之处另建新寨，既可以聚族而居，又便于聚族自保。钦察寨是由谢钦察家族独资建造的，不同于“十八股”合建的下寨。不过当时下寨已经毁弃，如果遭遇战乱，全村族人均可进寨避难。谢钦察建造此寨的目的，主要是让子孙后代安居乐业，和睦相处。

谢钦察有世成、世贻二子，于同治九(1870)年分为仁、义两房，子孙分居于钦察寨两侧。世成传五子，世贻传二子，其后代合称为“寨内七房”(图 6)。在珠峰谢氏族人中，谢钦察后裔是相对独立的家族系统。寨内有自己的族长，一般由最具威望之人担任；同时有房长，由各房辈分、年龄最高者担任，与族长共同维护寨内公共秩序。如遇土匪攻击，族长与房长齐集寨内地势较高的武厅，共商对策。如果寨内发生纠纷，他们共同出面调解。寨内的住房实行诸子均分制，分家时必须请族长和房长到场见证。族长和房长还负责组织维修寨内公共设施。

谢钦察家族有不少历代留下的公共财产，如房屋、田产、山林等。兹依据同治九年《仁房阄书》的有关记载，将谢钦察家族历次分家提留的公产列为表 3。

表 3　谢钦察家族仁房公产一览表

时间	仁房所分财产	提留公产	分家背景
1841	田地载租 12259 斤，竹林 9 所	无	世成、世贻皆已完婚，仁房所分田产多为“根面全之田”
1848	田地载租 10660 斤，竹林 3 所	无	钦察赎回义房典出的上洋与下洋的土地竹林，与其他产业一起均分；义房以上林之田租 800 斤立契收回竹林
1856	田地载租 8650 斤，竹林 30 余所	钦察继配吴氏置有家长份田，可收租 2840 斤；“上洋笋厂、纸厂、厝屋及山头仓厝，随田掌管，其业未分，又冲下厝楻亦然。”	庄寨竣工后两年，钦察去世
1870	山寨左侧房屋若干橺，土地载租 4583 斤，地坪、荒山、仓厝、纸厂若干	祭田包括淳湖与溪兜的大租，合载 10644 斤；上洋竹林内杉木 501 根，杉林 20 余所	世成去世后三年，其长子代连生有七子，代表本房与叔父世贻完成分家

从上表可以看出，谢钦察派下的仁、义两房设置了“家长份田”，提留了“笋厂、纸厂、厝屋及山头仓厝”等公共产业。到仁房世成去世后，两房正式分家析产，将庄寨内产业一分为二。这次分家共提留 1 万多斤祭租、20 余所杉竹林作为公产。关于这些公共财产的收益分配，有如下具体规定：

一议，文武养贤租。每房子孙如有入泮，即付递年当收；或二三人或四五人同入泮，每人递年均分；或陆续入泮，先入泮者即将此租付新入泮者先收一年，以后递年均收。至与进士、举人、鼎甲亦遵此规。(其粮随管收者完纳)

一议，养贤之租。两房子孙未入泮，权为继母养膳之租。向后两房子孙如有入泮者，此租付入泮者递年当收，其养膳另行再议。

一议，祭租并万人冢租之粮，随祭首支理完官。

一议，公众人客并乞丐，亦随祭首支理。①

从上述规定可以看出，谢钦察家族为继母吴氏设置的“养膳之租”，即“家长份田”，主要用于资助科举教育。派下族人从考上秀才开始，就可以参与这些田租的分配。此外，在寨内地势最高之处设置了书斋，每年聘请中仙、盖洋等地的私塾先生来此讲学，所需费用由公产支出，有些富裕的族人也多有捐助。至于寨内每年收租 1 万多斤的祭租，由仁、义二房子孙轮流担任“祭首”，负责每年的收租、纳税、祭祖以及接待客人、打发乞丐等公共事务。

时至今日，钦察寨仍是谢钦察派下子孙的认同标志。每年农历七月，“寨内七房”先与寨外族人共同祭拜大祖与二祖，再在寨内祖厅祭拜钦察公，形成了“族中有寨，寨中有族”的多元结构。在日常社会生活中，“寨内七房”同样维持其相对独立性。如寨内族人举办婚礼，第一天为正日，全寨各户与寨外来宾共同参与，在寨内祖厅举办仪式；第二天为本房族人的内部婚宴；从第三天开始，近亲之家轮流设宴，款待宾客与亲朋好友。在寨内老人去世时，本房族人共同料理后事，由房长安排男丁抬棺下葬。如果寨内族人另建房屋，其他族人一般都要前去帮忙。

---

① 同治九年钦察寨仁义二房阄书．仁房所收本；无页码。

珠峰历史上的下寨与钦察寨，都是兼具居住与防御功能的庄寨，但社会内涵不同。清代中期建造的下寨，主要是“十八股”族人的共有建筑，反映了珠峰谢氏族人的分化过程；清代后期建造的钦察寨，主要是谢钦察家族的自有建筑，反映了其派下子孙的整合过程。在珠峰谢氏族人的心目中，“寨内”与“寨外”似乎属于不同的生活世界，这是引人深思的现象。

结语

珠峰谢氏作为外来移民，于明代后期在本地入籍定居，进入当地的里甲和保甲系统。明清之际，由于持续不断的社会动乱，珠峰谢氏族人经历了分化与整合过程。乾隆时期建造下寨的“十八股”，实际上是珠峰谢氏的精英阶层；而三大房共同经营的“大祖”族产，造就了珠峰谢氏的依附式族群关系。清代中期，谢克殷家族走出深山，经营米粮贸易，参与地方政治，发展山林经济，推进了永泰山区的社会经济转型。进入 19 世纪以后，谢钦察家族除了继续购田收租，开发山林资源，而且借助“官科”经营商业，经常游走于城乡之间。钦察寨的建造，维系了家族成员之间的分工与协作，强化了家族组织。

以往学界论及山区开发，大多将宗族视为阻碍经济发展的制约因素。然而，通过考察珠峰谢氏家族，我们可以发现家族是山区开发过程中不可缺少的社会组织。这是因为，各地移民群体陆续进入山区，族群冲突难以避免，社会秩序颇不稳定，如果不能聚族自保，很难在山区生存和发展；更为重要的是，山区开发需要长期投资，必须有稳定的产权秩序，如果不借助家族组织，很难有效地控制和利用山林资源；最后，在高度商品化的市场环境中，借助家族成员之间的分工协作，可以发展多元化的经营模式，争取经济利益的最大化。珠峰谢氏家族与山区开发的互动关系，为我们提供了典型例证。

近几十年来，珠峰谢氏族人纷纷离开世代定居之地，远赴沿海城市乃至海外谋生。不过，在近年来的传统村落保护和庄寨重建过程中，外出的族人陆续回归，古老的山村展示了新的发展前景。在田野调查中，我们遇见出外多年的谢林仁先生，在钦察寨开始重修时，他就立刻驱车返乡，捐款捐物，同时也要改造自己的旧屋。有些族人原本并不住在寨中，得知钦察寨即将重修，随即回乡出谋献策，倾囊相助。通过重修钦察寨，珠峰谢氏的凝聚力大为增强，我们可以深切感受到当地村民对故乡建设的饱满热情，从中不难发现乡村振兴的内在动力。

万力胜

辅弼张氏家族与青石寨

（青石寨，张培奋摄）

引言

地处同安镇三捷村的仁和庄，始建于清道光十(1830)年，历时8年建成，至今仍保存完好。其外墙由青石加夯土修筑而成，故俗称青石寨。(图10) 寨内建筑形制为三横两堂，共有房屋300余间。整体建筑长83米，宽73米，高4.6米，占地面积达6000余平方米。青石寨兼具防御和居住的功能，是永泰庄寨的代表之一。

图10　仁和庄-青石寨（黄文浩摄）

同安镇在永泰中部，海拔较高，境内以山地为主，平地大多分布于山脚与河流两岸的狭长地带。三捷村坐落于辅弼岭东南的山间盆地中，北邻双溪，南与三洋村隔溪相望。当地平均海拔超过600米，昼夜温差较大，适宜种植茶叶及经济林。

三捷溪发源于辅弼岭，经三捷流向富泉方向。在上游修建水库之前，三捷溪水流湍急，无法通航，且季节变化很强，只能在汛期放排。当地的木材通过放排，可以直接运送到富泉，再经富泉溪进入大樟溪，到达永泰县城、福州等地。在传统时代，除了大宗货物如木材等需要水运外，人员和一般货物的流通还是以陆路为主。当地的陆路交通线主要为向西北经辅弼岭达同安、向南经三捷桥往三洋等地。因此，虽然三捷村僻处深山，仍可通过水陆交通系统，融入以木材、茶油为主要商品的市场体系之中。

三捷村的主要居民为辅弼张氏族人，其开基祖为清代进入当地经营山林经济的张季良。据当地村民介绍，三捷张氏早期主要经营采石、榨油与放排，这是张氏族人发家致富的三大法宝。完成原始积累后，子孙开始在当地建造青石寨。因此，研究张氏家族与青石寨的历史，必须关注当地的山林开发史。我们实地考察了建造青石寨所用青石的产地，并调查了张氏族人当年经营的油坊和每年放排的时间、地点，对三捷村的生态环境与山林经济有了初步认识。

2018 年 10 月，在厦门大学历史系博士生董思思的带领下，我们初次来到三捷村。在访谈中了解到，青石寨的建造者为张序捷等三兄弟，他们在同治三(1864)年分家析产，现存阄书一册。此后，我们陆续找到了 1996 年编纂的《辅弼张氏族谱》、咸丰年间抄录的《月洲张氏族谱》，以及民国年间的族谱残本和世系图一册。这些历史文献为我们提供了背景资料，使我们有可能回到具体的历史情境之中，解读青石寨的历史文化内涵。

辅弼张氏家族的山林经营

辅弼为同安的旧称，据说因乡人郑侨曾为南宋辅弼大臣而得名。辅弼张氏族人分布于同安、三捷、岚口等地，其祠堂在同安村。祠堂中奉祀始祖张睦，与月洲张氏相同。这一祖先认同可能始自咸丰年间，是近代以来族群整合的结果。从现存族谱资料看，辅弼张氏的开基祖张贡，于宋末避乱迁居岚口，其子孙散居岚口、同安等地。咸丰年间编纂的《辅弼张氏族谱》，以张贡为月洲张氏的第十二世族人，并引用万历年间月洲张氏的谱序，述及“月洲高山，禄湾辅弼，各奠攸居”①。不过，查对万历谱序原文，该句并无“禄湾辅弼”四字②。至于辅弼张氏与月洲张氏的联宗通谱，在咸丰谱序中有如下说明：

> 嘉庆中，序位公与小姑乡族人永喜善，时相过从，谈及世系，喜公出示所存旧谱示之，且云：“凡出自太师者，修谱多以此为蓝

① 张昃．重修家谱序//辅弼张氏族谱．民国残本，藏于辅弼张氏祠堂：无页码。

② 月洲张氏族谱．明万历十九年抄本，藏于辅弼张氏祠堂：无页码。

本。”位公喜归，告其堂侄曰：“吾家旧谱尚存，祖宗之泽也！子孙之幸也！汝其亟取修之。”①

由此看来，辅弼张氏族人在修谱过程中，得到了小姑乡张氏族人的指点，以月洲张氏的谱系为蓝本。这说明，在清嘉庆以前，辅弼张氏与月洲张氏是相对独立的，各有不同的传承谱系。

据《辅弼张氏族谱》记载，其十六世祖萸公为宣教郎，大约生存于明初，是辅弼张氏最早有官爵记录的族人。② 由此看来，辅弼张氏可能在明初已入籍定居，是土著家族。不过，由于资料有限，我们无法详细考察明中叶以前的辅弼张氏家族史。到了万历年间，辅弼张氏家族开始有较为详细的历史记录，尤其是留下了不少关于山林经营的资料。在此主要依据《辅弼张氏族谱》的有关记载，考察其山场产权的由来及其经营管理方式。

历代编纂的《辅弼张氏族谱》都收录了一幅手工绘制的“第十甲辅弼山场”地图（图 11），并附有详细的文字说明，阐述其山场产权的由来，以及历代的“山税”分派与“山租”归属。

图 11　辅弼张氏山场图

① 辅弼张氏族谱 . 1996:6。

② 辅弼张氏族谱 . 1996:207。

前明，里有长，董土田之赋，征收催解，以供徭役，动费繁重，故税山皆属焉。吾族自明如金公顶第十甲里长，向金公继之。至本朝叔理、叔德公犹相踵办理，粮纳第十甲张永发户下。以此，凡第十甲辅弼之山场，悉属我族掌管。

圣祖仁皇帝薄征平赋，山税亦得从轻。原张永发户下粮额九十四两一钱八分八厘内，我族驮赔各姓并本族绝丁粮应十四两五钱一分六厘七毛四丝。惟甲下茶山下陈姓匀纳六丁，将西方茶山下、中心仑、官庄坪、起元堂一派之山付陈朝弼樵采，递年应纳税银五分，今内檀、余两姓收纳；又甲下后坑陈姓匀纳六丁，将西方上滌至泮水隔一派之山付陈樵采，再匀二丁准做税银。康熙三十八年，将永发地丁苗米钱粮除甲下匀挂并我族礼房、御房、书房、数房匀分各挂办理外，更存小造山税银五钱八分仍纳张永发户下，前系七阄轮纳，今通族公办。其应掌十甲辅弼税山四至，图具于后可考。

大造山酒税应一两二钱，系十甲里长轮当，吾族逢辛年办纳。一甲余国光，二甲林铭、张应麟，三甲黄朝珣，四甲卢正裔，五甲张月洲，六甲檀御香、全盛，七甲陈宗裔，八甲范公兴，九甲吴廷震、陈家应，十甲张永发。

山租岁无定额，前系七阄轮收，今归通族公收。[1]

辅弼张氏家族控制的山场范围，大致是在岚口、石柱、北斗洋之间的区域，即今水库东侧的辅弼岭山地。上文中的如金公，为辅弼张氏二十五世祖，明万历年间的秀才。他曾在万历十(1582)年为其父三峰公修立墓碑，并曾在崇祯二(1629)年召集族人修建同安村供奉古溪尊王的聚圣堂。[2] 张如金在世时，辅弼张氏顶替了第十甲的里长户，由此获得了辅弼山场的控制权。

从明末到清代，辅弼张氏都是以“张永发”的名义担任第十甲里长，并掌管辅弼一带的山场。通过里甲系统分配山场的产权和税收，是

① 辅弼张氏族谱.1996:23。
② 辅弼张氏族谱.1996:57。

明清时期永泰地区的通例。[①] 辅弼张氏承担的山税不多，每年仅有“小造山税银五钱八分”，另有十甲轮纳的“大造山酒税”年均一钱二分。在第十甲还有茶山下陈姓和后坑陈姓等里甲编户，他们各自承担了“六丁”的赋税，因此可以分别管理当地的一部分山场，但每年必须交纳“税银五分”。值得注意的是，檀、余二姓原来并无山场，后来顶替茶山下陈姓交纳山税，因此也就接管了茶山下、中心仑、官庄坪、起元堂一带的山场。在这里，山场的产权来自里甲户籍，而交纳“山税”是掌管山场的主要依据。

辅弼张氏家族对山场的经营管理方式发生了多次变化。明代后期，张如金、向金相继担任里长，当时可能是由他们统一管理辅弼一带的山场。明清鼎革之际，辅弼张氏族人流失甚多，明中期二十一世形成的礼、义、射、御、书、数六房仅存四房。到了康熙三十八(1699)年，张永发户的钱粮仍由四房分别交纳，“山税”则开始按照“七阄”轮流交纳，“山租”由“七阄”轮流征收，实际上就是对山场实行轮流管理(图12)。到了乾隆年间二十七世叔理、叔德担任里长之后，又把山林经营改为“通族公办”。据族谱记载，叔理生于康熙二十四(1685)年，卒于乾隆三十二(1767)年；叔德生于康熙十三(1674)年，卒于乾隆二十三(1758)年，曾经担任十三年里长[②]。他们对山场实行统一经营管理，可能是因为“七阄”的人口发展不平衡（表4)，无法继续实行轮流管理。

表4　辅弼张氏第27—30世各房人丁统计表

世次/字辈	仲枝房	仲京房	仲义房	仲广房	仲庆房	仲书房	仲周房
27/叔	2	3	2	4	2	5	2
28/季	8	10	4	12	3	10	7
29/行	23	10	7	27	7	17	13
30/序	57	5	8	47	14	15	18

① 郑振满．明清时期的林业经济与山区社会——福建永泰契约文书研究[J]．学术月刊,2020(2):151。

② 辅弼张氏族谱．1996:215。

为了经营管理辅弼岭地区的广阔山场，张氏家族的组织形式也几经变迁。从明代的“六房”，到清代的“七阄”，到清后期与月洲张氏联宗通谱，无疑都有助于加强对辅弼山场的经营管理。

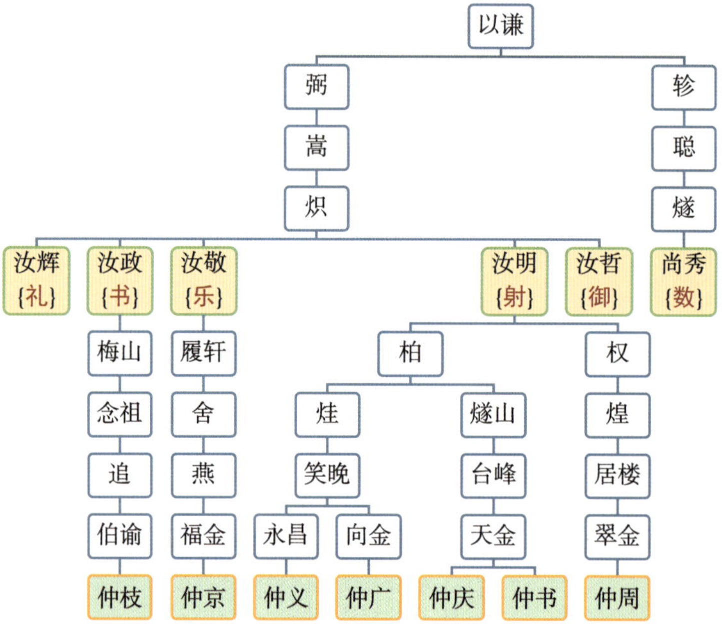

图 12　辅弼张氏的六房七阄

三捷张氏家族的发展

三捷张氏家族的开基祖张季良（1713—1792），原为辅弼张氏族人，于乾隆初期迁来三捷。据族谱记载，张季良之祖父仲广公，为辅弼张氏“七阄”中的第四阄始祖。因此，三捷张氏族人可以分享仲广公留下的族产，至今仍然参加第四阄的祭祖活动。到张季良时，辅弼张氏的山场已经由“七阄”轮流管理改为“通族公办”，可能这就是他外出另谋生路的主要原因。我们不清楚辅弼张氏是否控制了三捷一带的山场，但可以推测张季良到三捷村开发山林与辅弼张氏家族的山林经营有密切关系。《辅弼张氏族谱》对张季良的生平有如下记述：

公兄弟五，公其季也。时环堵萧然，而抱负殊大。其由旸谷迁三捷时，所携来者唯石磨一、母鸭二，此外别无长物。不数年，商业固由小而大，居室亦由完而美，云蒸霞蔚，使三捷一村顿成为文武衣冠之域。猗欤休哉！何其盛也！[①]

由此看来，张季良刚到三捷时还很贫困，后来主要依靠经商发家致富。乾隆二十八(1763)年张季良同其弟季如在旸谷盖了“高岭厝”[②]，到乾隆五十八(1793)年又建造了“三捷桥旧厝”（可能是在张季良去世后才完工）[③]。此外，在乾隆三十三(1768)年修建三捷桥时张季良是“募缘首”[④]，还拥有“乡饮耆宾”的头衔。[⑤] 不过，张季良的后人大多住在旸谷村，只有次子张行丰的后代留居三捷村。张季良之父张叔位(1667—1738）的坟墓如今还在同安村。

张行丰（1743—1825）生育序捷、序仪、序光三兄弟，他们就是青石寨的建造者。族谱对张行丰父子有如下记载：

公，季良公次子，出嗣季炳公。季良公饶于资，公生而席丰履厚，不问米盐。迨老父倦勤，而儿曹继踵。长序捷，主持内政；次序仪，应付外事；三序光，有声商界。三昆仲各职其所业，各尽其所长，公因得优游杖履终其生焉。昔孔氏以无尤称周文，以其父作子述也。公父作于上，子述于下，方之周文事业，大小虽殊，其无尤则一也。[⑥]

这一小传认为张行丰的使命是承上启下，因为他的父亲非常富裕，而他的三个儿子又很能干，所以他不需要有特别贡献，只需把父辈开创的事业传递给子辈。实际上，张行丰在当时还是很有名望的，可能在某些方面有特殊才能。例如，张行丰曾经将一些田租收入捐给永福县学，由派下三房轮流掌管，提升了张氏的社会地位，同时又保留了这些土地的产权。

张行丰的长子张序捷（1784—1872）长期主持家政，是家族经济

---

① 辅弼张氏族谱.1996:220。

② 辅弼张氏族谱.1996:52。

③ 辅弼张氏族谱.1996:53。

④ 参见本书《三洋鲍氏家族与爱荆庄》章第102页所引碑文。

⑤ 重修三捷桥碑记.清乾隆三十三年立，现存三捷村。

⑥ 辅弼张氏族谱.1996:228。

的总管。在富泉雷氏家族的抄契簿中，有张序捷在当地购置产业的记录[①]，可见他的经营范围很广。咸丰七(1857)年，张序捷和三弟张序光都捐纳了从九品职员，这不仅显示了张家的经济实力，同时也是其社会地位的象征[②]。在张行丰诸子中，最突出的是次子张序仪（1789—1860)，族谱记载：

公性刚毅而智勇兼备，故对外事之应付均能操纵自如，中年与兄弟合力建筑仁和庄。庄之四围均以青板石为基，人咸称为青石寨，规模宏廓。内有房三百七十八间，都内屋宇无出其右。屋东宇横亘一溪，水势浩大，昔赖木桥以通往来，一遇大水漂流，交通辄告断绝，公兄弟□然尤之，遂倡建石拱桥，以垂久远。落成后，出其途者莫不啧啧称便。公晚年又自建聚星庄于双溪口。子四，均能继志，积厚流光，固其宜也。[③]

族谱还述及，张序仪遇事果断，“其定疑决难，心性均有权衡；息讼泯争，乡邻铭其公正”。道光四(1824)年和咸丰八(1858)年，张序仪两次捐纳功名，拥有贡生身份。他在三捷村与兄弟合建仁和庄（即青石寨）之后，又在双溪村建造聚星庄，不仅是为了满足居住需要，其实也是为了扩充势力范围。

张行丰的三子张序光（1792—1867)，在家族中主要负责经商活动，如经营当地木材、茶油等土特产的贸易。此外，张序光同样热衷于公益事业，“屋西土堡协力经营，屋东拱桥艰难募建”。在三捷张氏家族中，张序光的后代特别发达，据说就是由于他生前“乐善不倦”。[④]其实，张序光后人发达的原因，主要还是在于继承了乃祖经商的传统。据族谱记载，张序光共有六子，其次子碧昭、三子琨昭及五子玥昭都善于经商。张碧昭长期掌管序光一房的经济事务，曾经开发从考堂到三漈头大约十里的林场，并且经营从三捷到三洋的千顷稻田。[⑤]

---

① 张忠发．福建省少数民族古籍丛书：畲族卷：文书契约(上)[G]．福州：海风出版社，2012：207。

② 辅弼张氏族谱．1996：241。

③ 辅弼张氏族谱．1996：241。

④ 辅弼张氏族谱．1996：241。

⑤ 辅弼张氏族谱．1996：260—262。

从张季良、张行丰到张序捷三兄弟，大约经历了清乾隆至道光年间，这是福建山林经济快速发展的时期。[1] 这一时期，有不少张氏族人致力于经营山林经济，积累了丰厚的资产。例如，与张序捷兄弟同辈的张序玉（1777—1847），“与序亮公同心，营立家室……至森林事业，公尤加意。时盗贼充斥，公靡寒靡暑，昼夜巡视不稍懈。后世子孙建造屋宇十有余座，有材木不可胜用之快”。[2] 三捷张氏家族的发展，同样是立足于当地的山林资源。

《辅弼张氏族谱》详细记录了历代祖墓的位置，从中可以看出张氏山场的空间分布。我们发现，三捷张氏的历代祖墓相当分散，分布在辅弼岭西部的广阔地域。例如，张季良葬在三捷，张行丰葬在三洋下保，而序捷、序仪、序光都葬在辅弼。这些祖墓可以视为山场产权的标志，因此经常发生墓地之争。咸丰九（1859）年，张行书等控告李霄儒毁灭二十二世祖张奕山的坟碑，永福知县判令李家赔偿损失，同时把坟墓四周的山林判归张姓所有。[3] 此墓坐落于消厝坑铁炉坪，远离辅弼张氏聚居地，守住坟墓就是守住山林的归属权。

在永泰山区，山林的产权通常归家族所有。山林资源是发家致富的主要凭借，这也许就是当地盛行家族式经营的根本原因。

张行丰家族的财产形态

道光五（1825）年张行丰去世之后，诸子继续同居共财，维持大家庭的生活方式，直至同治三（1864）年才正式分家析产。此次分家由张序捷、张澄昭（序仪之子，1826—1901）、张序光代表张行丰派下三房，平均分配青石寨的所有房屋、田产和山林。通过解读当时的分家文书，可以较为全面地了解张行丰家族的财产形态。

1. 公共财产

此次分家首先提留了三房共有的财产，包括“祭典田亩”“点公婆

---

① 戴一峰．区域性经济发展与社会变迁：以近代福建地区为中心［M］．长沙：岳麓书社，2004：224—226。

② 辅弼张氏族谱．1996：236。

③ 辅弼张氏族谱．1996：209。

灯田亩”“养贤田亩”等，主要用于家族内部的祭祖及教育费用。此外，还有不少未经分析的田产、山场、房屋等，由三房子孙共同经营。兹分类列表，以资说明。

“祭典田亩”（表5）主要用于祭祀张行丰夫妇，每年共收租谷2400余斤，同时需要向林某交纳租谷120斤，并承担田赋约1.4两，由张行丰派下三房子孙每年轮流收租、交租、纳税、办祭。此外，张行丰三兄弟曾为其父张季良设立祭产，由派下日、月、星三房轮流管理。张行丰属月房，阄书中有些田产注明“其田根与日星两房轮耕”“其田根与星房轮耕”，这说明张行丰派下子孙可以轮流参与两种祭产的经营管理。

表5　张行丰家族公抽祭典田亩一览表

地址	土名	收纳租谷（斤）	纳税银（两）	纳税户
三洋	寨下角里	300	0.189	张辑五户
三洋	溪下外坂门首	120	0.0579	
三洋	溪下油杭坂、溪墘	100	0.0482	
三捷桥	曲尺丘	400	0.2385	张辑五户
三洋	台楼、回寨里	200	0.0897	
三洋	西湾	150	0.071	
三洋	漈头雷打湾	20	0.01	
汤泉乡	老人后	636	0.412	
汤泉乡	老人后、坑仔墘	20	0.01	
汤泉乡	老人后	20	0.01	
汤泉乡	招岚口	110.8	0.075	
汤泉乡	清水湾	180	0.13	
汤泉乡	岩兜	156	0.0936	
汤泉乡	高埕下	-120（林家）		

此次分家设置了两处“点公婆灯田亩”，其用途是在青石寨的厅堂上常年点灯供奉祖先牌位。其中一处在“三捷桥旧厝门首”，每年应向“三洋地保”交纳租谷65斤，张氏族人持有其耕作权。另一处在“三

洋后丘头”，每年收租谷154斤，纳税一钱多，应该有完整的产权。值得注意的是，后丘头为张氏族人采石之地，因此阄书明确规定：“后丘头之田，向后智、仁、勇三房子孙要用青石，无论轮值何房，听从开掘，不得阻留。其谷额照上年若干，四六均分，付还当年收。”还规定此田轮值者应于十二月三十日向“三房长”交纳茶油10斤、蜡烛2斤。

张行丰家族的“养贤田亩”（表6）主要用于族人的启蒙教育和科举考试，每年共收租谷3370斤，交税约2两。

除上述田产之外，在“张兴贤”名下还有坐落于汤泉乡的园坪4所、税山1号，需要向李家交纳山租钱24文。这些田产、园坪和山场用于供养张氏家族中的读书人，对培养士绅阶层发挥了重要作用。

此次分家留下的其他“公抽田亩”（表7）多属于产权不完整的田产。其中有些张家可以收租，但并无耕作权；有些张家可以耕作，但必须向原地主交租；有些可以收“根租”，而不必向原地主交租。

表6　张行丰家族公抽养贤田亩一览表

地址	土名	收租谷（斤）	纳税银（两）	纳税户
辅弼	长逞墘	1440	0.7128	张兴贤户
辅弼	长逞墘	570	0.3564	
十八重溪	十里林、铁炉洋	260	0.15	
十八重溪	十里林、铁炉洋	780	0.51	
三洋	槐头垄	60	0.0318	
三洋	后坑里、南溪前	200	0.12	
三洋上保	后山洋岭里口	60	0.033	

表7　张行丰家族其他公抽田亩一览表

地址	土名	收纳租谷（斤）	纳税银钱	纳税户
三洋	漈头瓦窑垄	107	0.102两	张行丰户
龙门里	垄仔头			
石柱里	山后			
石柱墘	垄仔头			
	枕南丘尾			
	罗坑垄谷			

续表

地址	土名	收纳租谷（斤）	纳税银钱	纳税户
龙门里	燥墘	50	0.0251 两	张行丰户
龙门里	下厝园门前	-403（鲍孟良）	0.2017 两	
龙门里	旁边洋	517	0.1551 两	鲍孟良户
三洋下保	店前	250	0.1405 两	张行丰户
三洋	漈头门前	405	0.0452 两	张行丰户
三洋	楧头垄	90		
三漈头	考堂	107	0.1457 两	张行丰户
辅弼岭	火管垄、大垄谷	140	0.0404 两	张行丰户
辅弼	亭前	110	0.0642 两	张行丰户
辅弼	八斗洋、后门垄、石板塆	80	0.0551 两	张行丰户
湖濑头	半岭厝后门头、厝尾门头		20 文	雷家
辅弼	宅里门前	-360（何家）		
辅弼	三漈头高楼下、上垄仔、堆前师公潭龙仔、溪坪二丘	-130（朱家）		
三洋	草蟒原	-820（县学）		
辅弼	坛前	-350（朱家）		
湖濑头	半岭尾大丘、发竹垄头	-80（雷家）		
三洋	石柱大王垄	400（根租）		
三洋	北墘门前上池丘	100（根租）		
	平濑、过水、溪坂	400（根租）		
三洋	溪下垄头	150		
三洋	溪下门前大丘并棚	175		
三捷桥	堆垄、大路里大丘	200	0.1 两	郑家
双溪口	瓦窑	150	0.1 两	张行丰户

这些“公抽田亩”每年共收租谷 3431 斤，但必须向各姓田主和永福县学交纳租谷 2143 斤，还要交纳钱粮 1 两多，其收益并不多，可能只是不便分析的过渡性产权，尤其是捐给永福县学的 820 斤田租。

此次分家留下的“公抽山场”有 7 处，包括 4 处未开发的荒山（表 12）。在当地山场的开发过程中，荒山大多归家族经营管理。

此次分家留下的“公抽房屋”（表8）主要是建造青石寨之前的房产，分布于辅弼、三捷桥、龙门里、石柱里、三洋、汤泉乡等处，反映了辅弼张氏家族居住形态的变迁过程。

表8 公抽房屋一览表

地名	土名	房产形态
辅弼	高岭	西边书院第一榈，向阳沟向天井二榁相连，西边尾过水一榁
三捷桥		溪下楼东边楼下一间
三捷桥		新安宅西边厕所二间
龙门里	石坂坑	旧厝东边官房一榁
石柱里		房屋西边横楼第三榈第四榈共两间向西
三洋	溪下	房屋全座并西边土楼全座
辅弼	岚口	旧厝东边横楼第六榈一间
辅弼	三漈头	土楼一座
汤泉乡遥岭尾	白岩下	房屋西边官房一间
三捷桥	村前	东边横楼下房屋一间

其中只有三洋溪下的“房屋全座并西边土楼全座”和辅弼三漈头的“土楼一座”是整座建筑，其他都是部分房间，反映了张氏家族原有的社会网络。

2. 阄分财产

除了上述公抽财产，张行丰家族的大多数田产和山场在分家时平均分给派下三房。为了全面反映其分家前的财产形态，兹将阄书中记载的各房所得田产、山场分别列表如下：

表9 智房阄分田亩一览表

地址	土名	收纳租谷（斤）	纳税银钱	纳税户
三洋	中墘	225	0.032两	张序海
三洋	溪下垄中分	150	0.0724两	张连辉户
三洋	店前	650	0.3649两	张天登户
三洋	店前仑丘	200	0.1123两	张天登户
三洋	溪下垄下分	350	0.1689两	张连辉户

续表

地址	土名	收纳租谷（斤）	纳税银钱	纳税户
三洋	店前三斗丘	600	0.36 两	张永发户
三洋	店前路里	135	0.0185 两	鲍孟良
三洋	漈头洋	200	0.1076 两	倪盛赵
辅弼岭	苦竹洋	400	0.1933 两	张连辉户
三洋	仙仑	300	0.08 两	张永发户
双溪口	瓦窑中分	290		张永发户
双溪口	瓦厂前	150	100 文	仲广公子孙
			0.01 两	张永发户
双溪口	路头墘、路下	250	167 文	仲广公子孙
双溪口	木桥头	-40（倪家）		
双溪口	新厝门前	264	0.05 两	倪孟耕
双溪口	新厝前二丘		0.01 两	倪孟叔
双溪口	松林下	-150（倪家）		
三洋	溪下门首曲丘、阶厝兜、溪墘长丘上	141.1	0.0684 两	张连辉户
三捷桥	旧厝门首墩回	34	0.034 两	鲍孟良
三洋	石柱墘、下墘、序旺田上一丘	129	0.0032 两	张连辉户
			86 文	仲广公子孙
三捷桥	长垄边	105	0.0651 两	张序金户
辅弼三漈头	磨岭尾门首	-600（朱家，每年一牲，三年一席）		
三洋	溪下门首外坂	355	0.1414 两	张连辉户
龙门里	羊牯厅	-63.8（吴家）		
龙门里	下过溪坂旁边洋头丘	120	0.06 两	鲍孟良
三洋	芹菜垄	300	0.18 两	陈继瑜
龙门里	樵后丘棚	-80（吴家）		
龙门里	门前墘	76	0.038 两	鲍孔施户
龙门里	旧厝墘尾	50	0.0257 两	鲍孔施户

续表

地址	土名	收纳租谷（斤）	纳税银钱	纳税户
龙门里	樵后土地公	-60（吴家）		
龙门里	溪墘头	20	0.0107 两	鲍孔施户
龙门里	樵后仁丘、夹湾	-200(吴家,供牲与勇房对分)		
龙门里	樵后杉榠林胶、坝里、溪墘		2000 文	林尧光
龙门里	对面山	80	0.04 两	林志登户
龙门里	旧厝西边溪墘	17.8	0.0087 两	鲍循良户
三洋	漈头门首、垄尾	210.8	0.1053 两	鲍昭祚户
三洋	席草垄（内垄头抽出七丘付勇房耕作）	-85（鲍美祚）		
三洋	榠头垄	50	0.0333 两	张永发户
三捷桥	仁和宅东边楼门前一丘、墩面一丘、店前一丘、西边权屋门前土名三角丘一角	50	0.033 两	张永发户

智房分到的田产（表 9），每年可以收租谷 5900 余斤，同时要向各姓田主交纳租谷约 1278 斤，交纳钱粮约 2.7 两。在这些田产中，凡是需要交税的都有收租权，但未必有耕作权；凡是需要交租的都有耕作权，但一般不需要交税。这说明，当时已经普遍存在地权分化现象，即“一田二主”。张氏家族的其他田产同样如此。此外，由于智房是长房，多分了一块“长子份田亩”，每年可收租谷 350 斤，交税二钱一分，纳在张永发户。智房还分到了 5 处山场，多为合股经营，产权形态复杂，留待下文讨论。

仁房分到的田产(表 10)，每年可以收租谷约 6010 斤，同时要向各姓田主交纳租谷 1060 斤，交纳钱粮约 2.7 两。仁房也分到了 6 处山场。

表 10　仁房阄分田亩一览表

地址	土名	收纳租谷（斤）	纳税银钱	纳税户
三洋	野猪运	50	0.05 两	张永发户
双溪口	跟头垄	400	0.25 两	张永发户
		150	0.1 两	张凤山户

续表

地址	土名	收纳租谷（斤）	纳税银钱	纳税户
双溪口	路头墘、路上	120	80 文	仲广公子孙
三洋	漈头罗坑垄	250	0.165 两	张行丰户
三洋	漈头深垄	680	0.0165 两	张永发户
			300 文	仲广公子孙
			0.066 两	郑永昌户
三洋	枕南丘、梅模	810	0.4055 两	张永发户
			0.0168 两	张凤山户
三洋	后丘	264	0.0686 两	张行丰户
			0.0848 两	鲍孟良
三洋	店前	200	0.1123 两	张天登户
三洋	漈头洋	-310（鲍孔琮）		
三洋	菁池下、圳上	30	0.018 两	张凤山户
双溪口	新厝门前上分	264	0.05 两	张凤山户
双溪口	新厝门前		0.01 两	倪宝叔
三洋	师公场	485	0.2 两	鲍昭祚、鲍书祚
双溪口	松林下	-150（倪家）		
三洋	溪下墘门首	141	0.0648 两	张凤山户
三捷桥	旧厝门前、溪墘	33	0.033 两	鲍孟良
三洋	石柱墘大丘上至垄仔头	120	0.0032 两	张凤山户
			86 文	仲广公子孙
三捷桥	长垄边下分	105	0.0651 两	张凤山户
辅弼三漈头	门首一号、曲尺潭一号、对面墘、垄仔	-600（朱家，每年一牲、三年一席）		
三洋	溪下垄头、溪下门首大丘、楼胶	350	0.1657 两	张凤山户
龙门里	羊牯厅	87.8	0.0437 两	鲍孟良
三漈头	考堂、菁池尾、菁池头八丘	35	0.0168 两	张凤山户
三漈头	考堂八丘、菁池	17.8	0.0068 两	张凤山户

续表

地址	土名	收纳租谷（斤）	纳税银钱	纳税户
龙门里	对面溪	83.8	0.0421 两	鲍孔施户
龙门里	大丘下三丘	230	0.1159 两	鲍孔施户
龙门里	旧厝后门、大湾	50	0.03 两	林世贤户
龙门里	旧厝西边沟外楼尾			
龙门里	燥墘头、悬鼓下	125	0.0925 两	协兴堂户
三洋	漈头门首中分	210.8	0.1053 两	鲍昭祚户
三洋	垄墘	120	0.0739 两	
三洋	慈应堂后等处	60	0.036 两	
三洋	慈应堂下	188	0.124 两	鲍日馥户
三洋	岩下、隔丘	250	0.05 两	郑发义户
三洋	槕头垄	50	0.0333 两	张永发户
三捷桥	仁和宅东边小门外水井下二丘、西边权屋门首土名三角丘	50	0.033 两	张永发户

勇房分得的田产（表 11），每年可以收租谷约 4737 斤，同时要向各姓田主交纳租谷约 1723 斤，交纳钱粮约 2.3 两。勇房也分到 5 处山场。

表 11　勇房阄分田亩一览表

地址	土名	收纳租谷（斤）	纳税银钱	纳税户
三洋	中墘	250	0.155 两	张行丰户
三洋	槕头垄	150	0.09 两	张永发户
		300	0.15 两	鲍珠祚
三洋	槕头垄上分	110	0.066 两	张永发户
		40	0.0212 两	鲍家
三洋	槕头垄上分	310	0.186 两	陈家
三洋	槕头垄下两丘	440	0.264 两	陈家
三洋	后丘尾	110	0.0726 两	张行丰户
三洋	店前二斗丘	300	0.186 两	张永发户
		-200（鲍永仪）		
三洋	浮丘	50	0.03 两	张永发户

续表

地址	土名	收纳租谷（斤）	纳税银钱	纳税户
三洋	漈头洋	300	0.1664 两	倪家
三洋	野猫垄	100	0.06 两	张永发户
三洋	桥亭后	-170（凤凰寺）		
双溪口	松林下	100	0.062 两	张龙腾户
双溪口	下埕下、碓下	200	0.005 两	张永发户
			134 文	仲广公子孙
双溪口	深丘	-100（倪家）		
双溪口	木桥头	-60（倪家）		
双溪口	瓦厂下	250		
双溪口	平濑、横山	-350（倪家，牲钱 50 文）		
三洋	溪下门首一炉丘一丘、隔界一丘、谷架下一丘、石碑下一丘	141.1	0.0168 两	张龙腾户
三捷桥	旧厝门首水墘一丘、窟一丘	33	0.033 两	鲍孟良
三捷桥	长垄边、踏碓垮	-30（鲍秉凤）		
辅弼三漈头	苦竹洋	-230（朱家，每年牲一个，三年席一桌）		
辅弼三漈头	中墘	370	0.1752 两	张龙腾户
龙门里	羊牯厅	-83.8（吴家，四年牲半斤，米一管）		
龙门里	下过坂旁边洋第二丘	110	0.055 两	鲍孟良
龙门里	燥墘	130	0.1715 两	鲍日元户
龙门里	坝头、里厝、坂头		0.02 两	林志培户
龙门里	坝里	53.8	0.0267 两	鲍循良户
龙门里	门首池丘	-80（吴家，又米二管）		
龙门里	坂头	53.8	0.0267 两	鲍循良户
辅弼溪	三漈下	140	80 文	张序科
龙门里	新厝前、牛栏下	-120（吴家，牲与智房对应）		

续表

地址	土名	收纳租谷（斤）	纳税银钱	纳税户
三洋	石柱里	-300（鲍美祚）		
三洋	芹垄	300	0.145 两	鲍循良户
三洋	漈头门首	210.8	0.1053 两	鲍昭祚户
三洋	山门跟、蝴蜞垄	85		鲍美祚
三洋	榠头垄	50	0.0333 两	张永发户
三捷桥	仁和宅东边小门外水井上二丘、西边杈屋门首土名三角丘一角	50	0.033 两	张永发户

根据上述数据统计，张行丰家族在分家之前，每年可收租谷 2.6 万余斤。这些田产大多有收租权，必须交税，但没有耕作权，为此张家每年要向各姓田主交纳租谷 6000 余斤。如果这些田产都是用于出租，则每年可以收租近 3.3 万斤，应该自给有余，但很难靠此致富。由此可见，张行丰家族的财富积累，主要来自当地的山林资源。

3. 空间分布

从田野调查得知，张氏家族从前在三捷溪两岸至少有四座油坊，在汤泉也有油坊。这些油坊的空间分布，与张氏家族的山场所在地有明显的对应关系。据此大致可以断定，张氏家族通过种植油茶林，每年可以生产大量的茶油，从而获得巨额财富。为了考察张氏家族的山林经济，兹将阄书记载的山场列为表 12。

表 12 张氏家族山场一览表

地名	土名	备注	归属
湖濑头	大仑		家族共有
猫竹港	粗根坡		
廿六都山头	仑头		
廿六都山头	坑墘		
龙门里	石坂坑	山场并杉榠一所	
平濑	夹港溪杉榠一所	内大杉木，前三房已分各掌，只剩仑斜一派	
汤泉乡	遥岭尾、招岚口	税山一号，园坪两所，山租钱二十四文，付李收	

续表

地名	土名	备注	归属
三洋	外溪下、瓦窑垄中宫	山场一股，与陈天香山为界	仁房
三洋	油杭仑、溪下、后门	山场一股，与陈天香山为界	
三洋	师公场	茶林山山场一股，与陈天进山为界	
三洋	仙仑	山场一股	
三洋	漈头	山场一股	
三洋	外溪下、瓦窑垄	前向一股、中仑一股	智房
三洋	油杭仑	与陈天香山为界一股，又油池上一股	
三洋	师公场	茶林山下胶一股	
三洋	仙仑	山场一股	
三洋	漈头	山场前一股	
三洋	外溪下、瓦窑仑中宫	山场一股、中仑一股	勇房
三洋	油杭仑中宫	山场一股，与序海为界	
三洋	师公场、茶林山	与瓦窑仑山为界一股	
三洋	仙仑	山场一股	
三洋	漈头	山场一股	

从上表可以看出，张行丰家族的山场主要集中在三洋地区，基本上都分给派下三房各自掌管。不过，这些山场的产权都不完整，通常只有其中“一股”，说明这些山场都是属于合股经营。由于尚未找到相关契约，我们还不了解合股经营的具体形式，但可以推测，其主要股东都是张氏族人。例如，在智、仁、勇三房分到的山场中，都有仙仑、漈头“山场一股”，可见三房分家时对这些山场并未明确划分，而是实行合股经营。有些山场有明确地界和朝向，如智房分到的油杭仑山场“与陈天香山为界一股，又油池上一股”，其产权究竟是与他人合股，还是相对独立，还有待考证。至于三洋地区之外的其他山场，一般都有完整产权，由派下三房共同经营。

从卫星地图上大致可以看出，张行丰家族的山场主要分布在三洋一带的山间盆地周围。据当地村民告知，以前三洋的木材主要通过两条路线运出：一是向东北沿三捷溪放排到富泉，再转运到永泰城关；二是向南放排到汤泉(今汤埕)，再经大樟溪转运到永泰城关和闽侯、福州等地。张氏山场出产的木材和茶油等货物，就是通过三捷、三洋附近的河流运销外地。

例如，表12中的平濑(今坪濑)、猫竹港(今马竹港)距离三捷溪较近；而湖濑头在富泉西南，同样靠近溪流。因此，当地山场的木材可以经三捷、溪下、消厝坑、芭蕉、双溪口、力星放排到富泉。张序捷曾经在富泉购置田产，应该是以此作为经商据点。又如，张家在双溪口拥有大量土地，阄书中有些土地坐址在"双溪口新厝前"，可见张家在此建造了房屋。这是由于双溪村位于坪濑、马竹港的山脚，便于就近经营这一带的山林。又如，表12中的遥岭尾(今腰岭)在汤泉(今汤埕)和三洋之间，从三洋山场翻过山就到大樟溪边，可由水路运出木材等货物。张行丰家族在此购置油坊和房产，应该是为了便于开展商业经营。

总之，张行丰家族的山场和房产，大多分布在河流两岸和交通要道附近，这显然是为了便于经营商业性的山林经济。在这些地区，可以有效利用三捷溪、大樟溪等水运系统，将当地的木材、茶油等产品运销福州等地。

青石寨与社会转型

青石寨原名"仁和庄"，因其外墙为青石所砌，巍峨壮观，乡人称之为"青石寨"。相邻的三洋鲍美祚所建"爱荆庄"，同样也有城堡式的外墙，后人称之为"美祚寨"。这种庄、寨一体的"民居-防御"建筑，在永泰山区颇为常见，与当地的社会生态环境密切相关。

明清时期，在永泰山区的开发进程中，外来移民甚多，族群关系紧张，经常发生社会动乱。民间为了聚众自保，创建了许多土堡和山寨。[1] 在同安三捷、三洋一带，明清之际有"同安寨"[2]"鸡髻寨"[3] 等

---

① 郑振满．明清时期的林业经济与山区社会——福建永泰契约文书研究［J］．学术月刊，2020(2)：153。

② 位于辅弼岭上，为临时避难所，不同于晚清同安村张氏修建的同安寨。

③ 遗址位于三洋鸡髻山上。

寨堡，反映了地方社会的族群冲突。《辅弼张氏族谱》记载：

闻之故老，明季鼎革之际，山寇屡发，族人避乱于同安寨堡，众以〈伯逊〉公正直，推公为长。……时贼据三洋鸡髻寨，蓐食而行。公即凭高鸣螺，声闻数里。旁近乡闾闻螺声，众皆逃窜，贼至无有掳掠。如是者有日，以此怨公，日夜来攻吾堡。堡固称峻险，又兼教令严明，攻之不克。被围数日，堡中乏水，公令以溺浴衣高晒竹竿，以示贼众，贼由是解围而去。……至于颁发粮食，亲疏一体，无有偏私，众益悦服。于是四邻堡众闻其公正，各延至堡中。诸凡处置，悉皆听命。①

上文中的张伯逊，为辅弼张氏二十三世族人，而三洋鸡髻寨时为鲍、倪、李三姓的军事据点②。从中可以看出，在当时的同安山区，普遍存在以寨堡为中心的族群联盟。青石寨张氏家族的直系祖先仲广公（1630—1694），在清初也有避难脱险的传奇故事。族谱记载：

公讳联洁，字仲广。国初边陲未靖，山寇窃发，族人流离耗散，保于同安寨堡者才数十口。公一日往旸谷园中刈麻，遇贼，掳至文藻，手足束缚不动。夜梦所祀威烈神告曰：“子奚不口断绳索，脱身而逃？”寤，如其言。随解壁上刃，佩之而走。贼觉，尾随其后，公潜伏丛棘中，贼不知所之，遂得免。今刃犹存，长可三尺许。③

上文中的旸谷，为辅弼张氏的聚居地之一，而文藻在同安以北，为附近的檀姓聚落。这一脱险故事与神明信仰相联系，而且还有文物为证，为后人留下了深刻的历史记忆。

清代中期，永泰山区的社会秩序相对稳定，有钱人家纷纷建造大厝，原来的寨堡大多废弃了。然而，到了19世纪初期，永泰山区再次面临社会动乱，聚众自保重新提上议事日程。道光八（1828）年，辅弼乡各村社成立“禁盗乡约”，发布如下“禁约”：

---

① 辅弼张氏族谱.1996:212。

② 参见本书《三洋鲍氏家族与爱荆庄》章第97—98页。

③ 辅弼张氏族谱.1996:214。

立禁约辅弼乡社长保练某某等，为严防窃盗事。盖以四民各有本业，守望责在乡邻。去稂莠所以保嘉禾，绝匪类所以安善良。现在编造保甲，各户严查，防守稽察，朝章宪令，凛然当遵。兹因近邻有无赖之徒，游手好闲，素习歹行，暗存盗贼，累次结伙，夜入人家，偷窃货物，扰害乡闾，鸡犬不安。或一夜而连至数家，或一家而连偷数次。本月初一夜，旸谷张姓又被盗窃服物，随即知觉，追赶擒获。识认其居止姓名，原属附近之人。旋被搏开脱逃，无从缚解送官。今通乡各社，传集公议，协力查缉。遇此窃盗之人，倘能拿获，另行议赏。公同送官究治，决难宽纵。庶几偷风可息，以安良善，以保乡邻。所有规约，开列于左：

议社内有失去耕牛者，邀同亲邻，循途赶捕。各人自带粮食三日。或擒得的盗，公议禀官，协同甲长及绅士，佥名呈送。

议夜间盗至人家，有能知觉者鸣锣数声，附近邻居要齐集围捕赶逐，有不至者议罚。

议失盗人家，有擒获的盗，或私放不献到约所，或乡邻捕得而放纵，并与盗交通货物者，察出传集公议，轻则酌罚，重则禀官。

议窝盗之家，业经查访，确知其处，有被盗者即投明保正，练总议集，各甲派出四人，随带器械，搜缉盗所。如获真赃，即协同毁折，断不宽容。或送官究治，则鸠集公费。

道光八年四月初二日，辅弼乡各社公约。

这一“禁约”的主要内容，就是利用现有的保甲组织，建立捕盗和联防系统，维护生产和生活秩序。不过，当时的保甲组织并不健全，联防系统也未必有效。到了道光十二(1832)年，辅弼乡各社又再次议立“保甲乡约”，强化联防制度。其公告摘录如下：

吾乡辅弼保，系永邑之二十三都。康熙四十二年间，传留有编甲旧册，载：县尹高公奉宪示谕，团练乡勇，以防寇盗，安保乡邻，其甲长同为练总。至雍正二年，合乡又明旧规，以严乡约，举贤能，防邪慝。平居解纷释讼，以讲孝弟亲睦；有儆则守望相助，以安宗族乡邻。迄今岁久残缺。本年公议，重申乡约联保之法，详定规条，新立簿册。各甲长递年轮流，分派稽查。一乡之内，士农工商，要各安恒业。人有行止可疑者，必协同斥逐。其藏匿之家，小则公罚，大则禀官。如或有寇盗，不拘昼夜，鸣锣传集，捍御缉捕，协力同心，毋得推诿。各思有以保田园，以安家室。如是则联比纠察，盗贼无容身之所，邻里有恬熙之乐，长为盛世之良民，共享太平之利泽矣。

道光十二年岁次壬辰仲夏，辅弼保公议于约所古溪社。①

这一“保甲乡约”的新内容，主要是建立保甲档案，清查外来人口。从相关记述看，当地在康熙、雍正年间已有“编甲旧册”，并在此基础上“团练乡勇”，但年久失修，残缺不全。其实，早在明代嘉靖、万历年间，永泰已多次推行乡约保甲法，试图通过清查户口和连坐制度，重建地方社会秩序。② 然而，由于永泰山区流动人口较多，经常发生族群冲突，难以长期维持社会稳定。在此情况下，通过建立寨堡聚众自保，可以说是当地民众的理性选择。

三捷张氏建立青石寨聚族自保，强化了家族成员之间的认同感和凝聚力。在青石寨建成之后，张行丰已离世，其派下子孙仍然同居共财，维持大家庭的生活方式。同治三(1864)年，张行丰诸子或逝或老，各房孙辈多已成家，才正式分家析产。这一延续40年之久的联合家庭，在正常情况下是很少见的。如果不是为了聚族自保，这一大家庭或许早就解体了。当然，青石寨的家族式经营模式，在山区开发中也有明显优势，这可能也是张氏兄弟同居共财的重要原因。

在同治三年分家之际，张氏家族提留了大量公共财产，由三房子孙共同经营，主要用于祭祖活动和科举教育，为家族组织的发展提供了坚实的经济基础。同时还留下不少未经分析的田产、山场、房屋等，使分家后的青石寨族人仍可继续维持分工合作关系。因此，从晚清到民国时期，青石寨族人利用家族优势，不断扩大其社会影响力，逐渐发展为绅商结合的地方政治势力。

咸丰至同治年间，由于太平天国运动的冲击，清政府面临财政危

① 永泰县同安镇辅弼乡约[J]. 福建史志,2018(1):48—50。

② 参见：正德福州府志：卷17；乾隆永福县志：卷5。

机，陆续推出各种捐纳条例，通过卖官鬻爵筹集财政经费。① 这一时期，张氏族人凭借其雄厚的财力，纷纷捐纳功名和职衔。据族谱记载，张序捷的长子宽昭于咸丰六(1856)年捐九品职员，次子椿昭于咸丰七(1857)年捐九品职员，三子润昭于咸丰六(1856)年捐监生；张序仪的长子澄昭于咸丰二(1852)年捐监生，次子浚昭于同治九(1870)年捐职员又捐监生，三子溥昭于同治八(1869)年捐监生，四子沛昭于同治九(1870)年捐职员又捐监生；张序光的长子珠昭于咸丰五(1855)年捐贡生，次子碧昭于咸丰九(1859)年捐职员。在此过程中，张氏族人经历了从商人向绅士的身份转变，成为绅商合一的地方精英。

在青石寨族人中，张碧昭的子孙较为兴盛，从晚清至民国人才辈出。其长子鉴明于咸丰十一(1861)年捐监生；次子泮明于光绪三(1877)年捐九品职员。泮明之子高涛于宣统元(1909)年举贡生，1924年任三洋保卫团团总，1925年任三捷小学校长。高涛之子曾梅(1898—1960)毕业于中国大学，历任华南大学教授、云霄县政府秘书等。② 此外，张碧昭的女儿张瑞贞，嫁给当地著名士绅余潜士之子。余潜士曾主持制定当地乡约③，张瑞贞受其影响而成为女文人。

从青石寨族人的生平经历，可以窥见晚清时期的社会转型。原来聚众自保、靠山吃山的大家庭，开始依托家族实力，向外追求科举功名，与地方名流交往，逐渐跻身士绅行列。民国时期，有些族人接受新式教育，参与地方政治与文化教育事业，转变为新型的地方精英。

结语

辅弼张氏作为永泰同安地区的土著家族，在山区开发进程中具有独特优势。万历年间，张氏祖先担任里长，获得了对当地广阔山场的控制

① 郑振满．清代福建地方财政与政府职能的演变——《福建省例》研究[J]．清史研究，2002(2)：24—35。

② 辅弼张氏族谱．1996：262。

③ 连惠忠．难忘是乡愁：永泰县同安镇风物志[M]．福州：海峡文艺出版社，2015：213。

权。清初，张氏家族一度对山场实行“七阄轮办”，乾隆年间又改为“通族公办”，即实行统一的经营管理模式。

三捷张氏家族的祖先为“七阄”之一，在辅弼山场实行统一管理后到三捷自主经营。从乾隆到道光年间，三捷张氏族人可能主要经营茶油、木材的生产与贸易，后来陆续购置田产和山场，逐渐积累了丰厚的资产。从同治三年的阄书看，青石寨通过收取田租不足以致富，其主要生财之道在于经营山林。

建造青石寨，不仅是为了聚族而居，更是为了聚族自保。在青石寨建成之后，张氏族人长期同居共财，尽可能维持大家庭的生活方式。即使在分家之后，仍然提留了大量公共财产，主要用于祭祖仪式与科举教育，从而强化了家族组织。晚清至民国时期，青石寨族人发挥家族优势，实现绅商结合，逐渐转变为新时代的地方精英。

于　帅

三洋鲍氏家族与爱荆庄

（爱荆庄，赖泽樟摄）

引言

爱荆庄，又名美祚寨，坐落于同安镇三洋村洋尾自然村。三洋即洋尾、洋中、洋头，其地西接嵩口，东毗富泉，南临梧桐，北靠大洋、霞拔，呈长形平原地貌，四面环山，有大小溪流贯穿其中。在洋尾村、坂头村与洋中村的丁字路口，近年新建了“三洋”牌楼。

在爱荆庄创建之前，其地称“十五营”，据说原为屯兵之所。清道光十二(1832)年，三洋鲍氏家族的第十四世祖美祚公买下了这里的地基，开始创建集居住与防御于一体的爱荆庄。这一庄寨为土石木混合方形寨堡式建筑，占地面积 5200 多平方米，共有 361 间房屋。外部建有高大的垒石夯土围护墙，辅之以跑马廊、角楼等设施，具有较强的防御功能。跑马廊采用悬山顶，白墙黛瓦，风格简洁而活泼。建筑史专家认为，爱荆庄设计巧妙，构筑奇特，易守难攻，功能齐全，堪称永泰庄寨建筑的典范（图 13）。

图 13　爱荆庄（赖泽樟摄）

关于“爱荆庄”之名的由来，当地民间有不同的说法。有人说，庄寨原址为一片长满荆棘的山坡，故以此命名，告诫后世子孙勿忘开基祖创业之艰辛。也有人考证，“爱荆”即“爱妻”之意，因庄主美祚公敬重勤慧持家的妻子，因而以此命名。当地世代相传，鲍美祚年轻时家境贫寒，娶不上媳妇，刚好当地有长相不好而大龄未嫁的李姓女子，经中人说媒，双方一拍即合。鲍美祚雇不起轿子，就一口气把新媳妇从山下背到了山上，成为一段佳话。新媳妇真名鲜为人知，后人都尊称她为“美祚嫲”。①

笔者认为，寨名中的“荆”字尤为关键，只有将其置于闽地语境下，才能充分理解、释读。无独有偶，西面尤溪县盖竹村有一处茂荆堡。其名称由来，以藏头楹联的方式刻在檐柱之上：“茂树乘风神做主，荆花映日色成金”。此处“金荆”意蕴嘉美，显非荆棘之意。考诸文献，西晋稽含《南方草木状》载“金荆可作枕，紫荆堪作床，白荆堪作履，……杜荆指病自愈”②，南朝江淹谪居闽北时作《草木颂·金荆》云：“江南之山，连障连天。既抱紫霞，亦漱绛烟。金荆嘉树，涵露宅仙。娉节讵及，幽意谁传?”③ 金荆作为南方嘉木，自古被视为吉利高洁之物。徐晓望认为金荆木产于福建等地，但由于大树难得，南北朝时期就已砍伐殆尽，后世甚有为得一木远渡重洋者。④ 笔者在《中国方志库》V7.0 中检索“金荆”，150 条记录中福建地区占了 92 条，如宝祐《仙溪志》、弘治《八闽通志》等均引《闽中记》云金荆“木坚有文彩，可为床榻器用”⑤，万历《福宁州志》称“金荆产于深山，坚直可作轿杠，频年征取，砍伐将尽，乡民苦于此木之累，尽自戕之”“金荆一木殊为地方之累，即今斧斤歼尽，而中使借口征之为上供之

① 爱荆庄又名“美祚寨”，因方言谐音问题一度被文物普查部门登记成“米石寨”，并在书面上流传。为了自圆其说，当地人就编了一个说法，即“因寨外墙下部全用圆石块砌成，远看形似米石，故名”。参见：连惠忠．难忘是乡愁：永泰县同安镇风物志[M]．福州：海峡文艺出版社，2015：254—255。

② 〔西晋〕稽含．南方草木状：卷中[M]．武进陶氏景宋百川学海本：3。

③ 〔南朝梁〕江淹．江文通集：卷 10[M]．四部丛刊景明翻宋本：8。

④ 徐晓望．中国福建海上丝绸之路发展史[M]．北京：九州出版社，2017：76—77。

⑤ 宝祐仙溪志：卷 1[Z]．清瞿氏铁琴铜剑楼抄本：21；〔明〕黄仲昭．八闽通志：卷 25[M]．福州：福建人民出版社，2017：上册：717。

用，每一檄下，官民交困”①。种种迹象表明，爱荆庄的“荆”可能是指闽地珍稀木种金荆树，“爱荆”意在告诫后人爱惜山林，以期嘉木荫庇宅厝、福佑子孙。

爱荆庄的防御体系异常坚固，易守难攻。其四周围墙内建有跑马道，寨墙西南角和东北角各建有一个下石上土的碉楼，亦称铳楼。楼上有内宽外窄的斗形观察哨窗、土枪枪眼；楼下有地窖，平时可以储食，乱时可以关押匪徒。这种在西南和东北两角布置的铳楼（图 14），目的是扼守交通要道和贼匪必经之地。两座角楼皆为五边形双层重檐结构，凸出于寨墙，内部防御全方位无死角，外部则给人以强烈的视觉冲击，使得庄寨的外观更加宏伟。另据村中老年人回忆，旧时爱荆庄内还有两大两小四尊大炮，射程可与林则徐扼守海疆时的炮台媲美。20 世纪 50 年代末，这些大炮“献公炼铁”，不复存在。

图 14　爱荆庄的铳楼

爱荆庄的外墙以夯土为主，最厚之处足有 80 厘米。在三洋地区，这种夯土建筑颇为常见。如曾于民国时期担任三爱游击队队长的鲍修潮，其故居房屋外墙厚达 50 厘米。② 三洋民居中的厚实外墙，可能延

① 万历福宁州志：卷 7[Z]. 明万历四十四年刻本：33，44。

② 据鲍修潮后人鲍道龙口述，此屋建于 20 世纪 60 年代，为 2 层，横 8 间，长 32 米、纵深 15.2 米，兄弟东西分住，中间设有大堂，供奉祖先及神灵。最引人瞩目的是大门的锁具，里外内嵌，像极了今日的防盗门锁，且铜钥匙每把各异。此外，门后还有闩门的卯榫构造，门前则有防止家禽入屋的“矮门子”。受访人：鲍道龙，采访人：于帅，场景：同安镇洋尾村鲍修潮故居，2018-11-10。

续了防御性寨堡的建筑传统。此外，在爱荆庄建筑群的北部，建有又高又陡的“百草台”，内有巧妙的通风系统与防火设计，从表面上看是为了种花、种菜的需要；后来我们发现此处地形突然升起，可造成空气流动，实际上是生成穿堂风的风源。从爱荆庄的整体布局来看，建筑设计中预留了三条南北向、四条东西向风道，三纵四横，贯通庄寨，有主有次，是一个完整的通风系统。在建筑群的东西两侧，各修建了一条南北向高出屋脊的鱼鳞状防火墙，或称马鞍墙、鱼鳞墙，高低起伏，装点了爱荆庄内的天际线。为了保护夯土墙，在外墙的表面饰以鱼鳞状挂瓦，俗称“瓦封墙”。(图 15）实践证明，防火墙在阻止火灾蔓延方面起了很好的作用。爱荆庄的西侧原有一排厢房，后来因火灾而被焚毁殆尽，至今中轴西侧的马鞍墙还有火烧的痕迹，而正座却依然保存完好。

图 15　爱荆庄的覆瓦防火墙

永泰庄寨具有丰富的历史文化内涵，承载了当地民众的历史记忆。据说，在专制王朝统治时期，福州地区并不允许民间私建高楼。后来有福清人当了宰相，从京师还乡时发现，家中的老母亲还住在低矮的平房中。于是请求圣上恩准，为其母建高第。皇帝念其功绩，特准其奏。后来，永泰地区受其影响，也开始创建高楼，垒筑寨堡。[①] 其实，永泰庄寨不仅是南方民居-防御建筑的瑰宝，也是农耕社会家族聚落和传统乡绅文化的载体。

自2016年以来，厦门大学民间历史文献研究中心与永泰县村保办合作，到三洋地区开展田野调查，搜集了丰富的民间历史文献。爱荆庄现存的历史文献，主要有民国年间编纂的《象山鲍氏族谱》、咸丰五(1855)年的《智房阄书》、民国八(1919)年的《恭宽信敏惠温良七房阄书》、民国二十(1931)年的《仁义礼智信五房置业簿》。从这些家族文献可以看出，三洋鲍氏原是明代的屯田军户，明清之际发展为强宗大族，清代控制了大量的土地和山林，并致力于建造庄寨。本文主要依据这些历史文献，结合田野调查资料，考察鲍氏家族的发展历程与庄寨建筑，并探讨军户家族在永泰山区开发史中的地位及影响。

三洋鲍氏家族的由来

地处永泰中部山区的三洋地区，为明代卫所军队屯田之地。明制自京师至州县皆立卫所，每个卫所都有屯田之责，于驻地附近“闲旷之土”分军设屯，倚耕以守。因此，卫所屯田星罗棋布，在社会经济结构中占据重要地位。[②] 三洋鲍氏家族的开基祖，就是明初来永泰屯田的卫所军户。

永乐二(1404)年为明代卫所分屯的重要时间节点，南方各省多有扩大屯军之势。嘉靖末年，海瑞任兴国知县时，曾上《兴国县八议》，开篇即陈屯田之事：“永乐二年发军下屯，大造屯田黄册，军民各有定分，诚足兵足食良法也。自是而后，军无耕作之劳，倍收子粒之利，事犹可言。”[③]《八闽通志》记载：“洪武二十八年并永乐二年，制令分军屯种，以赡军储。”[④] 鲍氏祖先作为屯田军户，就是于永乐二年来到永

---

① 受访人：鲍道鉴，采访人：于帅，场景：同安镇洋尾村鲍道龙超市，2018-11-9。

② 参见：王毓铨．明代的军屯[M]．北京：中华书局，2009。

③ 〔明〕海瑞．兴国县八议[G]//〔明〕陈子龙．明经世文编：卷309．北京：中华书局，1962：3260。

④ 〔明〕黄仲昭．八闽通志：卷40[M]．福州：福建人民出版社，2017：上册：1159。

泰的。

三洋鲍氏家族的开基祖淑明，据说原籍为浙江宁波，明初随军入闽，授世袭千户，派拨永泰。康熙年间，鲍氏族人在族谱序言中说：

> 余考鲍氏出于江左之四明象山，盖自受封于上党，支派已蕃，甲于天下矣。然历世久远，不能殚述。唯我远伯祖淑牙公登大明进士，任河南道御史，同我始祖淑明公，于洪武九年随征入闽，戡乱辑宁，地方安堵。而远伯祖时回原籍，唯我淑明公授福州之左卫千户，功加世袭。迨永乐二年，拨屯永阳，隶而居焉。①

鲍淑明作为屯田千户，其督垦之地可能并不限于一处，而是包括福州左卫在永泰的大部分屯所。这是因为，明代的军屯一般为每屯派军士百名，由百户统领，而千户所辖可能是数屯至数十屯。永乐二年福州左卫的屯田区域大致分布如下：

> 左所屯五所，俱在侯官县二都西禅铺起至二十二都岭柄白沙止。右所屯五所，俱在闽清县升平坊渡口起至十都鱼坑止。中所屯五所：闽清县三所，在十六都大樟起至二十一都林浦门止；永福县二所，在一都大樟起至四都牛斜止。前所屯五所，俱在永福县八都郑洋起至十二都鱼坑止。后所屯五所，俱在永福县十九都铁场起至二十四都杉洋止。中左所屯五所，俱在永福县二十五都界竹口起至三十都葛洋止。②

明代永福县共三十六都，其中大部分地区都有屯军，而福州左卫在永福一县就有十四所屯区。由于现存明代卫所《武职选簿》缺少福州左卫的记载，很难确定各屯所的军官姓名。若以二十四都杉洋为中心，从十九都铁场起到三十都葛洋止，即后所五所、中左所五所屯地，可能就是千户鲍淑明的督垦之地。

在鲍淑明之后，其子孙逐渐分迁各地，留居永泰的族人大多聚居于

---

① 象山鲍氏族谱．民国抄本：无页码。淑明公行传记载大致相同："公原籍浙江宁波府象山县，世居城隍庙象牙山。洪武九年，随征入闽，授福州左卫，世袭千户。于永乐二载，拨屯永福县三阳，遂籍焉。兄淑牙以文学登进士官，授河南道御史，同随征入闽，后归原籍。"谱序所称永阳、三阳、三洋、杉洋、山阳等均指明代永福县三洋乡。

② 〔明〕黄仲昭．八闽通志：卷40[M]．福州：福建人民出版社，2017：上册：1159。

三洋。民国年间的《杉洋鲍氏重修族谱序》记述：

> 〈淑明〉公于洪武九年随军入闽，戡乱有功，授福州左卫，世袭千户。永乐二年，拨屯永阳居焉。至三世，垢、垣、城、埧兄弟四人，城公迁闽邑，埧公迁仙游，垢、垣二公仍住永阳，是为支祖。于今二十余世，地属杉洋，聚族而居。①

从鲍氏家族的第三代开始，有些族人已迁居闽县、仙游等地，可能与明代的军户世袭制度密切相关。这是因为，军户家族必须有一人世袭军职，其余皆为“余丁”，可以自谋生计。因此，鲍氏第三代分迁各地的族人，很可能是自谋生计的“余丁”。据族谱记载，鲍氏第二代仅德宝一人，为世袭千户；第三代有五兄弟，其中仅垢为世袭千户，其余皆无军职。在留居永泰的族人中，第四代共有男丁四人，其中仅垢之长子宗锡为世袭千户；第五代共有男丁六人，其中仅宗锡之长子惟漳为世袭千户。这一时期，由于屯田军户大量逃亡，军屯制度开始发生变化，逐渐允许余丁顶种屯田。鲍氏作为屯田千户，可以通过顶种屯田安置余丁，这无疑为家族发展提供了有利条件。

自鲍氏第六代以后，不再有族人继任世袭千户，其原因不明。不过，正是从第六代开始，三洋鲍氏家族进入了快速发展时期。据族谱记载，其第六、七、八代各有男丁 20、23、48 人，在当地可以说是强宗大族了。与此同时，鲍氏族人开始积极参与地方公共事务，在地方社会崭露头角。如第六代孔松等，“于明万历辛酉年喜舍花银，建造本乡凤凰寺宝座一台”②。到了明末清初，鲍氏族人更是利用当时的社会动乱，迅速确立了对周边地区的控制权。

三洋鲍氏作为军户家族，长期维持聚居形态。现存于洋中村的鲍氏宗祠，据说就是明初鲍氏祖先的开基祖厝。鲍氏家族在定居永泰之初，分为东房与西房两支。由于现存资料有限，我们对鲍氏家族的早期历史所知甚少，但仍可梳理其大致过程：洪武九(1376)年，随军入闽的鲍氏族人除淑明公、淑牙公外，还有另一兄弟淑源公。永乐二年，淑明公、福华公（淑源公之子）同时拨屯永福县，“淑明公托殖东祠（池狮

---

① 象山鲍氏族谱．民国抄本：无页码。

② 象山鲍氏族谱．民国抄本：无页码。

厝），福华公托殖西祠（下梧）”①，分别成为三洋鲍氏东、西两房的开基祖。到了清代初期，三洋鲍氏族人开始编修族谱，致力于家族建设。如第八世族人应须，“于康熙癸亥鸠修谱牒，以示后人”② 东房十四世鲍美祚建造了爱荆庄，并将诸子分为五大房（图 16）。

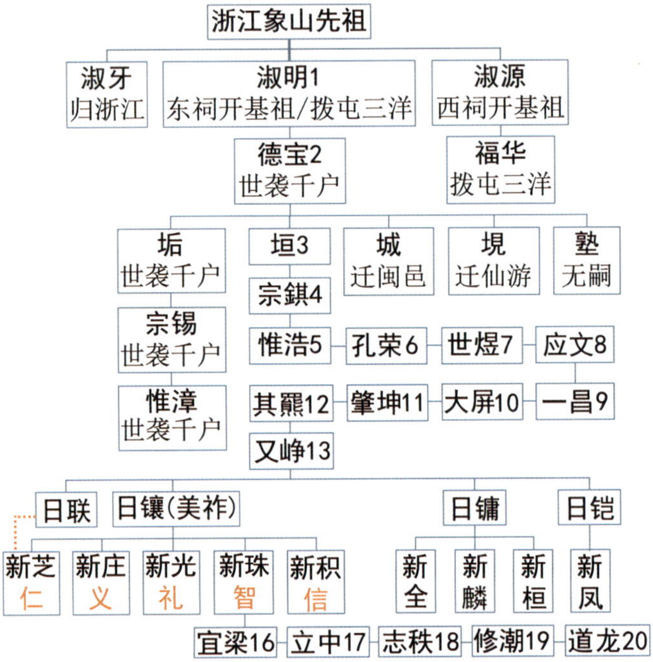

图 16　三洋鲍氏世系图

明清之际的鲍氏族人

明清之际，永泰长期处于社会动乱之中。从表面上看，这是改朝换代导致的社会失序，究其根源，则是山区开发过程中的族群冲突。这一时期，三洋鲍氏发挥了屯军家族的传统优势，与当地倪氏、李氏等家族建立地域联盟，广泛参与地方公共事务，形成了对地方社会的有效控制。

① 赵书琴,陈桂蓉．民间忠厚家风及其传承价值——以福建永泰三洋鲍氏为例[J]．牡丹江大学学报,2016(10):109—113。

② 象山鲍氏族谱．民国抄本:无页码。

在明末清初的永泰山区，许多家族都创建了寨堡等防卫设施，也组织了各种不同形式的地方武装。三洋鲍氏与倪氏、李氏组建的“乡兵”，可能是当时同安一带最有名的地方武装。《象山鲍氏族谱》记载：

永泰明清鼎革之时，深山穷谷，寇氛未靖。时汀郡有铁匠吕瑚者，在瓢坑程家生理，程氏恃豪，有得罪于吕瑚。后吕遂归，聚众为贼，首率兵攻围瓢坑，程氏几陷于寨中，遂求援三洋。彰公统率乡兵百余往救，围遂解。后公为贼所戮，程氏颂其德，遂葬公于本厝花台上。①

上文中的“彰公”，即三洋鲍氏的九世祖鲍德彰，而瓢坑程氏也是当地的世家大族。程氏虽然建了寨堡，但却无法抵御汀州流寇的围攻，只好向三洋“乡兵”求救。铁匠吕瑚，亦称李胡，应该是清初来永泰谋生的汀州移民。乾隆《永福县志》对此事有如下记载：

程奏公，生平好义乐施。康熙甲寅，山寇李胡围寨半月，寨内无水，众几莫支。奏公夜缒而出，自捐银三百两，往二十四都杉洋请鲍、李、倪三姓计百许人护救，寇乃退，寨内一族赖以生全。②

三洋历史上的倪氏与李氏都是土著大族。据说，在鲍氏祖先来三洋之前，这里已有倪氏与李氏的聚落。洋中村现存倪氏宗祠，青砖绿瓦，高大雄伟，与鲍氏东、西祠鼎足而立。因此，鲍、倪、李三姓联合组建的乡兵，可以说是屯军家族与土著族群的军事联盟。在田野调查中我们发现，这一军事联盟在三洋历史上影响深远，如今已演变为以庙宇为中心的地域联盟，每年都要定期举办游神仪式。

在三洋的门户鸡髻山（又称鸡冠山）上，有一座鲍、倪、李等姓共同供奉的元帅庙。庙中供奉的神像，居中为黄渠元帅，旁边为师爷鲍若愚，外侧为李万友、倪子文将军。那么，为什么会在高山上建造这一庙宇呢？据传，鸡髻山是当年保境安民的黄渠（居）与鲍若愚所率义军安营扎寨的地方。后人为了纪念黄渠功绩，特地在山上建庙祭祀，并尊称其为黄元帅。为了使庙宇建筑合法化，当地还流传与此相关的神话故事：有一次乾隆御驾西征，在路上突遇敌军，难以突围，幸好有一队

① 象山鲍氏族谱．民国抄本：无页码。

② 乾隆永福县志：卷8[Z]．福州：海风出版社，2011：169。

阴兵杀入解围。事后乾隆回忆，在阴兵旗帜上书有“黄渠”二字，急令各地查访此人，最终在永福境内找到。于是敕封其为“元帅”，并为之建庙奉祀。这一神话表明，元帅庙的仪式传统导源于地方军事化过程。

三洋故老相传，黄元帅约生于康熙三十九(1700)年，曾放过牛、做过长工，因目睹世道不公，匪盗横行，起兵于三洋鸡髻寨，荡匪保民，深得民心。在攻打闽清土抔（堡）寨时，不幸被铁网罩住而亡。① 不过，笔者查阅永泰、闽清两县的地方志和相关族谱，却发现了另一个完全不同的“黄元帅”。在永泰大洋《李氏谱志》中，有关于族人李六锤的记载：

> 公生于明朝末年……曾在盘谷上洋里交界处据险建寨，今墙基尚存。随着清朝统一中国渐成定局……反清之志渐消。嗣后，有三洋鸡冠山黄居起事，说服蔡、汪二人，同邀公加盟，公力陈时势而坚辞……后黄居败，众皆服公智勇双全。②

在这里，黄居据寨起事被视为反清复明的义举。而三捷《辅弼张氏族谱》关于先祖张伯逊的记载则称三洋鸡髻寨之众为“贼”③。很显然，在明清鼎革之际，辅弼张氏是与鸡髻寨相抗衡的地方军事实力。不仅如此，当时三捷一带的“四邻堡众”无不听命于张伯逊，可能同样形成了以张氏家族为首的军事联盟。在《闽清县志》中，我们发现了更多关于黄居（渠）的记载，试举二例如下：

> 永邑七尺黄居作乱，窜入闽清五七八九十等都，掳掠焚杀，无所不至。有邹六者，与黄尔侯等同立义民社，以保乡闾。居率匪党围攻五都龙溪土堡，邹六开枪击伤居肋，复与尔侯等追之，居退至永邑菰洋寨，创重死，匪乃平。④

> 康熙……十五年三月十二日，永邑寇名七尺黄居者剽掠七都，

---

① 鲍茂森．三洋元帅庙[J]．方志田园:立冬版,2016:33—34。

② 永泰李氏谱志．转引自:鲍茂森．三洋元帅庙[J]．方志田园:立冬版,2016:33—34。

③ 参见本书《辅弼张氏家族与青石寨》章第 82 页。

④ 民国闽清县志:卷 1[Z]．民国十年铅印本．台北:成文出版社,1967:15。

阖族房屋付之一炬。[1]

从以上资料可以看出，明末清初在三洋鸡髻寨起事的“黄元帅”，原名黄居，曾经攻掠永泰、闽清等地，被视为“贼”“寇”“匪党”。而在三洋地区的民间信仰中，“黄元帅”却被塑造为保境安民的英雄、舍生取义的象征。这说明，在明清之际的永泰山区，军事实力是生存与发展的基本条件，在地方历史上打下了深刻的烙印。[2]

三洋地区有不少庙宇，其中大多与鲍氏家族密切相关。明清之际，鲍氏族人通过创建庙宇、捐助庙产和参与相关仪式活动，扩大了社会影响力，加速了其“在地化”进程。例如，三洋凤凰寺（图 17）创建于明万历三(1575)年[3]，由乡人鲍元楚、元相等募建。[4] 崇祯年间曾发生火灾，由鲍氏族人募款重修，大殿木梁上刻有“皇明天子崇祯十四年岁二月造”。大殿前现存古碑二通[5]，一为崇祯辛巳(1641)年的《凤凰寺觉印帅功德碑》，由居士李天宝等立；一为乾隆三十五(1770)年的重修碑记，由三洋鲍感闳撰写。从这二通碑记中，可以清楚看出历代鲍氏族人对凤凰寺的赞助与经营。乾隆三十五(1770)年的碑文记载：

鲍元楚前买东山寺地一座，至乾隆年间，元孙璧玉等允付族侄永天起盖，换出田三号，土名远里马鼻墘五亩，夫人宫前开濑口二亩，共租壹仟斤。鲍永天舍田八分，载租一百六十斤，俱在对换濑口内。

鲍元楚生存于明代后期，为凤凰寺的主要创始人之一。从碑文看，

---

① 民国闽清县志：卷 7[Z]．民国十年铅印本．台北：成文出版社，1967：184。

② 杨国桢、陈支平在《明清福建土堡补论》中认为所谓“盗”“贼”“匪”等概念在具体语境下很复杂，并不完全是传统所认为的农民反抗运动，而往往是各乡族之间重新确定势力范围时的“说法”，实则是乡族对立的产物。参见：傅衣凌，杨国桢．明清福建社会与乡村经济[M]．厦门：厦门大学出版社，1987：17—29。

③ 三洋地方史志专家鲍日荣曾提到五代时期永福县的凤凰岩院，认为其就是凤凰寺，并引淳熙《三山志》卷 37“安乐里，（开宝）六年置”、弘治《八闽通志》卷 76“五代晋天福六年建”。参见：鲍日荣．千年古刹凤凰寺[J]．方志田园，2013(9)；转引自：连惠忠．难忘是乡愁：永泰县同安镇风物志[M]．福州：海峡文艺出版社，2015：291—293。

④ 民国永泰县志：卷 3[Z]．民国十一年铅印本．台北：成文出版社，1967：74。

⑤ 凤凰寺二通碑刻录文由厦门大学董思思博士提供，谨致谢忱。

图 17　凤凰寺

当年鲍元楚捐出寺地之后，其后人仍持有经营权，因而可以转让给族人盖屋，并对换其他的田产。此碑又载："募都缘首鲍启渊捐银十五两。"鲍启渊为三洋鲍氏十一世祖，号称"溥公"，在族谱中有如下记述：

> 溥公生平行事不任苟简，以勤俭成家，而享丰盈之乐。乾隆十九年卜筑南阳庄，时荆棘载道，不殚披辟而图之，其为燕贻计至深远也。晚年尤发菩提心，造三捷桥，捐白金五十两，为都缘首；修凤凰寺，复捐金十五两，为募都缘首；又为丽坛募缘首。外此好施不胜纪。[1]

上文中的"丽坛"，亦称"无嗣坛"，当地俗称"北坛"。坛内主祀唐代因睢阳保卫战而死的张巡元帅，但民间主要用作未婚未育的女子死后停放香火之地。据说，当年据守睢阳城的将士大多绝嗣，故以张巡为坛主来管辖这些无嗣阴魂。[2] 这实际上是来自国家正统观念的民间信仰，与潮汕地区的"双忠公"（张巡、许远）崇拜颇为相似。[3]

---

① 象山鲍氏族谱．民国抄本：无页码。

② 参见：鲍茂森．被冷落和遗忘的三洋无嗣坛[J]．方志田园：立冬版，2015：32。

③ 参见：郑振满，陈春声．民间信仰与社会空间[M]．福州：福建人民出版社，2003：42—107。

乾隆年间，鲍氏族人在创建无嗣坛的同时，还迁建了古皇仙亭和五谷仙亭。皇仙亭原在狮岩仑顶，据说始建于明初，乾隆三十六(1771)年在鲍氏西房十四世祖鲍感闳[1]主持下迁到山下青坪园后。故老相传，在迁建两亭一坛后，之前在下保等地耕作的外乡十八姓人[2]开始衰落，三洋鲍氏开始收田发家。这一传说表明，鲍氏家族试图利用庙宇系统，排斥当地的其他族群。这是因为，皇仙亭和五谷仙亭都是代表官方意识形态的正统信仰体系，可以作为鲍氏家族的身份象征。据庙祝介绍，皇仙亭中供奉"三皇五帝"，不同于洋尾慈荫堂的张圣公和洋头后泽宫的三娘娘，因此并不参与每年的"游神"活动。皇仙亭的日常管理和经费收支，一般都是由鲍氏族人负责，当地其他家族无权过问。

三洋地区的后泽宫和慈荫堂，可能原来是土著族群的庙宇，现在已是全体居民共同信奉的庙宇。后泽宫又称"夫人宫""临水宫""三奶宫"，主要奉祀"顺天圣母"陈靖姑，两旁分祀林九娘、李三娘，大厅两侧供奉三十六宫婆。据考证，此庙始建于明朝，清乾隆年间重建。庙中现存两通古碑，其一为乾隆四十一(1776)年的"重建后泽宫序"，由倪、鲍两姓族人充当募缘首；其二为乾隆四十三(1778)年的"酬恩"碑，由"通社"同立。三洋民众每年在此举行元宵庆典、"圣母"诞辰庆典和"请花添丁"仪式。慈荫堂主要奉祀张圣君[3]（红脸定正将军），左右配祀千里眼、顺风耳，神案上还有一尊黑脸判官。当地村民称张圣公为"蛇头公"，其神像之上缠绕一条巨蛇。在永泰历史上，陈靖姑与张圣君信仰源远流长，至少可以追溯至宋元时期。因此，后泽宫与慈荫堂不可能是外来移民创建的庙宇。当然，在鲍氏族人参与庙宇修建与相关仪式活动之后，这两座庙宇已经成为族群联盟的象征。

如今的三洋地区共有五个村委会，其中坂头、洋头、洋中、洋尾四村以鲍姓族人为主，而三捷村以张姓族人为主。在明清之际，鲍、张二姓曾经发生武装冲突，可能分属于不同的军事联盟。到了乾隆年间，

---

① 鲍感闳，字孔化，雍正六年生，邑廪生。

② 外乡十八姓人，讲的应是嵩口镇的乡民。

③ 张圣君显迹传说参见：连惠忠．难忘是乡愁：永泰县同安镇风物志[M]．福州：海峡文艺出版社，2015：159—160。

鲍、张二姓已经可以和平共处，甚至可以在地方公共事务中密切合作。[①] 地处鲍、张聚落之间的三捷桥（安捷桥），就是由二姓族人共同集资修建的。在三捷村头的新安庄大门左侧，现存两通清代的建桥石碑，记录了鲍、张二姓合作重修的募捐芳名。其一立于乾隆三十三(1768)年，部分碑文如下：

> 廿四都募缘首鲍启渊凑成乐捐银五十两正。廿三都募缘首张季良乐捐银三十两正。廿四都募缘首鲍启清乐捐银二十两正，陈文丹乐捐银六两正。廿九都都缘首张文隅乐捐银五十两正。廿三都都缘首吴文贤乐捐银五十两正，余允助乐捐银二十两正。廿四都都缘首鲍永严乐捐银十两正，副缘首鲍彦春乐捐银六两正。

从碑文看，此次修桥主要由鲍、张二姓负责募捐，其中鲍姓族人共捐银 86 两，张姓族人共捐银 80 两[②]，另有吴、余、陈等姓共捐银 76 两。到道光二年，鲍、张二姓再次重修安捷桥，并刻立“重修安捷桥”石碑，署名为“募缘首鲍宗礼、张序善、张序捷同立”，其中“耆宾鲍启渊乐捐银廿六两”，可见他是当时三洋地方社会的领袖人物。

《象山鲍氏族谱》记录了许多急公好义的族人。如第十一世鲍启蔚，“待族党以梗直，解忿释纷，每免讼于官府。或为人谋，或勸义举，彼必争先而鼓舞”；十五世鲍长珪，“为人好交游、重意气、和宗族、睦乡邻，且里党中有义举，必竭力以励勸之”。[③] 这些积极参与地方公共事务的族人，为三洋鲍氏家族营造了良好的社会环境。

---

① 目前发现的诸多契约可证，在 19 世纪中叶，以张行丰为首的三捷张氏族人已经拥有了鲍姓族人户下的很多土地，甚至还有鲍美祚名下的土地。参见本书《辅弼张氏家族与青石寨》章之表 9—表 11。当然，两姓族人之间的矛盾并未消弭。据《象山鲍氏族谱》载，鲍氏族人也曾大置林场，并与毗邻的三捷村张氏发生山地冲突，订立合约：“裕公所置山场在于本厝对门，东至龙门里大王坑斜上，西至打石田垄直上，上至高峰，下至田溪，山业甚广。独屋后山场与张尚有割据，至〈十二世鲍其海〉公方与张家踏明界限，写立合约。自本厝东至陈家墓边田垄直上，西至龙门里坡头潭坑仔直上，上至高峰，下至大溪，四围俱凭水分流，以后各掌各业，永无争执矣。”

② 捐银五十两的张文隅来自嵩口月洲张氏家族。关于其家族的影响力，参见：黄忠鑫. 清代福建永泰县的田根流转与契约书写[J]. 暨南学报(哲学社会科学版)，2017(1)：62。

③ 象山鲍氏族谱. 民国抄本：无页码。

爱荆庄的建造过程

清代中期，三洋鲍氏的人口迅速增长，家族内部的资源竞争相当激烈。鲍氏家族中的成功人士，到处购田置舍，建造大厝，在族谱中留下了不少记录。如十一世鲍启渊，“克勤克俭，家颇丰盈，便切燕贻计。于乾隆十九年卜盖南阳庄，坐乙向辛，虽历盘根错节，卒能构成其栋宇。后于乾隆中年，复买置倪家洋中寨全座，又买鸭坶丘厝地以及田园产业，创置多端”。又如鲍启静，“勤耕守业，徇分自乐。雍正己酉起盖坑里厝后，乾隆甲戌年复盖鸭坶丘。拓祖宗之鸿基，绵子孙之燕翼”。① 从族谱记载看，这些鲍氏族人发家致富的主要标志，就是为子孙后代购置田产和建造大厝。那么，为什么建造大厝如此重要？其历史意义是什么？在此试以爱荆庄为例，探讨其中奥秘。

爱荆庄的建造者鲍美祚，为三洋鲍氏东房第十四世族人。据族谱载，鲍美祚在四兄弟中排行第二，分家时“家已中落”，以致“甘劳劳而食力”。因此，鲍美祚生平“朴诚勤谨，一言不苟，粒谷必珍”。这就是说，鲍美祚并未继承祖先遗产，而是自食其力，白手起家，为子孙创立了丰厚的家业。根据爱荆庄现存的《智房阄书》记载，咸丰五(1855)年，鲍美祚为诸子分家之际，一共有农田240余处，总计313亩，另有山场21所，水牛、黄牛100余只。而族谱中记载的鲍美祚毕生业绩，主要还是其购置和建造的大厝。例如：

〈日镶公〉于道光中年，买置牛栏壑厝屋十余椪。于道光十二年，复买置走福坪厝全座十五营建爱荆庄土堡，坐子向午；以及田园产业，创置多端。其为燕贻计至深远也。

由此可见，在鲍美祚的发家史中，买屋、建厝是标志性事件。值得注意的是，鲍美祚致富之后，最初并未建造大厝，而是购买别人已建好的住宅，如“牛栏壑厝屋十余椪”和“走福坪厝全座”。这些现成的住宅，原来属于三洋鲍氏的其他族人，其产权转移反映了家族内

① 象山鲍氏族谱．民国抄本：无页码。本节引文除另有标注外，均引自此谱。

部的资源竞争，这是下文拟着重探讨的问题。

鲍美祚生有五子，其长子过继给长兄，但在咸丰五年分家前仍与诸兄弟同居共财。在分家之际，鲍美祚年已八十二岁，全家“四代同堂”，其总人口近70人。很明显，鲍美祚发家致富的秘诀，首先是维持大家庭的生活方式。在这种大家庭中，通过父子兄弟的通力协作，可以从事多种经营，尽可能拓展生财之道。鲍美祚的长子新芝，始终辅佐其父母，对大家庭贡献尤多。其子记述：

> 吾父新芝公，日镶公之长子也。时伯祖日联公寿夭，奉太祖命，以吾父为之嗣。余犹闻，公方少时，家值窘乏，乃殚心竭力，以勉佐家政。凡采樵、饲牛及为人佣工，诸劳逸奔走，风霜雨雪，胼胝饥冻，莫不备经。又常茹草蔬粗粝、服垢敝，虽贫不轻至戚属家。后衣粗给，尝制一棉衣，非严寒不轻服，约十余年犹新。故至今家颇余资，而自奉极节俭，不苟费。虽外衣，不厌补缀。生平以勤俭传家，及接物则恂恂和婉，亦无刻薄心。咸丰甲寅冬，叨学政李给耆宾，批示匾额“稀龄介祉”。若父者，亦堪不愧矣。①

如上所述，鲍新芝年幼时，家里还很贫困，他曾从事“采樵、饲牛及为人佣工”，历尽艰辛。因此，他毕生勤俭持家，不敢有丝毫浪费。鲍美祚的夫人李氏，同样是以勤俭闻名。族谱记载：

> 吾祖妣〈美祚嫲〉勉佐中馈，俭理内务。凡缝纫补缀、浣濯井臼，振作之劳，靡不勤修。以故家日兴，一生得康泰之乐。

从上述记载可以看出，在鲍美祚的大家庭中，夫妻、父子同甘共苦，勤俭持家，这是其发家致富的主要秘密。当然，为了维持这种大家庭的生活方式，还需要不断积累财富，购买或建造大厝。

在爱荆庄内，现存一册1931年的《仁义礼智信五房置业簿》，较为详细地记载了鲍美祚生前购置的部分田地、房产。兹分类统计，列为表13。

---

① 鲍新芝出嗣一事，在《智房阄书》中也有记载：“惟前余兄不幸早夭，元房乏嗣。余承父命，以长子新芝主其祀。”

表 13　鲍美祚购置产业一览表

区域土名	时间	出卖人	受买人	契约类型	亩数	定价
下四斗	1828-11	弟祥祚	兄美祚	立卖契	1	45 两
	1846-11	弟祥祚	兄美祚	立找断字	1	5 两
	1846-11	侄长生	叔美祚	立荡根字	2	63 两
	1840-11	侄长生	叔美祚	立典契	2	30 两
	1849-3	侄长生	叔美祚	立退断字	2.8	8 两
	1849-3	侄长生	叔美祚	立找断字	2.8	4 两
	1849-12	侄孙景和	叔祖美祚	立洗断字		10 两
	1840-11	侄长生	叔美祚	立荡根字	1	22 两
	1849-7	侄孙景和	田主美祚	立退尽断字	1	9 两
	1854-5	侄长坤	叔美祚	立洗断字		100 斤
樟槐下	1846-11	弟好祚	兄美祚	立典契	1	10 两
	1846-11	弟田祚	兄美祚	立缴荡根字	2	31 两
	1852-11	弟好祚	兄美祚	立尽断字	1	4 两
	1844-11	叔祖秉南	侄孙美祚	立典契	3	70 两
	1847-7	叔祖秉南	侄孙美祚	立找尽断字	5	11 两
	1847-11	叔祖秉南	侄孙美祚	立退佃字	5	130 两
	1848-3	叔祖秉南	侄孙美祚	立洗断字	5	2 两
雷丘并直墩两项	1854-5	侄孙振书	叔祖美祚	立对换字	4↔2.5	
沙帽丘	1829-11	弟纪祚	兄美祚	立卖契	1	42 两
	1829-11	弟纪祚	兄美祚	立卖契	1	38 两
	1846-11	弟纪祚	兄美祚	立找断契	2	12 两
	1848-12	叔永镳	侄美祚	立缴还断字	1	20 两
	1852-11	弟纪祚	兄美祚	立洗断字	2	2.4 两
上下楼	1841-12	陈叔乐	鲍美祚	立退断根字	2	15 两、150 斤
院前	1848-11	弟弼祚	兄美祚	立荡断根字	2	40 两
	1848-11	弟弼祚	兄美祚	立卖断契	2	30 两
	1855-8	弟弼祚	兄美祚	立洗断字	3.2	150 斤

续表

区域土名	时间	出卖人	受买人	契约类型	亩数	定价
栗林下	1832-11	弟祥祚	兄美祚	立卖契	2.5	75 两
	1846-12	弟祥祚	兄美祚	立找断字	2.5	12 两
新厝前	1831-11	兄东祚	弟美祚	立卖契		62 两
	1839-11	兄东祚	弟美祚	立尽断字		600 斤
	1839-11	兄东祚	弟美祚	立洗断字		2 两
曲丘尾	1845-11	侄长雪 同弟长龙	伯美祚	立对换字	1.5↔1.5	
	1852-11	郑宜展	鲍美祚	立卖断字	1.5	32 两
	1853-5	郑宜展	鲍美祚	立送字	1.5	20 两
	1853-6	郑宜展	鲍美祚	立退付字		
村尾洋	1846-1	叔永杼	侄美祚	立卖断契	3.3	18 两
	1846-1	弟守祚	兄美祚	立对换字	1↔2	
大租契	1834-12	吴志润 同侄道凤	鲍美祚	立缴卖断契	24.9	150 两
	1846-12	吴道庆	鲍美祚	立洗断字		1.6 两
大租契	1829-12	程邦碧 同侄家上	鲍美祚	立卖断契	18.6	175 两
	1833-8	程邦碧	鲍美祚	立洗断字		0.8 两
	1830-2	程家冠等	鲍美祚	立卖断字		61 两
	1834-9	程家上	岳叔鲍美祚	立洗断契		2 两
大租契	1828-11	弟苞祚	兄美祚	立卖断契	14	150 两
	1827-11	弟焜祚同弟 苞祚、球祚	兄美祚	立典契	4.4	45 两
	1828-11	姚砥成	鲍美祚	立尽断契		18 两
	1828-1	弟豪祚	兄美祚	立卖断契	3	39 两
粗岗漈	1823-11	李汤桢	鲍美祚	立卖断契	5	85 两
	1826-11	李汤桢	鲍美祚	立卖断契	5	40 两
	1840-11	弟和祚	田主兄美祚	立退佃字	1.67	
	1842-12	弟和祚	兄美祚	立退断字		4 两
	1840-11	叔永敢	田主美祚	立退佃字	1.67	
	1842-12	叔永敢	侄美祚	立退断字		5 两

续表

区域土名	时间	出卖人	受买人	契约类型	亩数	定价
上保下三溜	1823-11	侄纪孟	叔美祚	立典契	1	32 两
	1826-11	侄纪孟	叔美祚	立尽断契		3 两
	1827-12	侄纪孟	叔美祚	立洗断字		0.7 两
做福坪书斋	1831-11	侄长祯	叔美祚	立卖契		30 两
	1832-11	侄长祯	叔美祚	立尽断契		12 两
	1833-7	侄长祯	叔美祚	立洗断字		1.8 两

注："亩数"一项实为种子量折算的亩数；"大租契"指出卖人把多处田、佃统缴卖断与鲍美祚；"↔"代表买卖双方对换亩数。

由上表可知，这些田地、房产集中购置于道光年间，分布于上中下保，几乎遍及整个三洋地区，交易对象多为三洋鲍氏族人。当地田产交易通常要经过"卖""找（退）断""洗断（荡根）"等流程，往往"卖而不断"，这反映了民间田土交易的复杂性，也表明同乡同族的人情因素对产权交易的影响。

置业簿中记录了一组"做福坪书斋"的有关契约，应该就是族谱记载中"买置走福坪厝全座"的原始文件。其中年代最早的契约如下：

立卖契侄长祯，祖手盖有厝屋叁榀式榈并园坪东西空地，坐落本乡中保地方，土名碓兜等处，上至椽尾四围门窗户牖，下至磉石地基，东至田直上为界，西至弟长玉园坪沟直上为界，前至田横过为界，后至田横过为界，四至分明。今因乏用，自愿托中将此厝屋并四至内空地、园坪统卖与叔美祚处。三面言议，得讫价银叁拾两正，足色纹广，每两折钱壹仟叁佰文正。其银随契交足，其厝屋并四至内空地即付叔前去修理封锁住居，随便造作。叔要将空地处再行帮盖，亦听叔自便，侄断不敢生端言说。其年限面约三十五年外，限满听侄备银，照契面银两、月期赎回，如未赎仍听住居掌管。倘式榈外空地四围叔果有另行帮盖做作，侄赎回厝之日，自当凭公妥议，再备出帮盖应值价银，向叔取赎，侄永不敢借契面银两取赎。此厝屋、四围园坪，系是祖手己业，与别无干，在先并无重张典当他人及交加来历不明等情；如有此情，系侄出支，不涉叔事。今欲有凭，立卖契壹纸，并缴原卖断契叁纸，共成肆纸，统付为照。

道光拾壹年十一月　日。立卖契：侄长祯。在见：伯友祚。同见：兄长盛。同见：兄长凌。代字中：弟长望。

在这一契约中，鲍美祚向侄长祯买下了地处中保、土名碓兜的厝屋及园坪东西空地，后来就成为建造爱荆庄的基址之一。“前去修理封锁住居，随便造作”“将空地处再行帮盖”说明鲍美祚准备在此建造大厝。值得注意的是，此次房产交易约定回赎期限，可见其交易性质为活卖，相当于典押。在这种产权不稳定的地产之上，自然是很难建造大厝的。因此，在一年之后，鲍长祯再立“尽断契”，把这一地产卖断给鲍美祚。其契约如下：

立尽断契侄长祯，自己有三榀式椚厝屋及东西上下空地园坪，前统卖与叔美祚处掌管住居、起盖造作，其土名四至俱载在原契内炳据。今因要用，自愿托中将此厝屋及四围起盖园坪，统尽断与美祚叔处永远为业。三面言议，尽断出价银壹拾弍两正，纹广色足，每两折钱壹仟叁佰文正。其银随契交足，其厝屋、园坪即付叔前去永远住居、修理、耕作管业。此厝屋及四围空地园坪起盖，自尽断之后，侄子孙永不敢言尽说赎，价足心愿，永断葛藤，嗣后不敢生端言说枝节。今欲有凭，立卖尽断契壹纸为照。

道光拾弍年十一月　日。立尽断契：侄长祯。在见：叔东祚、兄长盛。代字中：郑应参。

在此次“尽断”交易之后，鲍美祚可以在此地随意建造大厝而无后顾之忧。实际上，爱荆的建造工程，也就是在此时启动的。然而，时过不久，鲍长祯又以“洗断”的名义要求加价，立下此契：

立洗断字侄长祯，自己有厝屋并园坪空地，坐落本乡中保地方，土名碓兜，其椚数并园坪四至俱载原卖契内明白，已陆续断与叔美祚处永远为业，起盖住居，本不应启口。兹因年荒苦迫，无可奈何，借叔侄亲情，再向叔处洗断出钱壹仟捌佰文正。其钱即日交足，其厝屋园坪并空地永付住居耕管。自洗断之后，侄子孙永不敢再生端枝节等情之理。今欲有凭，立洗断字一纸为照。

道光拾叁年七月　日。立洗断字：侄长祯。在见：兄长盛。代字：郑兆腹。[1]

从上述契约可以看出，清代永泰山区的房地产交易过程相当复杂，需要经过典、卖、尽、断、洗等交易环节，才有可能最后买断。即便叔侄之间交易，也要经历这些曲折的交易过程，可见当时的土地资源相当紧缺。

鲍美祚为了建造爱荆庄，还通过“对换”的形式，扩充了周边的地产。如道光二十五(1845)年十一月，鲍美祚用土名大垄头等处的田产，交换族侄鲍长雪、长龙在下保地方土名曲丘尾的田产，契载：“今因田近伯楼前……对换之后，即付伯前去永远耕纳，或凑成起盖造作。”道光二十六年正月，族弟鲍守祚用地处下保赤尾洋的一亩地，交换鲍美祚的两亩田产，契载：“今因田近兄墙外……对换之后，即付还兄前去自佃自耕管业，或凑成做作大路围墙，听兄随时自便做作。”从这些“对换字”可以看出，在爱荆庄的建造过程中，鲍美祚不惜代价，陆续向其他族人交换周边田地，不断拓展爱荆庄的占地范围。

在三洋鲍氏家族中，由于土地资源较为紧缺，经常发生为了建筑用地而对换田地的做法。如咸丰四(1854)年，鲍振书为了建造横洋寨[2]，用自家的“根面全田四号”，向叔祖鲍美祚对换周边田产。其契约载明：“今因横洋本厝在花台后东西砌造寨墙、起盖后城楼等屋，此东西后花台之田亩系是叔祖管业，切思叔侄情面，凭中相议，侄孙即将父手并手置此四号之根面全田对换……其粮两家各自赴柜，割挂入户完纳。”[3] 这表明，当时建造庄寨的人家，通常都会通过交换田产，尽可能扩充庄寨的占地范围。[4]

---

[1] 民国辛未式拾年端月仁义礼智信五房置业簿．民国抄本：无页码。

[2] 横洋寨旧址位于今三洋横洋庄内，寨中横梁画柱已做他用（充当栏杆、井台等），四周的跑马墙还有遗留。据说此寨为三层门楼，有侧门，雕栏画栋实胜于美祚寨。受访人：鲍道龙，采访人：于帅，场景：同安镇洋尾村横洋寨旧址，2018-11-9。

[3] 民国辛未式拾年端月仁义礼智信五房置业簿．民国抄本：无页码。

[4] 由于祖先所遗留土地分派久远，以及明清以来乡间田土交易盛行，一村各户田产往往错杂分布，一户之田散落各处者比比皆是，甚至还有许多土豪大户寄产在别村。在筑寨拓址时，常会面临侵占他人地产的风险，大多建寨主会选择直接将临寨之地统统买入或置换。

在鲍美祚一生中，建造大厝是他的终极理想，这与维持大家庭的生活方式密切相关。随着家庭人口日增，他先是“买置牛栏墍厝屋十余樘”，后来又“买置走福坪厝全座十五营”，并通过交换田地等方式，不断拓展建筑用地，最终建造了规模宏伟的爱荆庄土堡。在此过程中，他与五个儿子始终同居共财，维持大家庭的生活方式，在分家前已有人口近 70 人。这一大家庭既是鲍美祚发家致富的基础，也是他建造爱荆庄的动力。

爱荆庄的文化传统

咸丰五年分家之后，原来的大家庭演变为以鲍美祚为标志的继承式宗族。鲍美祚在分家阄书的序言中记云：

> 余兄弟四人，分元、亨、利、贞四房，前产无多，阄分久矣。……今将五男立仁、义、礼、智、信五房，余前所分阄下物业及以后创置物业皆仁、义、礼、智、信五房均分，所抽蒸尝及励贤延师诸租亦照仁、义、礼、智、信五房轮值。①

从中可以看出，鲍美祚在分家之际，除了为诸子均分家产之外，又提留了用于祭祖和教育的田租，由五房轮流收租和管理。这些公共财产的设置，为家族发展奠定了经济基础，同时也建构了注重敬宗收族和科举教育的文化传统。

今天洋中小学附近的三洋鲍氏宗祠，据说始建于明永乐二年。祠门对联“俊逸参军裔，端方司隶家”，典出南朝诗人鲍照、西汉谏臣鲍宣，标榜鲍氏作为屯军家族的历史渊源。祠堂为二进，上厅供奉历代祖先牌位，祠前建有戏台。祠分东、西，爱荆庄隶属东祠。

在三洋鲍氏家族中，祭祀祖先是非常隆重的仪式活动。每年农历八月初一，三洋所有鲍氏族人聚集于洋中村的东西祠堂，举办祭祖仪式，号称“大宗祭祖”。到农历十月初一，爱荆庄的鲍氏族人还要再次举办祭祖仪式，号称“小宗祭祖”。爱荆庄的正厅类似家族祠堂，设有内屏和外屏，中为“公妈龛”。内屏中的神案安置祖先牌位，一般不轻易示

---

① 咸丰五年智房阄书．清抄本；无页码。

人；外屏的案几上摆放供品，如茶、酒、干果等（图 18）。逢年过节及婚丧嫁娶，爱荆庄族人都会在厅堂中举办祭祖仪式，至今仍未间断。①

在爱荆庄中，最重要的文化传统是尊师重教。鲍美祚曾为三子新光捐纳太学，让五子新积“入儒业”，表达了对科举功名的追求。在分家之际，他又专门设立了“延师励贤”田租，用于资助科举教育。其“励贤”条例如下：

图 18　爱荆庄正厅（黄淑贞摄）

余励贤，抽出根面全田肆亩……付尔仁、义、礼、智、信五房轮值。或五房子孙，不论文武，能入泮者当收柒年，补廪出贡者俱各当收叁年，中举者当收捌年，中副榜者当收伍年，中进士者当收玖年，捐监者当收五年，捐贡者当收捌年，捐职员者当收叁年，监转贡者亦叁年。再高者，照凭等级当收，毋庸备载。或有同年，或有上下年，不论科甲捐纳，照凭年齿少长、发甲后先轮值。轮满之日，或未有接继者，此租付五房为公用。

这就是说，在爱荆庄的五房长孙中，凡是考上科举功名者，都可以按照其等级收租若干年。即使是通过捐纳获得功名或职衔，也同样可以获得奖励，单独收租若干年。与此同时，鲍美祚还设置了“延师”田租，专门用于聘请私塾先生。其条例如下：

延师，抽出田根面全共计肆亩贰升，又正租共计贰仟余斤，付尔仁、义、礼、智、信五房照次轮值。递年发出贰拾两延师，以课五房子孙。或轮值者鸠集外人凑成束脯，或不用贰拾两，此所剩之钱付轮值者收回。如有大学出外从师，自己出钱。其施食乞丐并渡债，以及朔望油火耗费，俱在其中。五房循其规焉，可也。②

① 参见：鲍茂森．爱荆庄奇特的建筑［J］．方志田园：立冬版，2015：34—35。

② 咸丰五年智房阄书．清抄本：无页码。

这些田租主要用于聘请五房长孙的启蒙教师，其定额为年薪 20 两白银，此外还要用于施舍乞丐、渡船及朔望敬神等费用。由于有这一公共教育基金，爱荆庄中常年延师设教，甚至开设学堂，家族子弟都可以受到良好的教育。鲍家子孙读书的公共场所，就在庄内东南的书斋楼上，而私塾先生吃住都在楼上。民国年间，鲍家还曾经延请外国籍的伊老师①，来爱荆庄为族内子弟授课。

在爱荆庄中，流传美祚嫲支持女性接受教育的佳话。据说，美祚嫲出身富裕人家，知书达理，亲自为庄里的女孩授课，传授礼仪和妇德。她对所有女孩一视同仁，无论丫鬟还是小姐，都可以在夜晚来上课。爱荆庄百花台后的联排楼，据说旧称“闺楼”，是未出阁鲍氏女子的居所，乡人或称“媳妇斋”，美祚嫲可能就是在此为鲍家女性授课。

晚清至民国时期，爱荆庄有不少文化人，可以自行教育家族子弟，在地方政坛也有一席之地。乡人张维春在《鲍公俊卿先生传》中记述：

> 先生居三洋下保爱荆庄，与春家相近也。春少时受业鲍幼韩先生，早出晚归，必经先生之庐。斯时先生年才弱冠，亦设帐授徒于家。春常过其斋头，从而请教之。先生极喜爱春，一一为之讲解不倦。久之，亦无异先生之弟子矣。民十年，先君董三洋保卫团团务，聘先生主办文书，因其擅枚工马速之能，不数年即升任中区总团团副。从此任三瑞联保主任□年，任中区干事二年，任中区土地陈报员二年，前后服公务凡二十余载。所至有声，人皆称贤。②

鲍俊卿原为私塾先生，在爱荆庄“设帐授徒”，可能主要教授家族子弟。到民国时期，他历任地方公职 20 余年。

在爱荆庄子孙中较有名的是民国末年三爱游击队的队长鲍修潮。民国时期，三洋为三爱乡公所所在地。三爱游击队的驻地在凤凰寺，这是鲍氏家族的传统势力范围。鲍修潮率领的三爱游击队，主要成员是鲍氏

---

① 应是美国传教士伊芳廷。伊芳廷 1901 年来到永泰传教，兴办了教堂、学校、医院等。为深入传教，他还亲自到永泰各地授课，足足坚持了 50 年，其短暂到访过爱荆庄是极有可能的。参见：檀遵群．伊芳廷办学回眸[J]．方志田园，2013(11)：26—31。

② 象山鲍氏族谱．民国抄本：无页码。

族人，据说有50余人-枪，担负了守卫乡里的职责。爱荆庄中现设有鲍修潮纪念馆，收藏了许多文物。[①]

结语

明初以降，军户以外来移民的身份进入地方社会，究竟如何实现“在地化”？为了深入考察军户家族在永泰山区的日常生活，我们必须走进历史现场，从地方历史脉络理解民间文献的形成过程与叙事策略。

宋怡明指出：“和中国其他边疆不同，东南沿海的屯军不是直接复垦空闲空地。他们被分派到的是充公或废弃之地，零散地分布在民户的私田中间。他们必须与新环境打交道，努力安家立业。”[②] 因此，三洋鲍氏家族的“在地化”过程，其实就是生存竞争的过程。在明代永泰山区的开发进程中，鲍氏作为世袭的屯田千户，可以控制较多的土地资源。直到晚清时期，鲍氏家族仍在持续购买外姓的民田和屯田[③]，可见其“在地化”过程始终伴随土地资源的争夺。

三洋鲍氏家族作为屯军后裔，长期保持着尚武的传统。从鸡髻寨元帅庙的鲍、倪、李三姓联盟，到爱荆庄的寨堡式建筑，再到民国时期的三爱游击队，可以说都是尚武传统的体现。在明清时期的永泰山区，社会动乱持续不断，必须依靠武力才可以立足。[④] 在取得“入住权”后，鲍氏家族通过创建庙宇，建构了超家族仪式联盟，在地方社会中占据主导地位。与此同时，鲍氏族人长期维持同居共财的生活方式，为家族经济与庄寨建筑提供了社会基础。

---

① 目前庄内还存有鲍修潮任队长时所接收到的军事调令、手写的信件、队内士兵基本情况等文字资料。

② ［加］宋怡明．被统治的艺术［M］．北京：中国华侨出版社，2019：229。

③ 民屯田契的出现，实则预示着新一波山区开发下流民、客家陆续涌入的过程。

④ 永泰地界的匪乱具有一定的延续性，直到民国时期仍存在“明团暗匪”。政权交替之际的匪盗横行，反映出官方对地方管制能力的弱化；而明团暗匪下的官盗趋一化，使得普通百姓难辨良莠，更加降低了对政府的信任，转而结寨自保。故而，永泰地区林立的寨堡，诉说着民众对国家政权的失望和地方自保力量兴起的历史。

顾　浩

盖洋郑氏家族与“三对厝”

（三对厝，叶俊忠摄）

引言

永泰庄寨是一种体量巨大的民居兼防御性建筑群落，其中“庄”重安居，“寨”重防御。[①] 盖洋“三对厝”包括庆园厝、祥园厝和隆园厝，于清道光年间由郑汝训、郑汝器、郑汝祥三兄弟建造。其建筑功能重居住而轻防御，在永泰庄寨建筑中可谓别具一格。

“厝”在闽语中指家或房屋，“古厝”即古老的房屋。[②] 成书于乾隆十九(1754)年的《全闽诗话》记载了一个桃花源式的故事：五代闽龙启（933—934）年间，福州罗源县人木当敏曾在道士虞皋处居住十日，回家后发现已经是明代洪武十二(1379)年，“城郭人民皆非昔日。遍访罗源，无一木姓者，但西隅半街陈氏，尚呼其住屋为‘木厝里’”[③]。这一故事表明，厝这种民居形态已经沉淀为文化符号，在福州地区源远流长。

从田野调查的结果看，三对厝的建筑形制为院落式布局(图 19)，并无任何的防御设施，所谓三对厝就是以三座民居建筑为中心而形成的家族聚落。不过，郑氏家族在建造三对厝前后，曾陆续在附近的险要高地上修建封闭式寨堡，以期应对随时可能发生的地方动乱。如今这些寨堡大多只剩下寨基，有的只停留在当地老人的记忆里。如今，我们必须关注大厝与寨堡的内在联系，才有可能完整理解当地独特的聚落形态。

自 2016 年以来，我们在永泰县村保办和盖洋乡政府的支持下，多次前往三对厝开展田野调查，收集了当地现存的 4000 余份历史文献，来自当地郑氏家族 9 户人家。这些文献大多形成于清代乾隆至民国年间，包括族谱、账簿、阄书、契约、日常杂记、诉讼档案等不同类型，其中仅账簿类又可分为置产簿、收租簿、交租簿、出入簿、人情簿等多种类别。解读这些历史文献，可以较为系统地考察清代以来闽中山区的

---

① 李耕，张明珍．社区参与遗产保护的延展与共度——以福建永泰庄寨为例[J]．广西民族大学学报(哲学社会科学版)，2018(1)：96。

② 曾意丹．福州古厝[M]．福州：福建人民出版社，2001：序 1。

③ 〔清〕郑方坤．全闽诗话：卷 1[M]．福州：福建人民出版社，2006：50。

图 19　庆园厝内景（张培奋摄）

家族经济结构与经营方式。

本文参照地方志等相关记载，首先考察盖洋历史上的生态环境与林业经济；接着利用族谱和口述史料，考察三对厝郑氏家族的发展历程；进而通过对账簿、阄书及契约文书的解读，着重分析郑氏家族的财产形态及其经营方式；最后结合田野调查资料，考察大厝与寨堡相结合的聚落形态。笔者希望，对三对厝郑氏家族的个案研究，有助于深入探讨明清以来永泰山区的社会经济形态。

盖洋的生态环境与林业经济

盖洋又称盖峰，当地俗称墩前，距离永泰县城 76 千米，与前湖、奋斗、碓头、湖里四村连成一片，现为盖洋乡政府所在地。境内有笔架山、五龙山等山峰，最高海拔 893 米。据说，“盖洋”之名源于四面环山，村落居中，形似盆地。[①] 当地民间传说，旧时“墩前”曾有形状各

① 吾祖亮公迁入盖洋略记//盖峰郑氏族谱. 1996：9。

异的七个土墩，故有“天上群星朝北斗，盖洋诸峰护七墩”的说法①。(图20)

图20　盖洋地区鸟瞰图（叶俊忠摄）

永泰历史上“系村于都，系都于里，系里于乡”，盖洋村隶属和平乡英达里。② 明清时期，英达里合三十五、三十六都为一图③。从三对厝保存的光绪二十九(1903)年“神投契”中，可以确认盖洋村原属三十六都，补方志所未载。④ 民国四(1915)年“官划保卫团辖地”，将永泰全境分为六区，盖洋村属南区。⑤

盖洋地处山间盆地，耕作条件较邻村为佳，但山多田少，耕地有限，山林是主要生产资料。在盖洋的传统山林经济中，楂林具有特别重要的意义。楂林又称榇或莽，“叶似莽花，类山茶，实如龙眼，可榨油，亦名油茶，南乡所产甚夥”。当地还有其他林木产品，山地富有经济价值。据民国《永泰县志》记载，当地盛产油桐，“二月间开淡红花子，可压油”。桐油是重要的防腐材料，广泛运用于造船及制作家具。

① 受访人：郑学端，采访人：顾浩，场景：盖洋村三对厝，2018-11-12。
② 民国永泰县志：卷1[Z]. 民国十一年铅印本. 台北：成文出版社，1967：17。
③ 乾隆永福县志：卷1[Z]. 福州：海风出版社，2011：23。
④ 盖洋村三对厝郑步广文书：箱2-包2-庚03453。
⑤ 民国永泰县志：卷1[Z]. 民国十一年铅印本. 台北：成文出版社，1967：18。

又有各种杉木，“赤杉实而多油，白杉虚而干燥。有斑纹如雉者，谓之野雉斑，其材尤贵”。又有猫儿竹、苦竹等竹林，可以产笋并用于造纸、建筑等。① 在三对厝文书中，有如下租种竹林造纸的契约：

立安字叔祖贤益□□手置有竹林数所，坐址长岭地方，土名□，其山在前与林家承来开掘栽□□□□纸生息。今因少工掌管，自愿托中相商，送安与国薪侄孙处。三面言议，其竹林数所统付承主前去铲钹培留□纸，并纸池四口，或少纸池，加开一口，安主出银一圆及纸厂、纸槽二只并纸焙……②

盖洋历史上的木材、毛竹、桐油、楂油（茶油）、笋干等山区特产，通过市场网络运销永泰县城、福州府城乃至全国各地。道光年间，三对厝的郑诸中曾听从父亲郑汝器之命，常驻福州府三保街和城门镇卢雷村，销售三对厝的各种产品。③ 当地流传的“郑仙桂大闹中亭街”④等故事，反映了盖洋山区与福州市场的密切联系。

在现代交通运输业发展之前，盖洋主要利用大樟溪的水运系统，向永泰、福州等地运送林产品。民国《永泰县志》记载的东、西、南、北四条总干路，以大樟溪为中心，依托支流和山路，将永泰县的各村各镇勾连起来，并与永泰之外的其他地区相联系。从盖洋村出发到永泰、福州，需要经过其中的南、中、东干路，沿途地名及运输方式见表14。

表14　永泰县东、中、南三条运输干路

干路	运输方式	起点	中间路程	终点
东总干路	水陆联运	永泰县城	东亨桥—三板桥—马洋渡—银场—汰王滩—石圳前—金沙口—石塍桥—虎坑桥—溪仔尾—台口街—玉坪—王墓—甲、乙干路—濑下—莒口—塘前—官烈	侯官县界

① 民国永泰县志：卷4[Z]. 民国十一年铅印本. 台北：成文出版社，1967：96。

② 盖洋村三对厝郑步广文书：箱2-包12-包中包3-巳00548AB。

③ 父子四财主//盖洋村三对厝郑步清文书：4册。

④ “郑仙桂大闹中亭街”讲的是：拳师郑玉峰，字仙桂，父亲为三对厝人郑魁中。咸丰年间，郑秀忠（有金）与侄子郑金阜（玉财）办大型桐木厂，二人往福州购货，人地生疏，幸有在福州教拳的郑仙桂相伴出街，在中亭街遇到奸商时出手相助。参见：盖洋武士//盖洋村三对厝郑步清文书：4册。

续表

干路	运输方式	起点	中间路程	终点
东总干路	水运	永泰县城	北港濑—石塍濑—赤壁濑—濑下—潮汐—龙潭	侯官县界
中总干路	水陆联运	永泰县城	六角坑—界竹口—甲、乙干路—丘演—小坪—筶杯石—枫榠根—白杜	寒潭
南总干路	水陆联运	寒潭	白垮—观音亭—嵩口街—丙、丁干路	闽清或德化界
中、南路	水运	永泰县城	倒水—倒瓮—三门滩—玉尺—赤锡—鞋靶濑—大肾—朱坑口—鼻前滩—蟾蜍濑—菰堰濑—大毁峒—雷濑—大瓮	洑口

注：(1) 资料来源：民国永泰县志：卷1：地理志[Z]. 民国十一年铅印本．台北：成文出版社，1967：15—16；〔明〕曹学佺．永福山水记[Z]//民国永泰县志：卷2：山川志. 1967：26。(2) 东总干路自王墓分为甲、乙两干路。甲干路经过汤口，由石壁过渡至濑下。乙干路经九老坡、葛岭、埕头而抵濑下。自濑下以下，“陆行绝而舟通焉”。(3) 中总干路自界竹口至丘演路段分为甲、乙两干路。甲干路经考坑、蜚英、烧尾、汤埕、格埕、溪口、狮尾寨，最终抵达丘演街。乙干路经三门滩、玉尺、赤锡街、埔埕街、坂埕、梧桐尾街，最终抵达丘演街。丘演上游有寒潭刻石，县城至此约百里，为中区终点。(4) 南总干路自嵩口分为丙、丁两干路。丙干路经新郑、半山、柯榠隔、大瓮岭、赤水口、石鼓、洑口街、溪口湾、双溪、后亭、山寨、土洋，抵达德化界。丁干路自嵩口至陈埔，又分为左右两小干，左小干入丰坑，逾岭三十里至盖洋，历南山、石塘北境，县城至此二百里，抵德化界。右小干经山兜前、白口、长庆、大埔莲坑，抵闽清界。

在盖洋一带曾经流传《痳英三唱山歌》，后经三对厝族人郑步清整理和改编①，大意是汝祥厝痳英三去尤溪县租公猪，被当地妇女欺笑，痳英三用山歌对答。其中详细介绍了盖洋村的对外交通及三对厝郑家的发展历程，兹摘录如下：

家住福建福州城，永福县里大出名，南门桥过焦帝坂[1]，五里长长溪坂行。

六角坑里界竹口，即刻就到老公岩，蜚坑爬岭路一埔[2]，下岭一埔到汤埕。

坂埕南坂溪口地，要由梧桐新街行，对面丘演要过渡，扶芳埔桥[3]给人行。

① 盖洋村三对厝郑步清文书：1册。

白路倒马在溪坂，就过一座溪口岩，白垮行里嵩口区，德化尤溪由许行。

陈埔[4] 丰坑黄居岭[5]，坡爬五里实在惊，古好凉亭歇一歇，再爬里上平平墘。

再行就到清水坑，吃水歇凉心也安，绕过葫芦山一座[6]，牛鼻空空[7] 两田间。

前面就到四角亭，有人歇气说世情，会讲民间喜乐事，会讲官府共朝廷。

垩坑平路是好行，湖里岭尾垩岩岩，一条都是石埔路，岭头凉亭歇了行。[8]

前面就是盖洋乡，盖洋六姓六样名，盖洋乡里水朝西，五龙笔架[9] 排头墘。

二座仙山在头尾，洋中一埔平平行，先到湖里斯文厝，岩架弯前大前埕。

龟脰隔壁墩前村，盖峰中点大公埕。大公行里三对厝，三对大厝大出名。

兄弟三人起三对，大厝名字透省城。也有石板押六槅，两边旗杆[10] 排头行。

门兜二丘大丘田，汝祥排匾挂厅前，泥灰做栋通笼空，总讲祖公出名人。

三子生了十三孙，曾孙就发四八人，四代发了九十六[11]，五代以后更更红。

问我名字真敢单，贱名就是痳英三，家中因为养猪母，哥叫猪脚妹叫哥。

原文注：(1) 焦帝坂，地名。传说古代二人向官府告状，齐到此溪坂，远远看到县衙时，二人共同后悔，觉得你我都要付钱给官府，那倒不如共同让步。二人协商后和好回家，不再告状。后人以此教育大家以和为贵。(2) 蜚坑是蜚英。一埔是10里。(3) 扶芳埔桥即扶芳桥，地名。(4) 陈埔即东坡。(5) 黄居岭，又名黄土岭或黄牛岭。(6) 葫芦山即葫芦仑。(7) 牛鼻空空指牛鼻空，该处地形两边是田，中间是三四米宽的沟通水，故名牛鼻空。(8) 闻说盖洋去嵩口要走东坡祖厝后上来，经过黄居岭头、清水坑、四角凉亭、湖里凉亭四个凉亭。(9) 五龙笔架，指墩前五龙山、笔架山。

(10) 旗杆是石质一对，精工制作，尾波浪形顺尖，上打一孔；还有旗杆斗，露土一米五多。(11) 十三孙指忠一代，四十八指金一代，九十六指昌一代，俗话讲三汝、十三忠、四十八金、九十六昌。

如上所述，盖洋的村民想要到福州府城，首先需要经南总干路之丁干路至嵩口镇，这段路程大约“逾岭三十里”，需要翻过葫芦山、黄居岭，在湖里凉亭、四角凉亭等四个地点休息调整，可见其行路之难。抵达嵩口后，再先后沿中总干路、东总干路，顺大樟溪抵达永泰乃至福州。自嵩口镇至濑下段的河道，险滩甚多，颇为难行。明人曹学佺在《永福山水记》中记述：“自洑口抵濑下，凡三百六十余滩，其号最险者数十。”从嵩口放排至永泰，至少要由两个熟练船夫操纵，才能安全通过水流湍急的地方。为安全起见，“夜间在便利的地方停下了休息，只有白天漂行”①。因此，普通人在河道不佳的地方只能上岸陆行，越过蜚坑、汤埕等数十里的山岭，到界竹口等地继续乘船，才能抵达闽江和福州城。

旧时交通不便，盖洋村仍然与外部世界保持了密切的联系。从山区出产的茶油、木材、毛竹、纸张等商品，依托以大樟溪为主干的水陆交通体系，向嵩口、永泰、福州等更大的市场输出，换取丰厚的经济收益。

三对厝郑氏家族的发展

盖洋郑氏家族分为五房，即进洋、扛界、龟脰、梗头、南钟五大支派，三对厝族人属于扛界房子登支房。清道光以前，盖洋郑氏并未统一修谱，但各房均有支谱。嘉庆年间，族中士绅查阅各房谱系，试图统一重修未果。道光年间，南坂龟坑人郑乐春借祭祖之机，“合诸谱而考之”，于道光二十二(1842)年编成盖洋郑氏的统一谱系。② 1996 年修《盖峰郑氏族谱》，就是在道光旧谱的基础上，以五房分支为纲目编制的。

---

① [日]东亚同文会．福建省全志(1907—1917)[Z]．延吉：延边大学出版社，2015：322。

② 郑启振．重修郑氏族谱序//盖峰郑氏族谱．1996：16—17。

盖洋郑氏族谱记述的祖先谱系，追溯至东晋郑昭入闽的故事。乾隆《福建通志》记载："晋永嘉之乱，荥阳人郑昭入闽，葬其祖于莆之凤凰山。至陈时，昭之裔孙曰露者，自永泰徙莆，庐于墓侧，据南山之胜，构湖山书堂，与弟庄、淑共修儒业，后人称为南湖三先生。"① 盖洋郑氏自称郑庄第三子郑方述之后，由兴化浔洋迁居永福县龟岭，后人自称为龟岭支派。北宋熙宁四(1071)年，第九世郑亮同两个儿子由龟岭迁居盖洋，住"埔头厝"（今盖洋小学附近）。此后，第十一世郑汝成分居至前墩，在乾道九(1173)年建立前墩厝，至第十九世分支为五房，这就是后来构成盖峰郑氏主体的五个支房（图21）。

自明代以降，随着山区开发加快，盖洋郑氏宗族进入黄金时代。康熙五十(1711)年，二十八世扛界房郑大惠、二十九世进洋房郑新炳及三十世扛界房郑启佑等人，曾合建"高园厝"。扛界房二十九世郑德旺有启聪、启晃、启清三子，后来派分为子护房、子听房和子登房。郑启清字子登，乾隆五十八(1793)年在埔头厝附近新建"兴原厝"，他的三个儿子就是后来建造三对厝的郑汝训、郑汝器和郑汝祥，分别出生于乾隆三十五(1770)、三十八(1773)和四十一(1776)年。乾隆至道光年间，子登支房完成了资本积累过程，为建造三对厝及周边寨堡奠定了经济基础。

在三对厝派下，第三十二世"中"字辈共有12人，其中老大郑诸中生于乾隆五十五(1790)年。据当地老人回忆，三对厝虽然名义上由郑汝训三兄弟建造，但实际上主要由他们的儿子负责。关于三对厝的发家史，郑步清先生有如下记述：

> 汝训有四子。长子发中，当时父亲年老，是起厝时的主要人物，经营桐木厂。二子辉中、三子美中、四子积中爱好娱乐，尤其积中曾主持举办闽剧戏班，传言"吓七生吓八旦，不用妆也好看"。
>
> 汝器有五子。长子诸中儒士，很有文化，但屡考不第，没有功名。朋友多，听从父命常驻福州三保街和城门镇卢雷村，销售三对厝的各种产品。次子起中，半耕半读，管理所有田园，并有多种创

① 乾隆福建通志：卷66[Z]. 清乾隆二年刻本：37。

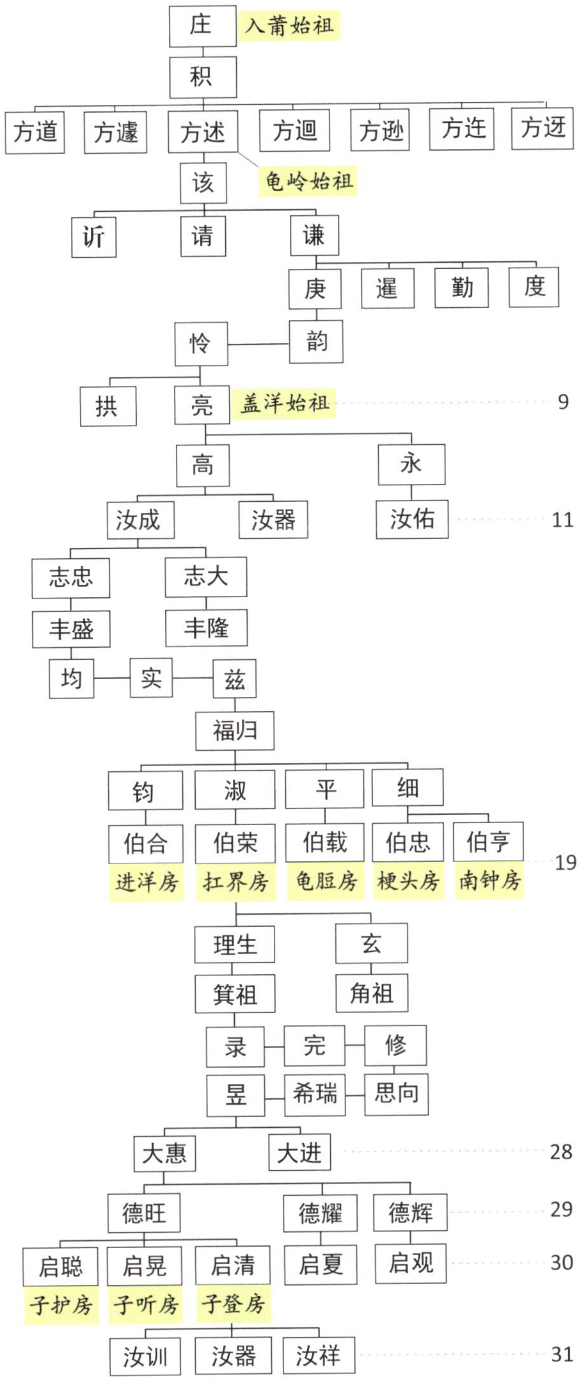

图 21　盖洋郑氏家族 1—31 世世系图

业：桐、松、杉、棕、毛竹、笋干、造纸、红酒等。（笋干由诸中兄转售上海，美其名曰玉兰片）三子泰中专管茶叶、油楂，面积广大……四子秀中是木匠师傅，后又办大型桐木厂，做木材生意。

汝祥有三子。长子魁中，很有文化。次子华中，武功高强，在外经商做押运工作。三子武中发展农林业生产，油楂桐棕等等。①

郑汝训三兄弟分家后，其后代始终以三对厝为认同标志，形成了相对独立的家族组织。时至今日，三对厝仍然是以子登支房的名义，组织祭祖扫墓等仪式活动。近年祭扫历代祖墓的人员安排见表15。

三对厝的扫墓活动祭拜历代祖公夫妇，由子登支房统一安排，每年由不同的房支轮流主办。祭扫对象最早的是十九世伯荣公，即扛界房支祖，但二十至二十四世及二十六世的祖墓缺漏。由于同属扛界房的子护支房人丁不旺，三对厝每年也要派人协助祭扫子护房的4处墓地。

表15　扛界房十四墓扫墓安排

墓址	墓主	世代	祭扫人数
螺古石虎砂（又名松柏行）	伯荣公	19	3
横汾格	伯荣公妻	19	3
大田埕	思向公、郭氏合葬	25	3
牛栏格垄	昱公	27	4
倒流里上	昱公妻陈氏	27	3
山畲垄里仑	大惠公	28	3
赤坑里	大惠公发妻邱氏	28	5
倒流里下	大惠公继妻黄氏	28	3
上坑头	德旺公	29	4
山畲垄前仑	德旺公妻林氏	29	4
马田墘（坑里）	子护房		2
五龙山	子护房		2
兴增厝后门头（中登厝后）	子护房		3
柯里丘	子护房		3

① 父子四财主//盖洋村三对厝郑步清文书:4册。

注：(1) 资料来源：①盖洋村三对厝郑步清文书：5册。②汝训厝内红榜“扛界房十四墓、子登公婆二个安排扫墓”，2018-10-4。(2) 子登公之发妻前湖许氏葬于后坑，三对厝每年派6人前去祭扫；子登公与继妻黄氏合葬于牛郎岭，除了祭扫十四墓及许氏墓的人员外，三对厝的剩余族人全部到子登公的墓地祭扫。(3) 三对厝的扫墓时间一般在每年十月份，扫墓活动每年由汝训房、汝器房、汝祥房后代按照长幼顺序轮流主持，一般当日上午分头祭扫，下午5时左右回到盖洋村聚餐。

关于二十七世昱公之前的历史，包括十九世前后的五房分家过程，《盖峰郑氏族谱》的记载模糊不清。自二十七世以后，尤其是在子登支房成立以后，郑氏谱系的脉络才清晰起来。其实，三对厝郑氏家族的发迹过程，就是从这一时期开始的。那么，在乾隆、嘉庆、道光年间，三对厝郑氏家族究竟是如何发家致富的？当地现存的账本、阄书和契约文书等历史文献提供了线索。

三对厝财产形态与经营方式

乾隆至道光年间，三对厝郑氏家族处于全盛时期，拥有大量的土地、山林及借贷资本，为建造三对厝奠定了经济基础。在此拟分类考察其财产形态与经营方式，以便说明其财富积累过程。

1. 土地的积累与经营方式

在田野调查中，当我们问到修建三对厝的资金来源时，郑氏族人的说法是他们有很多田产，每年可以收很多田租：“盖洋郑氏扛界房三十一世同胞兄弟，三兄弟分家时每人分到1200石田租，业产颇丰。三弟汝祥于道光庚寅年建隆园厝一座，第二年长兄汝训建庆园厝一座，甲午年汝器厝建成。”① 由于目前尚未发现汝训等三兄弟的分家阄书，暂时无法确认这一说法。不过，郑子登及其诸子有大量地租收入，则毋庸置疑。早在乾隆年间，子登支派已开始以各种方式在盖洋附近广置田产。

三对厝现存的隆园厝抄契簿②，记录了郑汝祥一系从乾隆到同治年间购置的田产。兹略作整理，列为表16。

---

① 三对厝//盖洋村三对厝郑步清文书：4册。

② 隆园厝抄契簿//盖洋村三对厝郑步顺文书：书1-抄契簿巳00583—00629。

表16 隆园厝购入田产概览（1775—1866） （单位：租谷、根租：斤；秋粮：钱）

时间	卖租人	土名	面根	租谷	秋粮	卖价	找价	根租
1775	许开熙	下墩塘	田面	150	1.21	7200文	4800文	
1789	张友豪	牛岽等	田面	1105	6.6	50两 5000文	7500文 39两 谷14担	
1805	启豪	后益垄头	田面	180	1.4	14两	870文	
	林瑞援	龟脰白洋里等	田面	420	3.27	25两	1520文 11两	
1806	林瑞品	村头火圹垄	田面	60	0.47	3.8两	1760文	
1811	许国文	碓头岭尾等	田面	306	2.38	18000文	3两	
	天立	长圳	田面	90	0.7	6两	2两 970文	
1815	林瑞杞	龟脰大墓口等	田面	240	1.86	17两	5660文	
1815	启振	村头石丘坑等	田面	1005	7.82	70.5两	18两 7400文	
1816	振森	前坪垄	田面	60	0.39	5两	1两	
1824	仲钻	王庄岽	田根	120		18两		180
	文道	茶畲尾	田面	240	1.86	22.5两	800文	
	张克南	村头后门头等	田面	120	0.93	9两	1000文	
1826	林月章	前垄头	田面	150	1.16	13两	870文	
	叶国锦	碓头桥头口、清水垄	田根	120		6600文		100
	能连	龟脰垂坊边	田根	60		9.4两		110
	林瑞文	小洋仓	田面	240	1.86	12两	1600文	
1827	林清章	龟脰后垄厝门首	田面	260	2.22	24两	5两	
	叶仁新	埯头（俗叫埯头辦）	田根	180		9.8两		110
1828	吴振观	村头庄后等	田面	318	2.3	28两	4两 300文	
	叶达秋	圳下尾等	田根	180		27两		300
	林瑞东	后益垄等	田面	66	1.4	17两		
1829	叶达秋	碓头芹蔡垄	田根	90		9000文		130

续表

时间	卖租人	土名	面|根	租谷	秋粮	卖价	找价	根租
1830	林瑞文	碓头寨头角	田面	120	0.93	10 两	1600 文	
1831	振森	倒流琦等	田面	277	2.08	14.2 两	4.3 两	
1833	元明	洋墘头	田根	270		15 两		150
1834	启振	龟脰大堀等	田面	414	3	40 两	1.5 两	
1841	许东章	乌垄墘	田面	91	0.5	9000 文		
1844	华中	洋墘尾	田面	200	1.55	18 两		
1846	叶达秋	碓头黄吟头	田根	37.5		17 两		200
1847	文感	茶畲尾	田根	180		10 两		150
	金浦	碓头深水垄	田面	120	0.93	9.6 两		
1848	华绰	坑坂墘下分	田根	150		10 两		130
	章惠	大王宫门首	田面	90	0.7	6.3 两	1 两	
1849	华俊	东园边下分	田根	180		14 两		180
	章迪	村头大瑕	田根	127		11.3 两		150
	叶振鹅	碓头犁头喃	根面	120	0.74	19 两	14.3 两	215
	起中	路墘丘	田根	46		10 两		110
1850	华中	来上拨等	田根					300
	书中	大钟坂	田根	300		16 两		200
1851	华中	山头坪	田根					150
1854	叶荣叔	柏壕垮等	根面		2.4	9 两		100
1855	积中	洋前头上分	田根	180		16 两		200
1862	吴世昌	村头沟头洋	田面	300		61 两		
1866	叶协荣	本庄墘	田面	60		13.5 两		140

从上表可知，乾隆四十年至同治五年，郑汝祥支派购置了大量的田产，其中既有田面也有田根，广泛分布在盖洋、龟脰、碓头等地。由于当地的田产交易大多采取活卖的形式，卖主可以向买主反复找贴，找价的累积金额甚至与卖价相当。据初步分析，上表中的租谷数量与卖价、找价之间的相关程度都很高，每两组数据之间的相关系数 r 都在

0.8以上①。一般说来，在地权交易中的租谷数量是相对固定的，因而郑家在购置田产中付出了越来越多的地价和找价。

关于三对厝郑氏家族的田产经营，现存有大量契约文书。例如，大钟坂又名大充坂，原系郑家苗田，后为毛家买去。乾隆四十二(1777)年，毛家原价“缴还”郑家，立契如下：

立缴还契毛卿模，前祖置郑家苗田，坐产三十六都地方，土名大充坂里分，年载正租并佃租三百斤正。今因乏用，自愿托中送缴与郑启时处为业，即日收回原价，原尽价银一十八两正俱已收讫。其田缴还郑家耕作办粮，其苗米合载一钱三分四厘正，前去自行办纳完官，不得负累毛家。今欲有凭，立缴还契壹纸，其原契多载田苗未便缴付，向后取出不堪行用。立缴卖字为照。

乾隆四十二年十一月　日。立缴还契：毛卿模。在见中：黄其泉。〈押〉②

在这一契约中，郑启时以“原价原尽价银”买回此田，实际上应是回赎。不过，当时税粮仍在毛卿模的户名下缴纳，双方并未办理田产过户。次年，郑启时又将此田卖给郑子登，立契如下：

立卖契郑启时，手买得毛卿有民田壹号，坐落三十六都盖洋地方，土名大钟，年载租谷三百斤正租秤，合载秋粮银一钱八分库，纳在三十四都九甲毛卿模名下。今因乏用，托中送卖与叔祖郑子登处。三面言议，时收价银一十五两正，每两折钱八百文扣。其银即日收讫，其田即付银主前去会佃收租管业，办纳粮差。此田系时己业，与叔伯兄弟侄无干，并无重张典当他人不明等情；如有此等，系侄孙出头支理，不涉银主之事。其年期四年，限满之日备银照契面赎回，如未取赎，仍听管业收租。其毛家元契一纸并卖契共二纸。今欲有凭，立卖一纸为照。

乾隆四十三年七月　日。立卖契：郑启时。代字中：张克祐。〈押〉③

---

① 根据统计分析，租谷数量与卖价的相关系数 r=0.84，租谷数量与找价的相关系数 r=0.834，卖价与找价的相关系数 r=0.808，三个 r 值都很高，即三组数列的相关程度很高。

② 盖洋村三对厝郑步清文书：包 21-癸 01050。

③ 盖洋村三对厝郑步清文书：包 5-癸 00841AB。

这一契约名为卖契，实为典契，因为郑启时保留了回赎权。[1] 此次交易后，郑子登负责收租纳粮，但并不拥有此田的耕作权。[2] 嘉庆初期，此田由郑启时家族赎回，并分为上、下两份，由郑贤教和郑贤满继承，而后者又将其份额出让给叔叔郑启振。到了嘉庆七(1802)年，此田的产权最终落入子登支房的郑汝器之手。[3] 根据嘉靖年间郑贤满、郑贤教的“立缴断契字”，至少在嘉庆十五(1810)年之前，郑汝器就已经办理了过户手续，将此田的产权登记从毛家挂回本家郑正宗的户名下。[4] 嘉庆十七(1812)年，郑汝器又通过“寄”“断”的形式，得到了此田的耕作权。其契约如下：

> 立断字侄孙贤教，将前手出寄有民佃田壹号，坐落本地，土名大钟坂及上下分，年载正租谷三百斤正。今因无银应用，自情愿托中送断本家叔祖汝器处。三面言议，时值断出价银二十四两正。其银即日交讫，其佃田永远即付叔祖前去自佃，永远耕作，底面全，任从其便。此佃田系是教自分业，与别房兄弟侄无干，其田自断之后，向后子孙永不敢增尽、不敢取赎之理。今欲有凭，立断字一纸，并带启振原契、尽字共三纸，永远付执为照。
>
> 嘉庆十七年五月　日。立断字：侄贤教，同弟贤满。在见：兄贤国。同见：叔启振。中见：叔文发。代字：弟贤纯。〈押〉[5]

子登支房这一田产，在35年中经历了收租权的典、赎、卖、过户及耕作权的寄、断等各种交易。通过这一系列产权运作，郑氏家族逐渐控制了盖洋及邻近村落的大片土地，积累了大量的收租权。

2. 山林的开发与利用

山林与土地一样，都是三对厝族人的重要产业。郑步清先生整理的“山业得业簿”，记录了郑汝器在清代后期获得山林产业的大致过程。[6]

---

① 杨国桢．明清土地契约文书研究[M]．北京：中国人民大学出版社，2009：20。

② 张彬村．十六七世纪中国的一个地权问题：福建省漳州府的一田三主制[G]//梁庚尧，刘淑芬．城市与乡村．北京：中国大百科全书出版社，2005：228—245。

③ 盖洋村三对厝郑步清文书：包5-癸00837。

④ 盖洋村三对厝郑步清文书：包21-癸01052。

⑤ 盖洋村三对厝郑步清文书：包5-癸00843。

⑥ 盖洋村三对厝郑步清文书：簿1。

试结合现存契约文书，将郑汝器购置的山林列为表17。

表17　嘉庆至咸丰年间郑汝器购置山林概览

时间	土名	底面	四至				原山主	价格	备注
			上	下	左	右			
1808	上厝垄边墩仔	山面					郑子茂	米1斗	其竹林并杉木付汝器铲钹开掘管业
1821	隔丘下	山面	水汌	坑	田坑	添卢山	许开知	番47元	三所共计杉苗600根付买主长大砍伐，山底付还卖主耕回。山租钱12文
	墩丘下		空山	下垮仔	仑溜沟	空山仑			
	孟绩敌后仑		横路	汌	添卢山	敌沟仑路			
1823	后益垄头右边	底面	空山	田头	空山	空山	郑金发	4000文	大杉椣及老幼杉木苗共计220根，并桐树等树，付买主培留铲钹掌管，永为己业
	前坪垄头中心仑尾								
1825	岸山大墘下	山底	空山	小坑	空山	空山	郑章飘	6400文	杉苗200根由章飘承回经营，每年纳根租谷100斤
1832	剪刀坑及坪濑尾	山面	空山	坑	汝器杉木	平濑尾潭漈边	郑文渊 郑文日	60140文	杉木共计2000余根，送当郑汝器，月利率3%
	猪头仑尾		空山	坑	空山	汝祥杉木			
1832	山蒲殿尾垄垮	山面	横路	田	仑中	仑中	郑能发	4000文	杉木并桐树数百根付买主培留铲钹掌管，其山底付还
	猫竹林尾		竹林	坑	坑	坑			
1836	倒流里	山面	空山	空山	空山	空山	郑春中	15000文	杉木80根付买主培留砍伐，山底付还买主耕作
1853	剪刀坑	山面	横路	元清山坪	空山	汝祥山界	郑元茂 郑元进	20000文	杉木800根付买主砍伐变卖，山底付还卖主管回

从上表可以看出，郑汝器购置的山场大多是“山面”，即山林的经营权。永泰的山场产权类似“一田二主”，也有山底与山面之分。山底所有者（山主）拥有山场的所有权，以交纳“山税”为主要凭证，可以收取山租；山面所有者（耕主）拥有山场的经营权，可以利用或出租山场，但必须将一部分收益转交给山主。[①] 在此试以道光年间许家、施家和郑家关于三块山场的一组契约为例，探讨山底与山面所有者的权益分配方式。

这组契约是道光十一(1831)年施有秀“卖杉苗字”[②]、许明标“缴卖杉木契”[③] 和道光十二(1832)年林孟慱等“卖杉苗契”[④]，涉及永泰三十六都三处山场的杉木交易。其中两处位于暗潭仑的铅坑，一处位于杨树坂的柴揪边。三处山场均出产杉木，铅坑两处共 1400 余根，杨树坂 600 余根。

铅坑的两处山场属南山岭兜林家所有，而林家曾将此山租给施文良栽种杉苗，约定杉苗成材后三七分成，施家（耕主）得七成，林家（山主）得三成。[⑤] 道光十一(1831)年十一月，施有秀因“少钱应用”，将山场的经营权以 29100 文的价格，转卖给盖洋的亲戚许明标。不过，许家似乎也无力经营，仅一个月后就再次转卖给三对厝汝器支房的郑起中等人。道光十二(1832)年十二月，作为山主的林家又与郑家签订契约，郑家向林家缴纳番银 12 元，林家确认郑家对铅坑杉木的经营权，其分成比例仍然是三七开。这一契约表明，山场经营权的转让需要得到山主的确认。

---

① 郑振满．明清时期的林业经济与山区社会——福建永泰契约文书研究[J]．学术月刊,2020(2):151。

② 盖洋村三对厝郑步清文书:包 24-包中包 8-癸 01155AB。

③ 盖洋村三对厝郑步清文书:包 24-包中包 8-癸 01157AB。

④ 盖洋村三对厝郑步清文书:包 24-包中包 8-癸 01145AB。

⑤ 值得注意的是，按 3∶7 的比例分配山林收益的传统，一直保留到 20 世纪 80 年代。在一份 1985 年盖洋乡盖洋村（甲方）与村民郑尔强（乙方）的山林承包合同中，林木收益分配形式如下：（1）无收山头 8∶2，有收山头 7∶3，增值收入 3∶7 或 2∶8。（2）乙方所得收入与其村民小组分配，承包头年乙方得一成，前四年每年递增一成，五年以后对半分成。参见:永泰县现有林场承包合同书//盖洋村三对厝郑步清文书:书 1-巳 00031,00032。

杨树坂的山主是许明标。在道光十一(1831)年十二月的交易中，许明标卖给郑家两处山场的经营权（山面），有上述铅坑山场，还有自己拥有完整产权的杨树坂山场，合计收取郑家42元。许家可以从杨树坂山场获得三成的收益，实际上是出租了这一山场。换言之，这一契约中有两种不同类型的产权交易形式，许家在两种交易中分别扮演了山底主与山面主的角色。值得注意的是，许明标拥有山底的山场可以每年征收四文山租钱，而没有山底的山场只能一次性地出卖山面，这意味着只有山底主才有权利征收山租钱。综合上述信息，我们可以看出永泰山场产权的基本特征：山场一般由交纳山税的山主控制，他们在保留山底的基础上对外出租经营权（山面）；山面权可以父死子继，山底主仍有随时赎回的权力；山面权的交易必须得到山主的确认，并向山主补交费用。

那么，耕主获得山场的经营权之后，又如何开发和利用山场资源？在大多数山契中，耕主对山场的经营受到山主的严格限制，即明确规定了耕主的经营范围。如上述契约中的两处山场，只能用于栽种杉木，耕主并无开垦或种植其他经济作物的权力。当然，其他契约也有对山场经营的不同规定。例如：

> 立安字萧章武处父手置有税山一所，坐址三十二都下小洋地方，土名俗叫半岭墘，上至圳、下至坑、左右俱至仑，四至明白，安与盖洋郑金达处耕作栽种茶心，递年约纳山租钱七百文正，言约四月末旬交清明白，不敢少欠。如是少欠，即将茶林安主管回，不得异言。如无少欠，仍付承主管业，向后茶林枯坏，其山底安主管回。恐口无凭，立安字壹纸付执为照。
>
> 光绪七年三月　日。立安字：萧章武。代押：兄兴庆。代字：弟仁武。〈押〉①

这一契约中的半岭墘山场，显然是专门用来从事茶叶种植，耕主郑金达每年向山主萧章武缴纳700文山租钱，以此获得该处茶场的经营权，似乎也不需要将茶场的收益抽成分与山主。

有些山场可以从事多种经营，其权益分配方式也较为复杂。如以下

---

① 盖洋村三对厝郑步清文书：包20-癸01036AB。

契约：

立安字许吉全、荣同于前租手置有税山一所，坐址卅二都地方，土名长仓右边一所，上至仓顶，下至横路，左至开同茶心山界，右至郑华腾墓前仓界，四至明白。今因乏用，自愿托中送安与本乡郑金达同侄致水亲处为业。三面言议，时收价钱二千七百五十文正，其钱即日交讫，其山即付钱主前去开掘栽种番薯、栽种桐树，铲钹掌管，任从其使。其界内言约六年内不许抛荒，或无抛荒，其桐树付承主各枯坏，其山底付还安主管回，承主不敢言说。其山系是自己物业，与别无干，在先并无交加不明等情；如有此情，系是安主自行支理，不累承主之事。今欲有凭，立安字壹纸付执为照。

光绪十八年三月　日。立安字：许吉全，同弟吉荣。代字见中：叔祖明蔚。〈押〉[1]

这一契约中的土名长仓右边的山场，可以用于多样化经营。耕主郑金达和郑致水以2750文获得山场经营权，可以在此种植番薯、栽种桐树。由于这一山场涉及多种经营，其经营权的设定也较为复杂，在约定的六年租期内，如土地抛荒、桐树枯坏，山主都可收回山场的经营权。

山场经营权的年限特别值得注意。从上述契约看，山主通常会依据山场的具体用途，因地制宜地设置山面的收回期限。例如，种植杉木的山场，要等杉木砍伐完毕后才交还山主；种植茶树的山场，要等茶树枯坏后再交还山主。可见，山场的经营年限主要依据作物的生长周期，而不是人为设定。当然，如果山场被开垦为耕地，就会有相对固定的租期限制，并禁止耕主抛荒。

盖洋山场出产的木材、油桐、茶油、茶叶等产品，都是销往外地市场的商品，促进了当地工商业的发展。郑氏家族在发展林业经济的同时，通过开办工厂，设置经销网点，拓展了生财之道。[2] 当然，对于盖洋山区缺乏资本的山主来说，如果要将林产品交换为米谷或金钱，往往只能将其交由三对厝加工或转卖。例如，上述契约中的几次木材交易，

① 盖洋村三对厝郑步清文书：包24-包中包8-癸01149AB。

② 父子四财主//盖洋村三对厝郑步清文书：4册。

都是山主将杉木直接转卖给郑家，而郑家则从中获得丰厚的利润。

3. 借贷资本的经营方式

在三对厝郑氏家族的财富积累过程中，放贷收息发挥了重要作用。道光二十八(1848)年，郑汝祥之子郑武中开始记载自己的财务收支状况，到咸丰十(1860)年整理为总目一册①，其中详细记录了郑家与他人的借贷关系，兹将有关资料列为表18。

放贷物品有谷物、番银、钱文等。虽然咸丰后期的许多记录并未写明借款人的归还情况，但仍可集中反映晚清时期盖洋山区的借贷活动。据郑步清先生记述，盖洋历史上的借贷活动，通常具有高利贷的特征：

> 贫穷人向财主借粮，一般的，由正月借出到十月或十二月算一年，如果是四五月借到十二月还〔是〕算一年，都是按加五还。还有叫作八起加五，例如九月初收割稻谷，八月没有粮食吃向财主借，也是按一年算。加五利的算法，借一百斤，还给他的时候要还一百五十斤。借一年内的加五息是明文规定的，八起加五是不讲人情的。甚至还有借一年一百斤要还二百斤，如果今年没还，明年要还四百斤，若还还不上，依次照算。也有借钱、借米。钱加三，米加四，谷加五。②

如上所述，盖洋地区的放贷主要有贷钱（银）、贷谷、贷米三种，而郑武中的账目记录的都是钱、谷的借贷；借贷利率为“钱加三，米加四，谷加五”，而郑武中记录的银钱借贷利率为月息3%左右、谷物借贷利率为年息50%左右。在一般情况下，无论是借贷银钱还是谷物，即使借期未满整年（月），利息仍然按照一年（月）计算，即所谓“八起加五”。

这一账簿显示，郑武中主要与郑家、黄家、叶家有借贷关系，其在一些特殊情况下，借贷利息可能得到不同程度的减免：一种是债务人在还款时已经拖欠了很长时间，例如郑敬象在1851年8月23日借款2元，到还贷时已经过去了15个月，但双方在结算利息时约定按照14个月算；一种是债务人在还贷时只能偿还一部分，未还清的利息经结算后

---

① 总目一册//盖洋村三对厝郑步顺文书:书8-抄契簿丁00663—00691。

② 封建社会//盖洋村三对厝郑步清文书:4册。

表 18　道光至咸丰年间郑武中出入账目情况

债务人	借出			还入						备注
	日期(农历)	项目	数量	日期(农历)	项目	应还本利	利息	年利率	实还本利	
林正邦	1849-6-1	谷	70 斤	1849-9-14	谷	105 斤	35 斤	50%	105 斤	
	1850-6-16	钱	2220 文							言约 11 月末旬还
林正福	1851-8-13	钱	740 文		钱	1268 文	528 文	2.97%		1853 年 12 月双方面算,约定借期为 24 个月。结上下条数
	1853-12-27	钱	1268 文							
叶仁纯	1849-6-1	谷	1400 斤		谷	3080 斤	1680 斤	40%		1852 年 12 月 28 日双方面算,约定 1853 年 3 月末旬还本利
	1852-12-28	钱	3080 文							言约 1853 年 3 月末旬还
叶达安	1859-3-9	谷	50 斤	1859-10-1、4	谷	225 斤	75 斤	50%	225 斤	1 日还 162 斤,4 日还 63 斤
	1859-4-21		50 斤							
	1859-5-21		50 斤							
叶家顺	1852-4-29	谷	100 斤	1852-9-24、25	谷	150 斤	50 斤	50%		24 日还 100 斤,25 日还 50 斤
叶振鳌	1850-5-22	钱	2920 文	1850-11-26	钱	5150 文	534 文	3.05%	2 元	11 月 26 日两人面算:5 月 22 日的借款按 6 个月算,利息计 534 文;8 月 9 日的借款按 4 个月算,利息计 176 文。合共本利 5150 文。 除已还款项外,更欠 2190 文,借回去结下条数。约定 1853 年 11 月还,利息计 1980 文,合共本利 4170 文
	1850-8-9	番	1 元				176 文	2.97%		

续表

债务人	借出			还入						备注
	日期(农历)	项目	数量	日期(农历)	项目	应还本利	利息	年利率	实还本利	
叶振鳌	1851-4-22	番	1元		钱	11230文	2310文	2.69%		3笔借款约定1853年11月还,加上1850年的2笔借款,合计本利11230文,约定11月末旬先还11000文。结上下条数
	1851-5-5	番	1元							
	1853-4-8	番	1元				270文	3.04%		
叶振开	1852-12-24	谷	100斤	1853-9-12	谷	150斤	50斤	50%	150斤	
	1853-12-26	谷	100斤	1854-8-30,9-1	谷	150斤	50斤	50%	150斤	
叶振林	1852-12-29	钱	2790文							言约1853年2月末旬还,如过期照例行息
叶振煌	1853-4-11	谷	100斤	1853-9-22	谷	150斤	50斤	50%	100斤	欠50斤
叶振莪	1853-4-11	钱	11000文							言约本年11月末旬还,如过期,保认叶振林代赔
	1853-4-22	钱	700文							
叶达尊	1853-3-14	谷	100斤	1853-9-19、25	谷	300斤	100斤	50%	300斤	
	1853-4-5	谷	100斤							
	1853-12-26	谷	200斤	1853-9-4、5、6、7	谷	450斤	150斤	50%	450斤	
	1854-4-2	谷	100斤							
	1854-12-22	谷	100斤	1854-9-16、17,10-16	谷	600斤	200斤	50%	545斤	12月21日面算,欠55斤,借回去结下条数
	1854-12-23	谷	140斤							
	1855-2-1	谷	100斤							
	1855-2-17	谷	60斤							

续表

债务人	借出			还入						备注
	日期(农历)	项目	数量	日期(农历)	项目	应还本利	利息	年利率	实还本利	
叶达尊	1855-12-21	谷	200 斤	1856-10-1	谷	600 斤	200 斤	50%	366 斤	算旧账 55 斤,合共本利 400 斤。1856 年 12 月 22 日面算,还欠 234 斤,借回去结下条数
	1856-3-10	谷	145 斤							
	1856-10-22	谷	234 斤	1857-9-6、8、9	谷	600 斤	200 斤	50%	400 斤	欠 200 斤,1858 年 2 月 13 日借回去结上条数
	1856-12-18	谷	100 斤							
	1857-3-1	谷	66 斤							
	1859-3-9	谷	50 斤	1859-9-29	谷	75 斤	25 斤	50%	48 斤	欠 27 斤,算本利 40 斤,利率 48.19%。1860 年 9 月 25 日武中代还
叶开科	1853-4-30	谷	100 斤	1855-4-15	谷	225 斤	125 斤	52.1%	90 斤	1854 年 11 月约定本利 225 斤,4 月 15 日贤瑶还本 90 斤
叶开梅	1853-4-30	谷	50 斤							
叶元钊	1854-4-10	谷	100 斤	1854-9-1	谷	225 斤	75 斤	50%	123 斤	欠 102 斤,12 月 24 日约定,以来年 6 月之早谷偿还 140 斤(利率 37.25%)
	1854-5-17	谷	50 斤							
吴振珠	1849-6-3	谷	100 斤	1853-12-27	谷	145 斤	45 斤	11.25%	145 斤	1853 年 9 月 4 日还本 100 斤,12 月 27 日郑英中代还干谷 45 斤
	1850-6-7	谷	50 斤	1850-9-15、16	谷	300 斤	100 斤	50%	300 斤	
	1850-7-6	谷	150 斤							

续表

债务人	借出			还入						备注
	日期(农历)	项目	数量	日期(农历)	项目	应还本利	利息	年利率	实还本利	
吴振学	1850-7-20	谷	60 斤	1851-6-19	谷				80 斤	郑能礼代还
吴宸兰	1850-3-26	谷	200 斤	1850-9-20、26	谷	450 斤	150 斤	50%	446 斤	欠 4 斤
	1850-7-18	谷	100 斤							
	1851-5-10	谷	100 斤	1851-闰 8-25、29	谷	270 斤	90 斤	50%	270 斤	
	1851-8-25	谷	80 斤							
吴世廷	1850-8-2	谷	50 斤	1850-9-22	谷	75 斤	25 斤	50%	75 斤	
吴世全	1851-5-20	谷	50 斤	1851-12-17	谷	75 斤	25 斤	50%	25 斤	只还利息 25 斤,欠本 50 斤。结下条数
吴世崇	1851-6-2	谷	100 斤	1851-9-4、7	谷	150 斤	50 斤	50%	150 斤	
吴祥兰	1851-6-3	谷	100 斤	1851-闰 8-28	谷	145 斤	45 斤	45%	145 斤	
郑汝祥	1850-8-11	番、钱	6077 文							番银 4 元,钱 157 文
郑英中	1849-12-5	番	1 元	1852-4-3	番、钱	2 元,8550 文	3490 文	3%	2 元	欠番银 1 元、钱 3583 文。双方约定利息按 23 个月算,收利息 3490 文,本利合共 8550 文
	1850-1-19	番、钱	2 元,3583 文							
	1850-12-6	番	2 元	1853-11	钱	11210 文	5310 文	3%		三笔合共借本 5907 文,1853 年 11 月双方约定借期按 30 个月算,计利息 5310 文,本利合计 11210 文,结下条数
	1850-12-17	钱	1290 文							
	1850-12-19	钱	1657 文							
	1860-8-4	番	1 元							
	1860-8-6	番、谷	2 元、25 斤							

续表

债务人	借出			还入						备注
	日期(农历)	项目	数量	日期(农历)	项目	应还本利	利息	年利率	实还本利	
郑辉中	1851-6-18	谷	100 斤	1851-9-12	谷	150 斤	50 斤	50%	150 斤	
郑起中	1853-5-20	谷	63 斤	1854-9-25	谷	140 斤	77 斤	61.1%	140 斤	
郑叶中	1857-3-7	谷	150 斤	1857-9-5	谷	225 斤	75 斤	50%	225 斤	
郑桂中	1855-4-15	谷	225 斤	1855-9-17	谷	335 斤	110 斤	48.89%	335 斤	贤瑶代还 185 斤
	1856-6-27	谷	100 斤	1857-9-28、29	谷	150 斤	50 斤	50%	150 斤	
	1857-3-18	谷	100 斤	1857-9-15	谷	150 斤	50 斤	50%	150 斤	
郑积中	1856-12-20	谷	66 斤	1857-9-10	谷	99 斤	33 斤	50%	60 斤	欠 39 斤
郑华中	1857-3-7	谷	150 斤	1857-9-5	谷	225 斤				
郑魁中	1859-5-20	番	2 元							
	1859-5-28	谷	11 斤							
	1859-6-5	番、钱	2 元，120 文							
	1859-7-22	番	1 元							
郑金浦	1852-5-25	谷	204 斤	1852-9-9、20	谷	306 斤	102 斤	50%	306 斤	
郑金宇	1859-6-2	谷	100 斤	1859-9-27、12-11	谷	150 斤	50 斤	50%	150 斤	
郑金余	1860-5-7	番	2 元							

续表

债务人	借出			还入						备注
	日期(农历)	项目	数量	日期(农历)	项目	应还本利	利息	年利率	实还本利	
郑金本	1854-7-19	谷	34 斤	1856-9-18	谷	74 斤	40 斤	39.22%	74 斤	
	1855-8-11	谷	12 斤	1855-9-23	谷	18 斤	6 斤	50%	18 斤	
	1855-12-23	谷	100 斤	1856-9-18、19	谷	225 斤	75 斤	50%	225 斤	
	1856-7-10	谷	50 斤							
	1856-12-7	谷	100 斤		谷	241.5 斤	91.5 斤	61%		
	1857-2-20	谷	50 斤							
郑章禄	1851-5-13	谷	30 斤	1851-8-27	谷	75 斤	25 斤	50%	75 斤	
	1851-6-19	谷	20 斤							
郑能达	1850-8-19	番	1 元	1850-12-19	番、钱	1657 文	177 文	2.99%	番 1 元、钱 177 文	
	1859-3-25	谷	100 斤	1859-10-4、18	谷	150 斤	50 斤	50%	150 斤	
郑能起	1851-8-23	番	2 元	1851-11-23	番、钱	2 元,177 文	177 文	2.99%	2 元	11 月 9 日还来番 2 元。23 日面算,利息按 2 个月算
郑敬象	1851-8-23	番	2 元	1852-12-10	钱	4290 文	1330 文	3.21%	1500 文	1852 年 12 月,双方面算借期按 14 个月算,12 月 10 日郑能吉代还 1500 文
郑叶布	1853-4-28	谷	50 斤	1853-9-23	谷	75 斤	25 斤	50%	75 斤	

续表

债务人	借出			还入						备注
	日期(农历)	项目	数量	日期(农历)	项目	应还本利	利息	年利率	实还本利	
郑叶振	1856-6-22	谷	50 斤	857-9-27	谷	150 斤	50 斤	50%	100 斤	欠 50 斤,借回去
	1856-6-27	谷	50 斤							
	1857-9-27	谷	50 斤		谷	75 斤				1857 年 10 月 15 日面算本利 75 斤,借回去结下条数
	1860-11-13	谷	68 斤	1861-9-21	谷	102 斤				叶兴 11 月 13 日面算欠本利 68 斤,借回去,算 1861 年本利 102 斤
郑叶家	1850-7-22	谷	100 斤	1850-9-17、24	谷	150 斤	50 斤	50%	150 斤	
郑庚朝	1850-6-6	钱	1100 文	1850-12-17	钱	1298 文	198 文	3%	1 元	12 月 17 日面算 6 个月利息 198 文
郑叶秀	1857-8-1	钱	1460 文	1857-11-7	番	1650 文	190 文	3.25%	1 元	欠利息 170 文
郑贤居	1857-4-18	谷	110 斤	1857-9-7	谷	165 斤	55 斤	50%	165 斤	
郑裕美	1859-6-4	谷	33 斤							
		番	1 元							
郑元武	1849-6-3	谷	50 斤	1849-12-21	干谷	67.5 斤	17.5 斤	35%	67.5 斤	
郑华兴	1860-11-13	谷	68 斤	1861-9-21	谷	102 斤	34 斤	50%	100 斤	
大王君	1852-7-9	钱	7730 文							
黄文治	1859-5-29	谷	30 斤							

注：1. 原账目体例以时间为经、以人名为纬，同一位借款人可能因为多笔借款而在账本中反复出现，本表为研究方便，将关于同一人的出入账目按照时间顺序集中呈现。2. 根据账簿记载，当地的番银 1 元在交易结算中相当于钱 1480 文。

将作为本金继续参与下一个周期的借贷，不过其利率往往酌减，例如叶达尊在 1859 年 3 月 9 日向郑武中借谷 50 斤，一年本利合计 75 斤，但收成之后只能偿还 48 斤，那么剩余的 27 斤谷继续作为本金进入下一年的债务周期征收利息，不过双方约定利率降至 48.19%，甚至在 1860 年 9 月 25 日由于某些原因，直接被债权人郑武中免除。

与钱、谷等小额借贷相比，郑氏家族更重要的借贷方式是典当。典与当都是抵押借贷，但典通常涉及抵押品的产权转让，相当于活卖，而当则不涉及产权转让。不过，在借债人无法如期还债的情况下，还是会导致抵押品的产权转让，即从当转变为典。如：

立当字侄孙金昇同弟等，将手置有杉木苗一所，坐落本地，土名进洋山畲垄，上至路，下至坑，左至天章墓仑，右至宗聘楂林为界，四至明白，计共大小二百余根正；又一所坐址桥头圳，上至田，下至田，左至叶清楂林，右至章秀楂林为界，四至明白，计共大小二百余根正：合共两所，今因无钱应用，自情愿托中送当本家叔祖汝训处，当出钱本二千七百文正，言约每月每千文加利卅文算，俟至冬成之日，备办本利，一足送还，不敢少欠。如是少欠，即将原当杉木苗两所，付叔祖前去培留铲钹掌管，任从其便。此杉木苗在先并无重张典当他人财物不明等情；如有此等，系是侄孙出头支理，不涉叔祖之事。今欲有凭，立当字壹纸付执为照。

道光十七年五月　日。立当字：侄孙金昇，同弟金銮、金全。代字中见：叔文精。〈押〉①

在这一契约中，郑金昇等人将两处杉木苗各 200 余根当给叔祖郑汝训，如到期未能还本付息，两处杉木苗直接转让给债权人郑汝训。在此情况下，郑汝训实际上是通过放贷，获得山林的经营权与收益权。由于山林经济的经营周期较长，经常发生资金周转不灵，需要较为雄厚的财力支撑。因此，郑氏家族可以利用借贷资本，对当地的山林经营实行有

① 盖洋村三对厝郑立国文书：捆 1-散件-丁 00401AB。

效的控制。在三对厝现存文献中，此类契约甚多，兹再举一例：

立当字兄国宁，将前父手开掘栽种有楂林一所，坐址本地，土名俗叫家登墘头，上至大路，下至田，左至华钿空山，右至国赠楂林为界，四至明白，今因少钱应用，自愿托中送当与弟信还处，当出钱本一千一百五十文正，每月每千文加利三十文算。俟至九月末旬，备办本利齐足送还，交清明白，不敢少欠；如是少欠，即将楂林付钱主前去采摘收成、铲钹培留掌管，任从其便，兄不敢言说之理。此楂林系己额，与别人无干，在先并无重典他人及交加来历不明等情；如有此情，系是兄出头支理，不涉钱主之事。今欲有凭，立当字壹纸付执永远为照。（内添十八字，再照。〈押〉）

光绪廿八年六月　日。立当字：兄国宁。在见：侄瑗怀。代字中：侄初□。〈押〉①

这一借贷是以油茶林作为抵押品，如不能及时还本付息，则必须转让油茶林的经营权与收益权。在上述二份当契中，月利息都达到了3%，无疑都属于高利贷。但对于三对厝郑氏家族而言，其意义可能并不限于丰厚的利息收入，而是可以更有效地控制当地的山林经济。

总之，自乾隆年间以降，三对厝郑氏家族通过出租土地和经营山林经济，积累了雄厚的资本；又通过借贷活动，获得丰厚的利息收入和大量山林资源。在子登公支派中，借助于家族成员之间的通力合作，开展土地、山林、借贷及山区工商业的多种经营，这或许就是三对厝郑氏家族发家致富的秘密。

大厝与寨堡结合的聚落形态

在盖洋现存的古建筑中，庆园厝、祥园厝、隆园厝鼎足而立，雄伟壮观，保存完好，引人注目。这一建筑群是聚族而居的大厝，注重安居的功能，似乎不同于永泰庄寨中常见的“民防建筑”模式。不过，我们在田野调查中发现，盖洋历史上除了三对厝之类的大厝，还有不少用于避难的寨堡。大厝和寨堡具有不同的社会文化内涵，反映了盖洋民众

① 盖洋村三对厝郑立国文书：捆 1-散件-丁 00410。

辗转于安居与避难之间的历史。在此拟分别考察三对厝和兴隆寨的建造过程，探讨大厝与寨堡结合的聚落形态及其社会意义。

1. 三对厝的建造与居住方式

清道光年间，郑汝训、汝器、汝祥三兄弟陆续在盖洋各建一座大厝，当地俗称为“三对厝”。其占地之宽广、规模之宏大、工艺之高超、年代之久远，在永泰古厝中独树一帜，可与远近闻名的嵩口下坂古厝相媲美。

道光十(1830)年，郑汝祥开始建造隆园厝，俗称汝祥厝或老三厝。隆园厝总体构造呈牛形，外坪的矮墙像牛的额头，矮墙两边延伸部分做成弧形像牛角。正厅屏柱的楹联为：“广文馆居贤职称成均博士，皇祐朝选□名传忠孝状元”，落款为“年家姻眷弟林鸿年顿首拜”。据说林鸿年与林则徐交好，曾为郑汝祥求得林则徐书写的朱子家训一份，放于汝祥厝的正厅中央，现已丢失。隆园厝东侧下方建有牛栏，牛栏上方建有书斋，斋门横批为“茀禄尔康”，语出《诗经·大雅·卷阿》：“尔受命长矣，茀禄尔康矣。岂弟君子，俾尔弥尔性，纯嘏尔常矣。”1958 年至 1965 年，此书斋曾作为当地的小学教室，最多时有 420 人在此读书。

道光十二(1832)年，郑汝训开始建造庆园厝，俗称汝训厝或老大厝。汝训厝的建筑形式较为特殊，在当地有“歪门邪道”之说。所谓“歪门”，是因为汝训厝的外门朝向歪向了房子一侧，而第二道门的门槛、门框、门柱等也都是歪的。所谓“邪道”，是因为入门的道路是斜径，厝中的下水道、入口和出口都不在一条直线上。当地传说，庆园厝修建完成后，老二郑汝器也开始建造大厝，但地基不够大，因此大哥郑汝训特地将厝前的土地空出，将自己的大厝改造为“歪门邪道”。另有观点认为，采用这种建筑形式主要是考虑风向和日照因素，可以避免凉风、恶风直灌内堂，达到阳光普照、干燥舒适的效果。汝训厝一侧有石门，斑驳的门柱上刻着精美的花纹，门楣刻“孔皆”二字，语出《诗经·周颂·丰年》：“为酒为体，烝畀祖妣；以洽百礼，降福孔皆。”民国时，这里曾发生大火，将汝训厝烧掉了一半，如今只留下半边大厅，殊为可惜。

道光十四(1834)年，郑汝器开始建造祥园厝，俗称汝器厝或老二厝。据说，郑汝器最早选择的起厝地点是东园边（现国荆厝），后听从父母之言才改为现址，与老大的汝训厝仅有一路之隔。汝器厝是三对厝中保存和修复状况最好的，其雕刻、装饰尤其精美。整栋建筑为木质瓦房结构，大厝中央有大厅、下落厅，旁边还有两个对称的横厝下落厅。其建筑主体为两层楼，大厅两边各有官房、六榻、八榻，中间还有过水横厝及下落等厢房配套，整座古厝共有109间房间。大厅装饰四扇屏门，中间两扇雕刻百寿全图，两边各雕郑和下西洋、程咬金拜寿，每扇都是三重透雕。大厅上下十间，每间都是四扇软门。正房左六扇，刻丁山射雁、南北斗下棋。下厅上中二扇，刻梅、鹊、竹、鹿，里外两面不同花，上下小堵刻名人。两侧二间，上左刻金钱豹、麒麟、狮子、鹿等。全厅并花堵刷金漆，十八间出画门都是四扇门，花纹雕饰。尾埕石大门内向两边有通笼花精雕青石，门联为“祥光恰绕安仁宅，瑞气频临通德门”，横批“诒尔多福”，语出《诗经·小雅·天保》：“神之吊矣，诒尔多福。民之质矣，日用饮食。群黎百姓，遍为尔德。”外向门联为“雾隐名山观豹变，波翻秀水看龙骑”，横批“锡以繁祉”，典出《诗经·周颂·雍》：“绥我眉寿，介以繁祉。”

汝器厝内还有许多牌匾，体现了晚清郑氏族人的社会地位。其中有两块“文魁”牌匾，一为“钦命福建提督学政前大理寺正卿加十级纪录十次李联琇”为咸丰乙卯科乡荐中式郑步云立，一为“福建承宣布政司布政使连”为光绪三十三(1907)年七月例贡生郑兆枢立。大厅中还有一块乌金大字的“极婺联辉”牌匾，长2.23米，高0.84米，上题“钦命提督福建学院宗人府丞加十级随带加六级纪录十二次厉为乡饮介宾郑绮云偕妻陈氏同立，同治二年仲春日给”。另有一块挂在厅头的“急公慕义”牌匾，上题“兵部尚书兼都察院右都御史总督福建浙江等处地方军务兼理粮饷盐课程祖洛、兵部侍郎兼都察院右副都御史巡抚福建等处地方提督军务魏元烺，道光岁次乙未科腊月吉旦给永邑儒士郑汝器立”。关于此匾的由来，当地有如下传说：道光十二(1832)年，台湾嘉义县爆发张丙之乱，时任闽浙总督程祖洛、福建巡抚魏元烺出兵平叛。程祖洛有感于国家海防的脆弱，于道光十五(1835)年上疏朝廷，要求在沿海地区修筑炮台和山寨以巩固海防，其资金由官民捐助。[①] 郑汝器于是决定暂停祥园厝的修建，将资产捐出以赴国难。因此，程祖洛、魏元烺联名赠送“急公慕义”的牌匾，悬挂于祥园厝正座房梁。盖洋郑氏族人对此津津乐道，视为无上荣耀。

在三对厝建成之初，所有家族成员可以共享建筑空间，形成了聚族而居的居住形式。此后经过分家析产，大厝里的住房分派给不同的族人，厝内族人各有自己继承的房产。随着家族人口的增长与商品经济的发展，三对厝中的住宅产权经历了买卖或典当过程，在家族内部不断被交易和转让。例如，郑步清先生收藏了一包契约，包契纸题为“太中咸丰七年十一月中六椆楼顶樫卖契壹纸并金同当字壹纸”，记录了祥园厝中两间房屋的产权转移过程。其中第一份契约如下：

立卖契弟太中，将兄弟应分有厝樫一樫，坐址祥园厝左边中六椆楼顶一樫，上至椽尾，中至楼枰，今因乏用，托中卖与兄书中处。三面言议，时值价银一十四两正，每两折钱八百文算。其银即日收讫，其楼顶樫并衖即付兄出入掌管，收藏米谷物件，任从其便。其厝樫并无交加不明等情；如有此情，系弟出头支理，不涉兄之事。其厝樫向后有能之日，言约八年外备银照契面取赎，如是未赎仍付掌管。今欲有凭，立卖契壹纸付执为照。

咸丰七年十一月　日。立卖契：弟太中。在见中：弟英中。自笔：太中。〈押〉[②]

太中即郑泰中，是郑汝器第三子，他将屋产活卖给兄长郑诸中，约定八年之后可以赎回。五年后，泰中独子郑金同又将另一间当给了诸中次子郑金余：

立当字弟金同，将兄弟应分有楼顶樫一樫，坐址祥园厝左边正座后角楼顶一樫，上至椽尾，中至楼枰并衖，今因乏用，自情愿

① 〔清〕周凯．记台湾张丙之乱[G]//丁日健．治台必告录：卷2．台北：大通书局，1984：123—135。

② 盖洋村三对厝郑步清文书：包24-包中包3-癸01106AB。

托中送当与兄金余处。三面言议，当出钱本一千一百四十文正，言约每月每千文加利三十文算，俟至冬成之日备办本利齐足送还，不敢少欠。如是少欠，即将原当之楼顶桯付兄掌管，出入关锁，收存米谷物类，听从其便，弟不敢阻占生端异言。其楼顶桯系是己额，与别无干，在先并无重张交加不明等情；如有此情，系是弟出头支理，不累兄之事。今欲有凭，立当字壹纸付执为照。

同治元年二月　日。立当字：弟金同。在见中：兄金浦。自笔。〈押〉①

在此次交易中，该房产是借贷的抵押品，不是以活卖的形式转让。不过，如果郑金同在冬成之日无法还本付息，这一房产的所有权和使用权将归郑金余所有。

从上述两次交易过程看，房屋作为一种不动产，与土地、山林等财产同样具有流动性，可以通过买卖、典当等形式交易和转让。毋庸讳言，随着大厝内住宅产权的不断流转，其社会内涵也会不断改变。当然，在三对厝之类的大厝中，其产权转让可能被限定于本房支的家族成员之间，因而仍然可以维持聚族而居的聚落形态。

2. 兴隆堡的修建与族群联盟

明清之际，盖洋地区为了应对持续不断的社会动乱，建造了各种防御性的寨堡。清代中期，社会秩序趋于稳定，原来的寨堡大多废弃了，建造大厝成为乡土建筑的主导形式，这就是郑氏家族建造三对厝的历史背景。然而，到了晚清时期，永泰山区再次面临大规模的社会动乱，当地民众纷纷重建和修复各种用于避难的寨堡，从而形成了大厝与寨堡相结合的特殊聚落形态。

据实地调查，在三对厝附近的盖洋地区现存有不少寨堡遗址，如洋墘寨、中谷寨、铁板寨、浦头寨等。这些寨堡大多建于村落附近的险要高地，主要用于战乱时的临时避难，而不是日常居住。在三对厝郑氏文书和附近碓头村的黄氏文书中，保留了一批有关盖洋兴隆堡的契约文书，有助于了解此类寨堡的修建过程及其社会意义。

① 盖洋村三对厝郑步清文书：包24-包中包3-癸01105AB。

兴隆堡位于村头山，距离三对厝约2.5千米。其地势居高临下，易守难攻，但当地并无水源，寨中之人必须出寨到附近的溪流取水。据民间传说，兴隆堡曾被土匪围堵数月，只能收集雨水维持生存。① 咸丰七(1857)年，由于匪乱猖獗，三对厝的郑英中等人开始筹建寨堡，于当年五月与碓头村黄氏族人签订了如下契约：

立合约字郑英中，手置有民田荒田坪土地，坐落村头地方，土名寨头墘白面，有吉地造作。今见右边砂尾黄家有旧寨基壹座，两家进前相议。黄家向后建堡或筑栋脊，郑家不得霸占阻止之理；郑家或造坟或起盖造堡，黄家亦不得霸占阻止之理。两家各业各处，听凭自行造作，各无异言。今欲有凭，立合约字两纸，各执壹纸，天长地久永远付执为照。〈骑缝：〉黄家郑家立合约，各执为照。

咸丰七年五月　日。立合约字：郑英中。执笔：兄魁中。〈押〉②

郑英中是郑汝器的第五子，郑魁中是郑汝祥的长子。据契约记载，郑英中曾经购置了村头的土地，其隔壁就是碓头黄家寨堡的旧寨基。咸丰七年五月，郑英中想要利用白面墘之地起盖造堡，为了避免产权纠纷，事先与黄家签订了合约，商定两家各自在此修建寨堡，互不干涉。七个月后，由于黄家尚未重建旧堡，郑家又向黄家租借了旧堡地基，作为建造新堡的备料场所。咸丰七年十二月的契约记载：

立承字郑武中同弟英中、侄孙能礼，今在白面墘建造新堡，就在村头黄文藻、黄文连、黄文量、黄兴忠众处，承出旧堡地壹所及堡前埕仔，坐落村头地方，土名重兴寨，承来搭厂各匠住居，堆积木石等料。递年约纳地租钱理铜钱玖佰文正。其钱议约递年腊月晦日交清，不敢少欠。如是少欠，即付安主召回，承主不敢霸占。或匪徒扰乱，即听黄家召回，安主亦不得异言生端斥逐等情。准听承主不用之日方敢召回，亦不得起租之理。两家允愿，各无反悔。恐口无凭，夹立安承两纸，各执一纸为照。

---

① 受访人：郑学端，采访人：顾浩，场景：盖洋村三对厝，2018-11-12。

② 盖洋乡碓头村黄财法文书：箱-包24-包中包1-壬00069。

其旧堡地付还之日，木瓦厂料付还郑家折回，不得阻留，再照。

〈骑缝：〉夹立安承两纸，各执一纸为照。

咸丰七年十二月　日。立承字：郑武中。同承：弟英中、侄孙能礼。执笔：兄魁中。〈押〉①

郑武中、郑能礼都是汝祥房内子孙，这意味着汝祥房同样参与了兴隆堡的修建过程。因此，咸丰年间郑家建造的兴隆堡，实际上是汝器房与汝祥房合作的结果，不过两房的权益是不均等的。同月的契约记载：

立公据字武中、英中、能礼，于五月间买有堡地一派，坐址本乡村头地方，土名白面垅等处，今见山川巩固，同建堡屋以卫身家。三人会议，此堡全成四股均分，内武中应二分，英中应一分，能礼应一分，各宜同心协力，砌造完竣。所用钱谷等物，宜四股均出，内武中应二分，英中一分，能礼一分，不得推诿负累，亦不得中途退缩等情；如有此情，愿将此钱充众，不得异言。更有堡外所剩余地暨所买田山业产等项，亦作四股均分，内武中应二分，英中应一分，能礼应一分，不得混争。今特凭公立据，拈阄为定，依阄各管。其后楼中堂、后堂、下堂门楼以及天井、大门、小门、楼衕门、路外埕公地，通行出入，亦不得别生枝节。此堡地系是公买之业，惟契内英、武中出名，向后不得以出名为言，致生异议。所买契据四股收存，立约为凭，要用之时，捡出公用，不得私匿。再约：倘遇扰攘之时，有人投进，理宜公议，不得私情擅收。恐口无凭，立公据三纸，各执为照。

咸丰七年十二月　日。立公据：武中、英中、能礼。公见：章钻、章莲、贤暄……〈押〉②

从这份契约可以看出，兴隆堡的地基虽然是“公买之业”，但由于郑武中等人各自承担的建堡费用不同，因而对相关产业也各自拥有不同的股份。换言之，这种合资建造的寨堡，并非三对厝族人的公共产业，

① 盖洋乡碓头村黄财法文书：箱-包11-癸00010。

② 盖洋村三对厝郑步顺文书：书26-房屋纠纷案-IMG3931。

而是参与建堡者的合股产业。当然，到了战乱之际，没有参加建堡的族人也可以进堡避难，但必须经过参与建堡者的共同商议决定。

兴隆堡的建造过程历时六年，直到同治元（1862）年才基本完成。此后，汝器房的郑英中试图在堡中建屋居住，又与其他族人签订合约：

立约字弟英中，于同治元年五月间在村头地方建有堡屋。兄诸中在日，将公抽杉木及砖瓦允付弟凑成建堡。今恐后患，兄弟侄相议，后日再建堡屋，公众更有杉木，坐落本乡地方，土名倒流里等处，又后盖垄及墩仔并灰墓墩，计共肆所，不论大小统付弟砍伐，及砖瓦亦统付弟凑成堡用完竣。其杉木砖瓦，兄弟侄等不得擅行私砍私卖，亦不得生端异言等情。向后倘有扰攘之日，汝器公子孙等入堡避患，各人自带军器粮食，不敢负累弟之事。太平之时，各人出堡住居，不得推诿侵占，别生枝节之理。恐口无凭，立约字壹纸，付执天长地久为照。

同治贰年陆月　日。立约字：弟英中。在见：兄魁中。代字：侄金宇。〈押〉[1]

郑诸中是汝器长子、三对厝“中”字辈老大，因而对家族事务有较大的话语权。[2] 这份契约显示，在兴隆堡建成之后，汝器房并未参与修建“堡屋”，但同意从族产中抽出杉木、砖瓦等作为资助。以此为条件，汝器房族人可以在战乱时入堡避难，而在太平之时则必须出堡居住。值得注意的是，在上述四份契约中，三对厝中的汝训房族人只是作为中见人出现，如郑金宇即为汝训房的长孙。这说明，在建造兴隆堡的过程中，汝训房族人是被排除在外的。

大致说来，在三对厝郑氏族人的聚落形态中，大厝是和平年代的居住形式，而寨堡是动荡时期的避难场所，二者唇齿相依，缺一不可。从现存契约文书看，大厝是家族式建筑，而寨堡是合股式建筑，二者的社会内涵是完全不同的。在盖洋山区的家族社区中，为什么会形成两种不同的建筑形式？这是值得深入探讨的问题。

---

① 盖洋村三对厝郑步清文书：包24-包中包2-癸01102。

② 父子四财主//盖洋村三对厝郑步清文书：4册。

董思思

锦安黄氏家族与“父子三庄寨”

（绍安庄，张剑作）

引言

驾车从永泰县城沿大樟溪西行，至富泉乡取道 181 县道向戴云山区深处迤逦驶去，约一个小时后经过锦安村，在不远的岔路口离开大路，沿着乡村公路一路下坡，山下是一片面积不大的盆地，锦安村下辖的长万自然村就位于此处。在盆地的边缘，一条小溪顺着山势，自北向南穿山而下。在小溪两岸的山坡上，分别有两座庄寨沿溪相对而建。直线距离约 2.5 千米以外，在小溪下游的另一处盆地中，又有一座庄寨临溪而建。这三座庄寨的主人，就是本文的主角——锦安黄氏家族。

咸丰十(1860)年，锦安黄氏家族第十五代黄孟钢修建的穀贻堂在长万落成，筑在半山，属土木结构，占地面积 1727 平方米，建筑面积 2650 平方米，正座七开间，两边双过水，双间护厝，下有书院。[①]（图 22）光绪二十一(1895)年，孟钢长子黄学书在隔壁周坑村起造绍安庄，又称周坑寨，依坡而建，平面呈长方形，占地面积 3708 平方米，建筑面积 2790 平方米，总面阔 44.1 米，总进深 40.9 米，大小房间 186

图 22　穀贻堂（叶俊忠摄）

① 张培奋．家乡的庄寨[M]．福州：福建少年儿童出版社，2017：41。

间。[①]（图 23）此后，三子黄学猷于光绪三十一(1905)年在毅贻堂对面起造积善堂，又称长万新厝，平面呈八角形，总面阔 44.5 米，总进深 41.6 米，占地面积 1610 平方米，建筑面积 3117 平方米。[②]（图 24）当地人将以上三座相继建起的庄寨合称为“父子三庄寨”。[③]

图 23　绍安庄（赖泽樟摄）

图 24　积善堂（叶俊忠摄）

① 张培奋. 家乡的庄寨[M]. 福州:福建少年儿童出版社,2017:44。

② 张培奋. 家乡的庄寨[M]. 福州:福建少年儿童出版社,2017:49。

③ 黄孟钢次子黄学烈亦在周坑起造一座名为“绍宁庄”的庄寨，今已不存。

与永泰的大多数庄寨一样，黄氏家族庄寨群长期隐于深山，罕为世人所知。2015 年以来，随着永泰县庄寨保护开发工作的进行，黄氏家族及其庄寨逐渐引起人们的关注。2019 年 10 月，绍安庄与积善堂入选第八批全国重点文物保护单位。这是对黄氏家族庄寨建筑群之历史与文化价值的充分肯定。

厦门大学民间历史文献研究中心较早就进入这一地区开展民间历史文献采集工作。2016 年 4 月，在张明珍先生的协助下，我们在积善堂发现了保存至今的大量黄氏家族文献，次月重返此地对文献进行拍照，次年 8 月对文献进行了系统扫描（图 25）。据初步统计，积善堂现存的民间历史文献约有 194 件，时间上迄乾隆三十四(1769)年，下至 20 世纪末，类型涵盖了账簿、契约、阄书、收据以及杂字、格套类书籍等形式，内容主要涉及黄孟钢及其三子黄学猷（礼房）一派的经济活动、社会关系与日常生活。

图 25　在积善堂扫描文献

图 26　积善堂所藏部分账簿

与在其他村落发现的文献相比，这批文书的数量虽然不多，但具有永泰民间历史文献的基本特点。由于这批文书由黄学猷之后裔统一保存，因而保留了相对完整的文献体系，便于对文献背后的经济关系与社会关系做进一步的研究。此外，和其他村落保存的文献以契约为主的情况不同，在积善堂文献当中，账簿所占的比例甚高（图 26）。这些账簿是黄孟钢及其子孙前后三四代人从事土地和山林经营所留下的记录，根据经营类别可分为以记录土地交易和经营为主的《便览》、以记录商业活动为主的《银钱油谷发借总目》、记录日常流水账的《川流不息》与记录雇工活动的工账等。账簿这一文类侧重商业活动，使研究者能够更为直接和全面地了解锦安黄氏家族在这一地区进行山区开发和商业经营的历史过程；此外，由于总清账的编排以人为纲，并按时间顺序记录每一笔交易，使得研究者有可能进一步探讨传统社会中人情往来与商业活动之间的关系。

此后，我们在附近其他村落亦陆续发现若干规模较小的文献留存，主要包括：锦安村所藏《锦安黄氏族谱》，较为详细地记录了锦安黄氏的家族历史；村民黄江明先生保留了锦安黄氏家族另一支派的若干契约；绍安庄的黄义柱先生所藏由其父黄祖尧整理的《长生全家谱》，较为详细地记载了绍安庄一派（仁房）的家族历史，可补族谱之未载。

通过对上述文献的整理和释读，我们可以初步了解锦安黄氏家族在这一地区如何繁衍生息、发展壮大，为何能够在深山之中起造如此大规模的复杂建筑，以期为探讨明清以来永泰地方社会的发展与变迁及庄寨建造等议题提供典型案例。

山林产权的由来

“父子三庄寨”所在的区域，位于东洋、霞拔两乡的交界地带，明清时均属和平乡保德里三十都；地处戴云山脉深处，平均海拔近 700 米，山势连绵不断，仅在山谷中有零散的小块盆地，聚落和田地主要集中于此。聚落周围的山林，能够生产大量的木材、茶叶、茶油、李果等经济作物。

虽然此地离永泰城关较远，且交通不便，但可以依托嵩口镇，并经由大樟溪，与更广阔的市场发生关系。自霞拔发源的月洲溪，从东北向西南流经当地，最终在距嵩口镇不远的溪口村汇入大樟溪，因而霞拔与外界的交流并不困难。例如，当地山场生产的木材，便是先运至周坑，再通过放排的方式运至下游进行交易。明清以来，当地人经常参与嵩口的集市贸易，从事商业活动。

与永泰的不少乡镇类似，霞拔地区属于典型的山区社会。福建山区的开发，基本上是明代以来屯军、移民和当地居民共同努力的结果。据县志记载，洪武“二十九年，以未科荒地分与福州、延平二卫军之老弱者屯种。至永乐元年，瓯窭半为荒坂……二年复分二卫军屯种”①。从县志记载的屯田地点来看，屯军占据的可能主要为山间的盆地和谷地，而山林的开发则还要迟至明代隆庆、万历年间。据梁肇庭先生研究，16世纪中期以降，居住在闽浙赣山区的客家人从汀江流域向东北方向迁徙，进入福建沿海平原周边的丘陵地带，从事靛蓝、蔗糖和木材的开发②，并在此基础上带动了商业和手工业的发展。永泰周边的闽中山区，正是客家人较早进入的地区之一。明清时期的山区开发，推动了商品经济的发展。傅衣凌先生指出：“山区生产的……这些产品都不是农民本身所能消费得了的，必须投向市场去出卖，以进行交换，于是就在这个地方，商品生产规律起了作用，引起农业资本主义生产关系的萌芽。”③

通过对锦安黄氏家族史的考察，我们对以上的历史背景会有更为具体的理解。《锦安黄氏族谱》记载：

> 黄氏山场，至五代祖西房朝珣、朝典始纳山税，界址既明，历掌无异，串票确凿，东房及异姓人不得混占。
>
> 霞川关内山场，里至洋头槐林口为界，前至水尾漈头山为界，左至小岭隔为界，右至洋头岭隔门为界。此四至内山场并树木等项，原系始祖肇基公始迁霞川地方住居，其山场系是东、西两房公山公业，素来公用，历掌无异。霞川以外山场，系是西房朝典、珣于明末清初承当甲长，办理公务，将霞川关外四面山场西房统行经承掌管，输纳山税，与东房无涉。嗣后西房与十甲里长轮纳山税，逢甲年应纳山税银一两二钱正，西房理纳，与东房无干。山场列载于后。④

由以上材料可知，锦安黄氏始迁祖为肇基公。不过，据族谱“坟

① 万历永福县志：卷1[Z]. 福州：海峡书局，2012：37。

② [澳]梁肇庭. 中国历史上的移民与族群性：客家人、棚民及其邻居[M]. 冷剑波，周云水，译. 北京：社会科学文献出版社，2013：27—28。

③ 略论我国农业资本主义萌芽的发展规律[M]//傅衣凌. 明清社会经济史论文集. 北京：商务印书馆，2010：190。

④ 此处载朝典、朝珣为五代祖，而“坟茔志”载此二人为八代祖，记录有所出入，或为宗族整合在族谱中留下的痕迹。

茔志”记载，肇基公葬在尤溪，至其子仓山公才安葬于锦安。因此，当地亦有将仓山公作为始迁祖的说法，其迁时约在万历年间。据万历《永福县志》记载，万历十八(1590)年永泰匪乱频发，“贼平”后知县陈思谟“令里宰举山谷中种菁客民籍记之，使相觉察”①，有不少外来家族可能借此机会取得了里甲户籍，这在永泰地方社会发展史上是一个相当重要的时间节点。从永泰现存的一些族谱来看，其祖先谱系较为确切的时间记载，往往都是追溯到万历年间。由此看来，锦安黄氏家族很有可能通过万历年间的户籍登记，在永泰获得了合法身份；而当初“肇基公”由尤溪迁来此地，应为山林开发而来，其活动范围即为霞川关内山场。

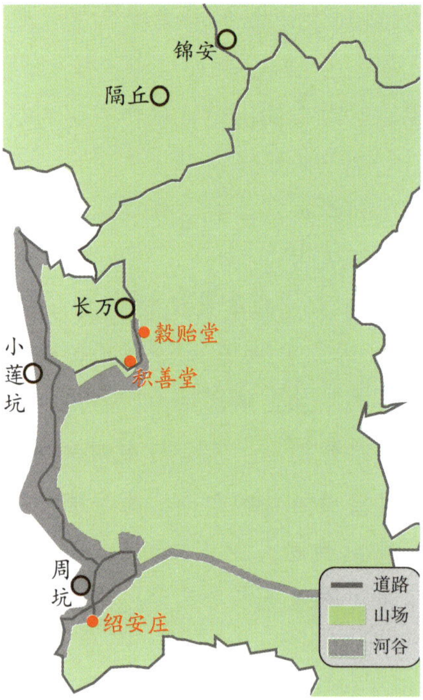

图 27 “父子三庄寨”与“霞川关外四面山场”示意图（李进辉制）

黄氏家族入籍永泰后，分为东房与西房两支。由于现存资料有限，我们对这次分家的情况所知甚少。在此后的发展中，西房取得了较为明显的优势。到第六代时，西房又分为日房与月房两支。至第八代时，这两房的子孙朝典与朝珦先后“承当甲长，办理公务”。作为对其承担里甲赋役的补偿，西房又获得了“霞川关外四面山场”的所有权，这些山场分别坐落于翰阳锦霞、长万、小莲坑、蕉坑（即周坑）、隔丘头、廿九都湖里等地方，正是今日锦安村周围的若干山头（图 27）。可见，锦安黄氏家族对当地土地的开发与经营由来已久。

在永泰发现的其他民间文献，亦有与锦安黄氏家族类似的关于山场所有权来历之记载。可见山场产权分配在当地并非个案，而是较为普遍的制度安排。郑振满指出：此种产权制度意味着家族对山场的支配权来

① 万历永福县志：卷 2[Z]. 福州：海峡书局，2012：59。

自当地的里甲组织；这种依据里甲户籍和赋役负担形成的山地产权是一种共有产权，对当地乡族组织的发展具有深远影响。[1]

黄氏家族在明清之际担任甲长，意味着他们在当地已经颇有势力。值得一提的是，这种优势地位的获得，不仅是基于经营山林等经济活动，亦可能通过其他手段。据族谱记载，朝珣曾经“往赣州，得地理真传”；而縠贻堂的建造者黄孟钢，据说亦精通堪舆。在永泰还流传着不少风水变动导致家族兴衰的故事，这或许意味着风水业者在永泰地方社会中的重要性。

清代的黄氏族人曾经积极参与科举考试。从族谱记载来看，黄氏家族在成为甲长之后，几乎每一代子孙中均有从事举业者，其中亦不乏有功名者。仅“父子三庄寨”所在的一派（图 28），第十二代宜贤“十八入太学”；十三代崇祥为“乡饮耆宾”、崇馥“业儒”、崇修为武庠生；十四代孔海“业儒”，曾获县试第七名、府试第九名，又曾担任佾生；十五代孟钢为太学生；十六代学书、学烈均为武庠生，学猷为太学生。当然，其中有相当一部分功名可能为捐纳所得，但同样体现了黄氏家族谋求社会转型的努力。

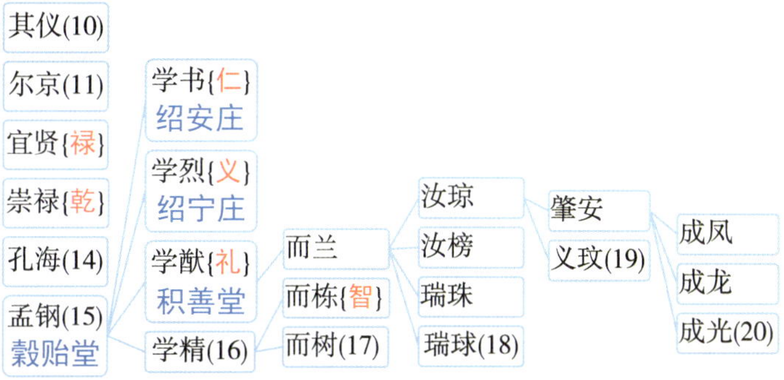

图 28　锦安黄氏尔京派部分世系图

山林经济的经营模式

锦安黄氏家族的基本生计模式以山林的开发和经营为主。通过生产

---

① 郑振满．明清时期的林业经济与山区社会——福建永泰契约文书研究[J]．学术月刊，2020(2)：148—158。

和销售经济作物，进行资本积累，继而购置田产，起造房屋，建立家族组织。用当事人的话来说，其生存策略就是“寸积尺累，幸获羡余之裕，多增山林田地，多盖屋宇土堡”。

由于黄氏家族在明末清初控制了锦安周围的山场，他们主要利用这些山场之间的山谷和盆地，尽可能“多增山林田地”。目前积善堂所藏年代最早的契约文书，记录了黄氏家族在当地购买土地的过程。例如：

立卖契人陈惟灿，承祖父手置有阄分民田数号：坐落永福三十都蕉坑地方，土名墙围里并将军厝及岭尾，共载租玖石正；又一号坐落三十都东洋后山地方，土名溪坂仔，载租叁石正。通共载租壹拾贰硕正，每硕计重六十斤算，随带秋粮正耗米二斗四升正，纳在廿八都陈以谟户下。今因无银纳粮，自愿托中将此民田送卖与黄其章处为业。三面言议，即日得讫价银壹拾肆两肆钱正，银水九五色广顶，其银即日交讫，其田即付银主前去会佃收租，管业办粮。其田系是阄分己业，与兄弟侄叔伯无干，亦未曾重张典挂他人。倘有来历不明，系灿出头支当，不涉黄家之事。其原价已是苗米，即听黄家收割入户，向后再不敢尽赎生端之说。其原契失落，向后取出不堪行用。此系两家情愿，各无反悔。今欲有凭，立卖契一纸为照。

计开田段：一号坐落三十都蕉坑地方，土名墙围里，载租肆硕正；一号坐落三十都蕉坑地方，土名将军厝并岭尾，共载伍硕正；一号坐落三十都东洋后山地方，土名溪坂仔，载租三硕正。

康熙四十八年八月　日。立卖契人：陈惟灿。中人：黄尔岳。在见：陈君允。中见：黄其式。〈押〉

以上契约中的三处民田原为陈惟灿所有，后来陈“无银纳粮”，故而转卖给黄其章。交易本身并不复杂，但有几处细节值得注意：一是卖主并不住在锦安附近，而是居于廿八都（今梧桐镇一带）；二是有“原契失落”之语，因此这些田当系之前由陈家从他处购入。可见陈氏家族曾在此地从事土地经营，后来显然是被新兴的黄氏家族所排挤。买主黄其章，系锦安黄氏月房第十代。根据族谱记载，黄其章拥有太学生的身份，由翰阳迁往蕉坑住居，并起造了一座土堡。他的迁居和造堡可能与此次土地交易不无关系。因此，这一契约提供的信息，反映了锦安黄氏家族势力在霞拔地区的扩张过程。

锦安黄氏家族日房第十一代黄尔京，系穀贻堂建造者黄孟钢的直系祖先。通过对他的财产构成的具体分析，我们可以大致了解清代前期黄氏家族的生计模式。据族谱记载，黄尔京与其兄尔盛，曾经一同在锦霞坊建造“龙高堡”。这座土堡有上下座和四围楼垣，尔京占有其中的四分之三。乾隆三十四(1769)年，黄尔京为其三子分家，按照惯例，除一部分用于个人养老以外，其余财产由三子平均分配。积善堂藏有此次分家的阄书，系由二子禄房宜贤所留。由于这一阄书“三本一式”，因此其内容应记录了黄尔京全部的财产情况。

从现存阄书看，黄尔京的财产大致可分为田地、山林、房屋三部分。其中山林有5处，分别是南墘中沟的一处杉模林并竹林、本堡小门口的一处楂林、散落于祖厝对面等处的一处山林、桶垮的一处杉模林并苦竹林、本堡大门口的一处楂林。这里的“模”为闽方言中对树的称呼，“楂”指的是用于榨油的山茶。在上述树种中，杉木可用于建筑，竹木可以造纸，竹笋可以食用，而茶油和茶叶为当地重要的出口商品。这些植物是当时永泰山区的主要林产品，也是黄尔京可以支配的主要财产。

与山林相比，黄尔京拥有的田地并不算多。阄书中共提到了11处田产，年收入租谷共计4242斤，交纳钱粮之后约有30担地租收入。考虑到黄尔京有三个儿子，在分家之前需要供养10人以上，那么这些粮食大约仅够食用，并不足以作为商品。因此，黄尔京修建龙高堡的经济来源显然是经营山林，或者说山林是这一家庭的主要收入来源。

19世纪之前，黄尔京的后代已有余力参加科举，可见当时这一支派的发展较为顺利。在第十二代宜贤和第十四代孔海所立的阄书中，所记载的财产较尔京时期已大有增长。这或许与同时期福建山林经济的快速发展有较大关系。据戴一峰的研究[①]，在19世纪40年代，福建的林木业非常繁盛，每年经福州外销的茶油有30多万斤，竹笋约140万斤。咸丰、同治年间，福建山林经济因太平军战乱而短暂衰落，至光绪之后

---

① 戴一峰．区域性经济发展与社会变迁：以近代福建地区为中心［M］．长沙：岳麓书社，2004：224—258。

再度繁荣，并在 20 世纪 20 年代达到顶峰。

19 世纪后半叶，黄孟钢及其子相继建造数座庄寨，当时其族人已经积累了相当可观的财富。据黄孟钢曾孙回忆，此时黄氏族人主要从事茶油的生产和销售。黄孟钢在周坑与长万开设油坊，利用从上和村流出的锦安溪水力，带动油坊水车榨油。当地因此而流传一句俗话："上和出水流，到此变成油。"黄孟钢不仅自家有好几处油茶林，而且还要从周边村落的油茶户收购茶籽。每年农历十月至来年三四月，油坊事务最为繁忙，茶籽烘焙工作从每日天光破晓时开始。① 茶油生意带来的巨额利润，不仅让黄孟钢与其子能够接二连三地起造庄寨，而且还足以购买大量的田产。从《便览》中所记载的土地购买和经营情况来看，从咸丰年间开始，黄孟钢及其子孙相当频繁地购买土地，并向佃农出租，每年所获租额不在少数。据说，当时霞拔、东洋及同安等地都有黄家名下的田地，每年收上的租谷有 3000 多担。② 从数量上看，土地经营在这一时期成为黄孟钢重要的生计来源。

从记载黄孟钢及其诸子商业活动的《银钱油谷发借总目》（下称《发借总目》）中，我们可以大致了解这一时期黄孟钢家族的商业经营方式。《发借总目》现存 8 册，封面有"钢兴黄记"字样，分别立于光绪八年、十二年、十三年、十五年、十六年、十八年、廿三年和廿六年，应是黄孟钢家族开设的商号的年度总清账。③ 从内容来看，黄孟钢家族的商业活动颇为多样化，例如：

> 道辉：十一年八月十九日，道春名下支茶油二斤十三，九六〔银〕二百七十。
>
> 明威：光绪九年九月十九日，支桐油六斤十二，申钱七百二十。
>
> 章建科姻伯：八年六月，赊去牛仔二只，立回文约一纸，包十一月廿五日，本利钱七千。

---

① 张舒羽，叶香玉．蛰伏的绍安庄[J]．海峡旅游，2017(3)：88—95。

② 张舒羽，叶香玉．蛰伏的绍安庄[J]．海峡旅游，2017(3)：88—95。

③ 另有光绪十六年《□众总目》一件，落款为"虎丘黄……"，内容与《银钱油谷发借总目》相似。

王大彩兄：光绪八年……八月初一日，支茶油一十五斤，一千六百八十。

范光湘内侄：六月十二日，赊去谷壹佰斤，一千六百；七月十六日，赊去谷壹佰斤……

除了“支茶油”“支桐油”“赊牛仔”“赊楂油”“赊谷”外，还有“赊土烟”“支谷”“支肉”等交易，类别甚多。这里的“赊”和“支”当为不同的交易形式，“赊”为记账交易，“支”是现款结清。可见，黄孟钢除了作为主业的茶油贸易之外，还涉足多种产品的多类交易。不仅如此，黄孟钢还将资本直接投入金融借贷，如：

明重宗弟：光绪八年六月十四日，借去七二洋番五元，申钱五千四百，立捽字一纸，期十二月廿日，本利六千三百七十二，附缴尾漈契据。

章玉庆姻表：六月初八日，借去钱五百五十文，息一百一十五。

孟汉叔：光绪九年冬起，陆续借、捽无算利，十年、十一年、十二年、十三年总结；十四年冬对除入外，面算实少钱三万九千零三十一，九年以上无及在内。

“捽”系当地对有抵押的小额借贷的称呼。可以看到，黄孟钢的借贷业务亦甚为多样，既有抵押借贷，也有直接借贷，还有与亲戚之间的无息贷款。值得一提的是，类似第一条材料中的抵押贷款，债务人往往以土地权属作为抵押物，在实际交易过程中往往导致土地权属的流转，这一点在下文还将进一步分析。

此外，账簿中亦有少量的土地经营收入记录，例如：“乃旋：光绪十年冬，少根谷钱四千四百一十，算；十一年冬正，少五千七百三十三。”当然，此类记录在《发借总目》中数量甚少，主要还是集中在《便览》当中。与《发借总目》的书写形式类似，《便览》同样以人为纲，按照时间顺序记录相关土地交易。由于议题所限，本文不对《便览》以及黄孟钢的土地经营活动做进一步的分析。

在《发借总目》中还有一些较为少见的贸易形式，例如：

仁珍：光绪十六年四月初一日，前安羊一裯，原羊牳四口，本日归来八年牸母五口，合共已下共九口；更羊苗并牯仔共六口，又羊牸仔六口，牯并苗、牯仔、牸仔共十二口：俱系与珍对半均分。

黄孟钢将羊羔若干交由仁珍喂养，并约定种群繁殖后双方平分羊群。这一交易方式与华北一些地方的“批小鸡”习俗类似，由此亦可一窥山区经济的多元化经营方式。

在以上的多种经营方式中，值得进一步讨论的是抵押借贷引起的土地集中问题，如以下两例：

道青：十五年冬，入后□根价钱八万。

何敬琛：十八年冬，来墩后田价钱一亿七万六千。①

在以上两例中，借贷人均以土地作价，偿付了之前的欠款。但从账目中可知，二人作为偿还欠款的土地原来并未作为抵押物。因此似可认为，在当地的借贷交易中，土地不仅可以作为抵押物，在清算债务时亦可直接作价偿还欠款。这一事实如果成立，那么对土地、山林的交易契约或有不同的理解角度。试举几例：

立卖契叔孔珠……今因乏用，托中约此田根山场统送卖与侄孟钢处为业。……

立断字陈尔干……今因乏用，自愿托中将此田直断与黄学猷处永远为业。……

立尽字叔孟就同弟孟彬……今因乏用，将此根面全向在侄学猷处尽出钱壹拾仟正……

以上几例现存契约，反映了这一时期黄孟钢家族的土地交易。结合《发借总目》中的记载，或可对“今因乏用”之类一般认为是套话的文本有较为切实的理解：所谓乏用，恐怕正是由于难以还清借贷，不得已将抵押物尽卖、绝卖或者作价支付。进一步讲，对于土地及其交易过程的研究，除了在传统农业经济范畴中进行考察，或许还可以将土地交易视为山林经营的一部分，充分考虑土地交易中的商品化特性。

庄寨营造与宗亲关系

清代后期，地处深山之中的黄孟钢父子，连续兴建了穀贻堂、绍安

① 此处亿当作十万解。

庄、绍宁庄和积善堂等规模宏大的庄寨建筑。庄寨的建设、分配与使用，不仅与家族的生计模式紧密相关，亦涉及家族组织的形成与发展，这是两种密切相关的历史现象。

郑振满指出，自明代以来，在山区开发中产生的土客矛盾，导致了持续不断的社会动乱，使得各地陆续形成了各种堡、寨、庄之类的聚居形态，推进了家族与村社组织的发展。[①] 对于以经营山林起家的黄氏家族而言，土堡的修建最初可能是为了保护人身和财产安全。黄尔京四代祖黄启瑞（讳朝祥，朝典弟）“由村里厝移居翰阳堡”，此堡应是明清之际黄氏族人的避乱所。黄尔京阄书中所提的“祖厝”，当为其父黄其仪在康熙五十五(1716)年所建之锦霞厝，“本堡”则当为黄尔京所建之龙高堡。无论“祖厝”还是“本堡”，均与其经营的山林相邻。显然，这些土堡不仅用于居住，更重要的作用在于保护人身和财产。此类土堡在明清之际的永泰颇为常见。例如，梧桐陈氏家族在入清之后，“筑立土堡于坂中之野，以卫身家，以便力农”[②]。前文所述黄其章在蕉坑营建土堡的举动，想必也是出于同样的目的。

庄寨建筑作为大型单体建筑，内部空间结构多而复杂。对这些空间的分配，体现了商业逻辑与宗族关系的双重作用。蔡宣皓分析了阄书中住宅空间的分配，认为其基本遵循了穿插渗透、诸子均分、权益均等三大原则，其目的是要保证各房的和平合作与大家庭聚居的稳定。他还认为，随着清中晚期闽东山区商品经济的发展，房产的分配不再严格按照宗族秩序进行。[③] 他的讨论主要聚焦于初次分家过程中房屋的分配，但在具体的分家实践中，一些不便分割以及赡养父母用的财产往往转为公共财产，而不会一次性分配完毕；而且，房产在分配之后，其所有权和使用权仍然可能会因为买卖典当而流转。因此，宗族秩序和商品经济如何在庄寨中发挥作用，还有进一步讨论的空间。此外，宗族的聚居是否

---

① 郑振满. 明清时期的林业经济与山区社会——福建永泰契约文书研究[J]. 学术月刊,2020(2):148—158。

② 梧桐陈氏族谱:世系. 民国抄本:无页码。转引自:郑振满. 明清时期的林业经济与山区社会——福建永泰契约文书研究[J]. 学术月刊,2020(2):154。

③ 蔡宣皓. 历史人类学视野下的清中晚期闽东大厝平面形制——以永泰县爱荆庄与仁和宅为例[D]. 上海:同济大学,2018。

仅仅局限于庄寨建筑内部亦值得怀疑。

庄寨建筑体量较大，其修建过程往往旷日持久，因此在分家时不免涉及对未完工建筑的分配问题。早在黄尔京三子分家的阄书中，对可能发生的此种情况，已经有如下约定：

> 一议，福房所分祖厝右边第二座地基，俟起盖之日，福禄寿三房各捐出银三两三钱三分，付福房自去起盖应用。倘有推诿，未捐出银，将公众租土名下溪坂上分载租一百五十斤付福房管业收租办粮，如有银捐出，其租仍旧三房公众。

在乾隆三十四年的分家中，福房分得祖厝右边的一处地基。阄书中约定，日后若福房需要在此处起盖庄寨，三房需均摊费用，否则福房有权获得一块族田的田产。看起来，这似乎是一条明显对福房有利的约定。究其原因有二：一是由于禄房与寿房分得了祖厝已经盖好的房屋，因此需要向未获得现成房屋的福房提供补偿；二是禄寿两房对作为长子的福房的义务性支持。二者的出发点都是遵循“诸子均分”的原则，以期确保宗族成员之间的凝聚力。

在黄学书四兄弟之间，同样存在类似的现象。黄孟钢去世后，四兄弟分为仁义礼智四房（四弟黄学精早逝，智房由其二子共同继承），各自分得了榖贻堂的一部分。光绪二十一(1895)年，长兄黄学书开始起盖绍安庄，因费用不敷，向三弟黄学猷求助。双方进行了如下的交易：

> 立典契兄学书，承父手盖厝屋上下座，东西横厝及东西外横厝，址长万地方，厝名榖贻堂，坐甲向庚。分己阄下有四分之一，系东边前角内。抽出阄下东书院第一榈一直楼上楼下，又东书院第三榈近横厝边一椪，又东边下座过水近书院边一榈楼上楼下，又东横厝第三榈一直楼上楼下，又东横厝第四榈一直楼上楼下，又正座东前过水近横厝边一榈楼上楼下，又东下座横厝近正厝边楼上一椪，又东下座横厝近外横厝边楼下一椪，又东外横厝第三直一榈楼上楼下，又东外横厝第四直一榈楼上楼下，又阄下洋沟厕所一半。今因起盖费用，将此所抽阄下厝椪、洋沟、厕所送典与弟学猷处为业。三面言议，典出价银壹佰陆拾两正，每两折钱捌佰文扣。其银即日交讫，其厝椪、洋沟、厕所即付弟住居掌管。面约三十年

为限，满之日听兄备银照契面银两月期取赎，如未赎仍旧住居掌管。此厝樫系兄阄下物业，并无来历不明等情；如有此情，系兄出头支当，不涉弟事。今欲有凭，立典契一纸付执为照。

内鉴镘玖门，标照。

光绪廿一年十一月 日。立典契：兄学书。代字中：余师□。〈押〉

黄学书以自己在穀贻堂中的房屋所有权为抵押，从黄学猷处获得了160两白银，用于起造绍安庄。此次交易似乎是一桩合乎商业逻辑的买卖，但对于兄弟二人而言，其中的亲情关系可能是更为重要的理由。和今日的房地产业不同，彼时的房屋几乎不具备金融属性。黄学书在绍安庄建成之后，事实上并不需要再居住于穀贻堂，因此他以典当此处房产为代价，获得了另建一座大厝的巨款。因此，在商业交易的表象之下，其实质仍然是家族内部成员之间的协作与互助。

需要指出的是，对家族秩序的坚持和维护，并不一定意味着商业逻辑的缺位。事实上，对于黄学猷乃至黄孟钢的子孙来说，在周坑住居可能是一个非常有必要的举动。前面已经提及，黄孟钢在周坑开设有一座油坊，在积善堂文献中还有关于这一名为“三和兴”油坊的伙友往来账簿。在弟兄四人分家时，“抽得本都蕉坑地方，土名洋尾，油坊全座及杭内各等项家私器具”为公共财产，由整个家族共同经营。此外，黄孟钢在周坑还拥有山林、田产等其他财产，这或许也是学书、学烈两兄弟先后迁往周坑的关键原因。从黄孟钢后人的回忆中，我们已经知道，黄学书之子孙在油坊的经营上的确花费了颇多心力。因此，宗族秩序和商品经济之间，恐怕并非互斥关系。正如前文已经提及的，从山林开发的生计模式中产生了商品经济关系，为了维护这种经济关系又形成了宗族和社会组织。这一自治的历史过程产生于山区社会，具有明显的地域特征。

这一历史过程的影响是如此强烈，以至于直到今天，黄孟钢的后人仍然援引相同的做法来处理家族成员之间的经济问题。光绪三十一(1905)年，黄学猷起造积善堂之初，向四弟的两个儿子借用建材，至1992年才设法抵还债务，并立契如下：

立卖房契，事因学猷公于光绪三十一年起盖时，物料短缺，曾向侄而栋、而恪借出瓦片三万一千七百块，砖捌佰四十八块，杉木贰株，一株长二丈九尺，尾径九寸，又一株长二丈三尺六寸，尾径八寸半。时隔七八十年左右，至今没还清。为了孟钢公子孙和睦起见，兴旺家业，别无他言，于一九九二年十二月七日，通过房长仁诚，同可忠及礼、智两房子孙协调，礼房子孙愿意欢喜，将祖先孟钢公亲手起盖毂贻堂的厝，礼房阄下：左边正座后官房楼上楼下，左边正座后六扇楼上楼下，左边正座后八扇楼上楼下，左边正座后过水楼上楼下（以上各榈上至天，下至地基地）：以上所写楼上楼下计捌榈，抵还智房（砖瓦杉木），此房榈永远属于智房子孙掌管使用或改建，智房子孙改建时，我礼房子孙不得干涉，此房屋确系礼房阄分产业，今特立卖房契一纸，付给智房子孙，永远为照。

公元一九九二年十二月。立卖房契：兄可和、弟肇规、弟义周。代字：叔仁诚。证明：兄可忠。〈押〉

说明：关于礼智两房，解放以前前辈所有来往账目，今经面算了结清楚，各无翻异之理。

附注明：后衢、八扇衢属于智房所有，八扇洋沟归智房使用，永久有权。

黄学猷在侄子的帮助下，获得了大量的建材物料，但因故未能及时清偿。20 世纪 90 年代，双方的后人达成一致，将学猷名下的毂贻堂房产抵还给两个侄子的后人。通过比对两件跨越近百年的契约，我们不难发现，其中的逻辑几乎是一致的，即宗族成员之间的认同和联系必须建立于公正平等的交易关系之上。

“父子三庄寨”为我们认识家族组织的具体形态和内部关系提供了一个独特个案。从绍安庄和积善堂的建造过程中，我们看到宗族成员之间的关系同时受到宗族伦理关系与商业关系的导向和制约；从毂贻堂、绍安庄、绍宁庄和积善堂的坐落看来，黄氏家族的“聚族而居”并未局限在单一的庄寨之内，而是根据山林开发和经营的具体需求，在有财产分布之处起造兼具住居与防御功能的大型建筑，同时在建筑之间亦可能形成了相互呼应、便于联络的网络。与此相应，家族组织的形态亦与这种聚落分布形态相契合，形成了与平原地区较为紧密的聚族而居不同的人文景观。

会社组织的金融业务

锦安黄氏家族在当地山林开发的过程中，不仅强化了家族组织，还依托宗教信仰组成了若干会社。郑振满指出，清代永泰山区的村社组织，通过每年定期的仪式活动，维持乡族成员的身份认同与互动关系[①]。不仅如此，利用会社这一组织形式，还可以从事金融借贷业务，解决商业活动中的现金流问题。积善堂现存的两种会簿，较为详细地记载了黄氏族人所组织之会社的活动，从中不难看出其经济意义。

《祭关圣帝君规簿》记录了当地“毓英社”的活动。同治十二(1873)年五月，黄氏族人黄孟悦等“鸠集共十户”，结成毓英社。根据章程，该会社的主要宗旨为祭祀关圣帝君，“递年定五月十三日，当祭者定备礼物，到振英斋祭关圣帝君”。届时，参与者“各宜整肃衣冠拜跪，毋亵玩焉”。该社参与者轮流作为“福首”，负责准备祭祀所需各项物品。为此，章程还详细列出了祭品的种类，以及所有参与者轮值的顺序。为了保证会社的正常运作，“每户捐钱二百文”，另需“每户捐钱若干，原为创始之资”。毓英社似乎是清末在永泰较为流行的会社组织，在距锦安不远的辅弼（今同安镇），张氏族人于清光绪五(1879)年亦倡建一座毓英宫，内祀临水宫三夫人和文昌、魁星、关公、朱熹等。[②] 此庙至今尚存。从名字和所祀神祇看来，或与锦安的毓英社性质相同。

《文昌帝君会簿》记录了当地一个祭祀文昌帝君的无名会社。该会社成立于宣统三(1911)年，由黄氏族人黄汝拔等11人各捐“光番半元”共同建立。和毓英社的章程相似，此会议定于每年文昌帝君生日二月初三日，在福首处祭祀文昌帝君，并共进午餐。轮值福首负责预备祭祀所需供品和午餐，其规格明细和轮值次序亦详列于会簿中。

---

① 郑振满．明清时期的林业经济与山区社会——福建永泰契约文书研究[J]．学术月刊,2020(2):148—158。

② 连惠忠．难忘是乡愁:永泰县同安镇风物志[M]．福州:海峡文艺出版社,2015:124。

乍看之下，毓英社之类的组织似乎是纯粹的宗教团体，但从《祭关圣帝君规簿》中的记录来看却并非如此。前文已经提及，章程规定每户需捐钱若干，其实这笔钱的主要用途是金融借贷业务。从光绪二年到光绪十六年之间，毓英社一直有放贷记录，其债务人不仅有本地的黄氏族人和外姓人，甚至还有闽清籍人士。由此看来，毓英社实际上担负着乡村金融机构的职责。根据《文昌帝君会簿》的约定，作为放贷资本的钱款“轮福首交收发借”，利息“坐利二分算”。由此亦可理解会社章程中对福首轮值顺序的安排，这直接影响到参与者能在何时支配资本进行借贷交易。

毓英社初创时有十户成员，以锦安黄氏族人为主。其中孟劝、孟悦为亲兄弟，系禄房宜贤次子崇善之孙；孟芹系禄房宜贤长子崇禄之孙；孟达系寿房宜春之后。概言之，他们都是黄尔京派下未出五服的堂兄弟。此外，孟让、学屏之字辈显系黄氏族人，而其余四人或为当地林姓族人。后来孟让和孟达退出，建屏加入其中。值得注意的是，黄孟钢之子孙虽然未参与毓英社的创建，却积极参与了毓英社的经营。《祭关圣帝君规簿》第一条记载：“光绪二年二月廿二日，学猷来钱二千七百七十二文，加新入户孟劝入来钱四百五十文。”学猷的出资金额要远高于作为创始者的孟劝，由此亦可推测学猷的出资金额多于其他所有成员，这或许导致其逐渐主导了毓英社的运作。

光绪十六(1890)年，在黄学猷的主持下，毓英社进行了改组，重新确认了章程和参与者。改组后的成员从字辈来看已经全部为黄氏族人，学书、学烈、学猷以及学精之子而栋均参与其中。此后，这一会社至少直到光绪三十三(1907)年还在运作。在《文昌帝君会簿》中，其成员亦全部为黄氏族人，且黄学猷的两个孙子亦参与其中。这或许意味着会社作为乡族组织，其收族的功能日益增强。这种变化产生的原因及其对金融借贷业务的影响，有待进一步讨论。

除了上述两个会社以外，当地还存在着其他的会社。《祭关圣帝君规簿》记载了大王社、土地社与毓英社之间的借贷关系。在永泰的其他乡村中，同一时期亦有为数不少的会社。可以想象，分散的个人通过会社相互联结，又通过会社之间的业务往来发生关系；在商品经济的助力下，这一超越血缘和地缘的商业网络，可能遍及整个永泰乃至闽江流域。深居戴云山脉深处的锦安黄氏族人，正是凭借着这一网络，不断地走出大山，迈向广阔的天地。

余论

明代晚期，黄氏家族在永泰入籍后，依靠开发山林积累了大量财富；在此基础上，他们拓展出多种经营方式。为了保护人身和财产，黄氏族人营建了一系列大规模的庄寨建筑，并发展出宗族和会社等不同形式的社会组织。这些组织的运作，加强了黄氏族人的认同感，并保证其商业活动的顺利进行。这一历史过程，足以让锦安黄氏族人及其营建的“父子三庄寨”，在永泰庄寨的多元光谱上，留下浓墨重彩、颇具特色的一笔。

在黄氏家族筚路蓝缕的发展过程中，一系列与之相关的各类文献被生产出来。借由对积善堂所藏民间文献与锦安黄氏家族其他文献的整理和释读，我们得以对黄氏家族的发展史有所了解。本文对黄氏家族文献的讨论，仍有进一步深入的空间。本文对《发借总目》的简要讨论，主要是针对交易本身进行的分析，而并未关注交易的当事人。从前引材料中对当事人的称呼不难看到，债务人和债权人之间往往沾亲带故，并非仅有冷冰冰的财务关系。在背后的具体乡村社会中有着更为复杂的人际关系，血亲、姻亲、新朋、旧交等关系极有可能影响到双方借贷的具体实践。若能将《发借总目》中当事人之关系梳理清楚，将当时的人际关系与商业活动对应勾连，将有助于我们对中国传统社会中“道义经济”之内涵有更为具体的理解。

按照同样的逻辑，我们还可以探讨《便览》中的人际关系与土地交易之关系。上文言及《便览》和《发借总目》的区别之一在于交易内容不同。黄氏家族将土地交易和银钱货物交易分别处理，是否意味着土地与其他商品的商品化程度不同？最近，刘永华通过对闽西四堡书板流通范围的分析①，提出了应关注不同类型对象在商品化过程中可能经

① 刘永华.“其板不许资与外人刷印”:晚清闽西四保的书板流通与社会关系[J].明清史评论,2020(2):253—276。

历的不同轨迹，进而讨论社会文化的理念与实践对商品化过程的影响。这一研究取向对于《便览》《发借总目》之比较是很有启发意义的。

在文字资料之外，我们或许还能借助其他学科，将建筑、技术等方面纳入历史研究。本文尝试从空间视角观察父子三庄寨的建造与坐落，讨论庄寨聚落与宗族组织之关系及其与一般认识上的“聚族而居”的区别。实际上，庄寨的选址不仅要考虑宗族成员之间关系，更取决于生态环境和生计模式等超宗族因素。在明清以来的永泰山区社会，很难从农业生产中积累庄寨建设所需的巨额资金，庄寨的修造需要依赖于商业活动产生的利润；反过来看，从事商业活动又需要庄寨这种兼具住居与防御功能的大型建筑的保护。永泰庄寨散布于戴云山间，既受到山区自然环境的限制，又必须对山林资源进行有效的控制；同理，平原村落星罗棋布、密密麻麻形态的形成，与其以粮食种植为主要生计模式亦有密切的关系。①

① 这一观点得益于与同济大学博士生蔡宣皓的私人交谈，谨此致谢。

郑鹏程

洑口地域社会与山寨黄氏家族

（山寨村，叶俊忠摄）

引言

洑口乡位于永泰县西部，与德化县交界。源自德化的大樟溪自西向东流过，源自尤溪的长潭溪和源自德化的后亭溪自北向南流过。洑口地形由山地、河谷和山间小盆地构成，海拔在 200 至 800 米之间，落差不大，从山谷到山顶的步行时间通常在半日之内，往返大多不超过一日。

洑口地区的聚落大致可以分为两类：洑口、双溪、后亭、官林等村落位于河谷地带和山间盆地，耕地较多，交通便利；其中洑口村地处河流交汇处，是乡政府驻地，历来是当地集市中心和交通节点。而山寨、厂坪、后寨、紫山等村落位于山腰或山上，山地较多，山林资源丰富；其住宅建筑较为分散，大多依山势而建，这可能与当地的山林开发与经营密切相关，反映了山区开发的不同阶段和面向。

洑口地处深山，交通相对闭塞，至今仍然保存相对完整的社会文化传统。当地村民对世代相传的历史文献极为珍视，很多村民家中都收藏有形式多样的契约文书、账本、礼仪文献等。2018 年 7 月，笔者首次参与厦门大学民间历史文献研究中心在洑口乡的田野调查，以山寨村黄氏家族为中心收集了大量历史文献资料。以此为契机，笔者又陆续到洑口周边乡村和德化县王春、淳湖等地开展田野调查，深入了解当地历史上的山区开发进程与社会经济形态。本文主要依据相关历史文献与田野调查资料，考察明清以来洑口地域社会与山寨黄氏家族的发展。

我们在山寨村收集的历史文献，主要来自当地的 11 户村民，共有 2000 余件，其内容见表 19。

表 19　山寨村现存历史文献一览表

收藏者	文献类型及数量	创建时间
黄朝建	契约 74 件、坦白书 1 册	1746—共和国时期
黄朝强	契约 773 件、账本 3 册、医书 1 册、日用类书 2 册、仪式文书 4 册	1711—1948
黄国旺	新修族谱 1 册、人情簿 1 册	2002、2008
黄国彩	契约 23 件、自留山证 2 件、土地房产所有证 1 件	1838—1981

续表

收藏者	文献类型及数量	创建时间
黄国亮	人名簿 1 件	不详，推测为晚清
黄国语	契约 589 件、账本 35 册、仪式文书 5 册、抄契簿 1 册、阄书 1 册、诉讼文书 17 件	1651—1930
黄联明	契约 11 件	1726—1948
黄声耕	契约 4 件	1574—1705
黄声南	契约 331 件	1620—1982
黄朝训	契约 5 件	1523—1825
黄遵沐	契约 33 件、旧族谱 1 本、阄书 1 册	嘉庆年间—1945

这些文献的内容，涉及家族事务、赋役制度、产权交易、山林纠纷、宗教仪式、人情往来，涵盖了村民生活的不同领域。通过分析和解读这些文献，可以较为深入地探讨当地历史上的生计模式与社会变迁。

洑口地域社会的形成

1. 聚落与族群

今洑口乡政府驻地，原为威显庙（威济庙）旧址。此庙据说始建于唐代，主要供奉陈胜。北宋嘉祐七（1062）年黄彝撰《威济庙记》，记述了这座庙宇的来历，为了解洑口地区的早期开发史提供了线索：

> 唐永泰二年，兹邑初置，邑人柯氏者，因涨往渔于川，忽中流有若枯木泛然而来，直其前，怪而视之，乃洑口祠所立王之刻像也。既尝所经见，愈甚惊惧，遂亟推之，复溯波而上。如是数四，乃躬取之，奔告一邑人。邑人素奉王之威德，相谓曰："吾邑初置，王之来，其为吾民之福欤？"乃即今庙之址，叠石为屋，以安其像。民之祷祠，或渔樵而至者，往往于石室中获铜钱。自是远近钦向，祷祀辐辏。旋建祠宇，以严祭飨之事，其应如响。而时潦凶札之沴，兹邑常少，实王之庇。居人行商，莫不绘画而诚奉之；官吏视事，必先伏谒祠下。始自为洑口城隍之神，几三百年。①

① 〔宋〕黄彝．威济庙记[Z]//万历永福县志：卷 4．福州：海峡书局，2012：106—107。

据地方志记载，陈胜为福州乌石山人，后被供奉于永泰县东南二里的护境王庙。在洑口建庙供奉陈胜，源自渔夫发现陈胜雕像溯流而上；一时渔樵、居人、行商、官吏前往祷祀，视陈胜为城隍之神。由此可见，早在唐宋时期，洑口地区已有庙宇和聚落。

明清时期，大樟溪的水路交通颇为通畅，促进了洑口地区的山林开发。明曹学佺《永福山水记》记载："其南而与德化接者为洑溪。洑溪源乍可滥筏，一日始可舟，至洑口势始大。舟用樟木，……操者两人，容可三四十石而止。"① 也就是说，明代大樟溪上游只能撑小木筏，自洑口开始河面变宽，可以通航大舟了。据万历《永福县志》，洑口渡口"南通兴化，北通建、剑"，可以说是当时闽中的水路要津。②

当地的林木采伐之后，先通过长潭溪与后亭溪漂流至洑口，再往大樟溪下游放排。因此，清前期在洑口形成了区域性的市场中心，即洑口市。③ 由于上下游水文条件的差异，在后亭溪和长潭溪放运的主要是小段散木和竹子，到洑口再由排工扎成大型木排经大樟溪放运至福州。④ 因此，后亭溪和长潭溪两侧村落与洑口村下游村落的经济职能有所不同。

图 29 "九乡"分布图（李进辉制）

据实地调查，在长潭溪和后亭溪流域，自明清以来存在号称"九乡"的村落集团（图 29）。⑤ 这些村落大多是明代形成的，其

---

① 〔明〕曹学佺．永福山水记[Z]//万历永福县志：卷 4. 福州：海峡书局，2012：155。

② 万历永福县志：卷 1[Z]．福州：海峡书局，2012：34。

③ 乾隆永福县志：卷 2[Z]．福州：海风出版社，2011：46。

④ 受访人：郑应艳，采访人：郑鹏程、戎宗柳，场景：厂坪村家中，2019-8-11。

⑤ 历史上的"九乡"原是九个村落，后来行政区划变动，现在的数量不止九个。受访人：赖东利，采访人：郑鹏程、戎宗柳、蔡宣皓，场景：双溪村家中，2019-8-15。

早期居民主要是屯田军户等外来移民。如岭头坪林氏，其开基祖林文赦于洪武二十六(1393)年从尤溪县君竹溪到本地开基，最初入赘珠峰村谢福财家。到弘治年间，其后人向里长林宇购买了山场，契约如下：

立卖山契永邑洑口人里长林宇祖遗有税山壹派，坐落本都岭头坪地方，土名东至圆潭仔、石码岐横路至金龙溪界，南至格里坑、厂坪直出柴桥坑、土仓山下□□界，西至安洋寨、壹横平坑、山头岐、大石坑、乌石仑、半岭坑、尾大仑、八镜溪至三层溪界，北至棒梢寨及作福岐、乌石山、花坪林、后山仔界等处，四至界明。今因无银完粮，托人为中出卖与本都民林仙福处。三面言议，时值价银壹拾捌两正。其银随契交足，其山场逐壹永付银主掌管为业，任从其便。在前并无重张他人财物及交加不明等情；如有此情，系卖主出头支当，不涉买主之事。向后盖屋砌坟，俱听买主，任便管业，别人不得争占、妄行取讨□阻。今欲有凭，亲立文契壹纸，永远付执为照。

弘治叁年六月二十一日。亲立卖契：里长林宇。中人：张文福。同中：里长刘福。〈押〉(益后)①

里长林宇因“无银完粮”，以价银 18 两将岭头坪税山出卖给林仙福。从契中的诸多土名看，这片山场的面积相当广大。此契加盖“永福县印”，可见已完成税收过户，“其山场逐壹永付银主掌管为业，任从其便”。此外，里长刘福作为“同中”，对产权交易双方都是强有力的约束。

林仙福的先人移居德化后，仍长期保留洑口岭头坪等地的产业。弘治九(1496)年，林仙福与林大宽同立如下“合约据”：

立合约据兄仙福、弟大宽等，于前年弘治年间兄弟同买得本都洑口林宇岭头坪屋基贰座……又买得山场地界，载在原契内明白……前年父文赦、叔文政同买得谢家石狮竹林杂木，俱在内明白。于洪武二十六年二月十□日，弟大宽父文政开基德化焦溪村口尾住居，未曾同管山场。今兄弟相议，邀请亲友进前来家，夹立合约贰纸一样，各执一纸，永为存照。倘日后洑口卖主再来增添价银，弟

① 岭头坪林氏族谱：无页码。

应半均出价银，弟大宽不得异言等情；子孙后日回家之时，其山场屋基、业产俱各应半均分，兄仙福子孙不得异言等情。[①]

这一契约表明，在早期移民社会中，分居各地的族人可以通过合股的形式，共同购置山场等产业。外迁的族人虽然不能共同管业，但为了保留其有关权益，必须承担可能发生的找价。应当指出，从洪武二十六年至弘治九年历时103年，林文赦、文政与仙福、大宽不可能是契中声称的父子、叔侄关系。

双溪村白氏开基祖“刘一公”，为明初来到永泰的屯田军户。《双溪白氏族谱》记载：“盖予始祖刘一公，生自延平，胸藏孙吴韬略。缘本姓数奇，借名‘刘一’，仕出为明卫官。政洽军民，一时盛称白刘一公之德云。于永乐三年，因调拨到永，在永末都，遂家于后亭双溪湖边之洋。对两岫而带双溪，名曰新安，创业贻谋，为悠远计。”[②] 永乐初年，卫所在永泰扩大屯垦范围，在三十五都一带设有“洑口屯”。[③] 白厝白氏的始祖白刘一，应该就是此时被派到洑口屯的军户。明中叶之后，由于屯政败坏，屯军家族的生计颇为艰难，经常与土著发生冲突。如白厝白氏，“传至七世祖神养公，身虽孤立而志不肯居下。时明隆庆元年，公年方十六，有林懋经者，越占公之山造坟，控诸上宪究还。拟经发往边戍，当给有印帖付管业。”[④] 洑口林氏为里长户，可能控制了当地的山场。[⑤] 白氏作为屯田军户，与林懋经发生山场之争，最终获得“印帖”，可以合法“管业”。这说明，当时白氏族人已经参与了当地山林资源的开发。

后亭村卢氏开基祖据说也是军户后裔，后来转为“民籍”，于明中叶来到永福垦荒。卢氏族谱记载：“始祖太佑公，封为锦衣卫指挥，镇守尤溪卅九都马峰寨。未更移，迁尤溪卅七都庐山头住居，系是民籍……贤聪公又迁永福卅六都后亭地方，土名上登洋，架屋住居。此地两

① 岭头坪林氏族谱：无页码。

② 双溪白氏族谱：无页码。

③ 万历永福县志：卷1[Z]. 福州：海峡书局，2012：37。

④ 双溪白氏族谱：无页码。

⑤ 郑振满．明清时期的林业经济与山区社会——福建永泰契约文书研究[J]. 学术月刊，2020(2)：151。

溪边原是荒坂，时贤聪公自张桔橰，开垦成田，后系洑口林廷献子林子大管业。”[①] 卢氏祖先在后亭溪流域开垦荒地，可能最初并未入籍，因而其产权登记于林氏里长户名下，由林氏族人“管业”。到了万历二(1574)年，卢氏族人已在当地购买“税山”，从事开垦和栽种，获得了合法的“入住权”。卢氏族谱记载了如下契约：

立契书林懋绶，为因无银应用，将祖置税山一号，坐址卅六都后亭地方，土名上店洋、境头、猫坪等处，情愿托中送卖与卢从居为业。三面言议，价银壹拾捌两五钱正，其山付银主掌管开垦，栽插生理，盖屋造坟，任从其便。向后不敢言及增赎之理。计开：

一、上店洋，东至振岩潭尾坑仔，西至枷桢木，南至溪，北至仑项；

一、境头，东至长垄坑，西至君潭头熇坑，南至湖隔，北至溪；

一、猫坪，东至坑，西至湖格，南至祝丰坪，北至坑；

一、十二丈金字面，下至溪。

万历弍年十月　日。立契：林懋绶。中人：黄道富。在见：倪兴武。

此契中的卢从居为卢贤聪之子，“上店洋”即族谱中的“上登洋”。这笔交易中的“税山”似乎并未正式过户，但卖主承诺“其山付银主掌管……任从其便”，可见卖主拥有山场的完整产权，此时一并让渡给卢从居。天启三(1623)年，卖主林懋绶之子兆定、兆寔向卢从居之子卢珠添找价，“其山场父卖之后价未足，今托中再尽出银叁两正，前去完粮”，可能这片税山此时仍未过户，卢氏才得以继续索取地价。值得注意的是，当时卢氏已经通过顶替户籍，进入了当地的里甲系统。卢氏族谱记载：

先是嘉靖卅三年，被七甲郑通报为甲首。彼时洑口林太出官，争为伊十甲干下甲首，应当民户，帮当时留江当差。留江无子绝嗣，又报陈盛隆帮贴。至于隆庆五年该当日期，盛隆兄弟家贫，逃走异县，户役累及，向他代赔。自隆庆五年至万历十一年，共计一十三年，代他赔纳。是年逢该攒造，县主署印，割入户长卢珠福，

---

① 锦屏众重修族谱：无页码。

姑将盛隆告退，然后自立一户。[1]

这里的郑通和林太，可能分别是七甲和十甲的里长。按明代里甲制度，每110户为一里，分十甲逐年轮流应役，每甲各有1户里长和10户甲首。到明代中叶，由于大量甲首逃亡或绝户，各地里长都得设法找人顶替甲首或“帮贴”甲首当差应役。正是在这一历史背景下，卢氏先是被七甲里长郑通拉去当甲首，后来又被十甲里长林太抢去帮甲首留江当差。留江是绝户，顶替他的陈氏兄弟因家贫逃亡，卢氏从隆庆五(1571)年以后都是代陈氏“赔纳”赋役。到了万历十一(1583)年大造黄册时，才去除了陈氏户名，正式在十甲为卢氏立户，户长为“卢珠福”。

洑口林氏家族长期担任十甲里长，是当地雄踞一方的世家大族。据万历《永福县志》载，嘉靖三十八(1559)年倭寇陷永福，官方“不能征发一卒为卫”，“及至洑口，乡民林泰者素以军法部勒其佃客，乃召三百人以从”。[2] 这里的“林泰”，应该就是上述契约中的“林太”，即“十甲干”里长。卢贤聪被招入十甲之后，可能也参与了当时的抗倭行动。此后，卢氏父子向林氏购入山场，定居于后亭，最后入籍第十甲。这户外来移民的入籍定居过程，集中反映了明后期永泰山区的社会转型。

2. 赋役共同体

明代后期，为了控制流动人口，维护社会治安，福建各地仿效王阳明的“南赣乡约”，全面推行乡约保甲法。嘉靖二(1523)年，福州知府汪文盛“核十邑之籍，乡约兼保甲之法”[3]。嘉靖三十八年，永福知县文惠在倭变平定之后，“立保甲之法，以束菁户畲民，民甚赖之”[4]。万历十七(1589)年，福建巡抚赵参鲁“行乡约保甲法，闽境少盗”[5]。次年，永福知县陈思谟“令里宰举山谷中种菁客

① 锦屏众重修族谱：无页码。

② 万历永福县志：卷2[Z]. 福州：海峡书局，2012：72。

③ 正德福州府志：卷17[Z]. 福州：海风出版社，2001：上册：535。

④ 乾隆永福县志：卷5[Z]. 福州：海风出版社，2011：107。

⑤ 乾隆福州府志：卷46[Z]. 台北：成文出版社，1967：928。

民籍记之，使相觉察。于是相率治生业，不敢为乱”①。自此之后，洑口地区的里甲系统与保甲制度相结合，成为赋役编审与人口登记的基本制度。在现存民间文献中，“里”与“保”经常通用，二者的组织架构基本相同。

康熙三十(1691)年，福建全省推行“粮户归宗”制度，即责成宗族组织征收赋税和摊派劳役。② 在此情况下，原来的里甲系统成为以各大家族为单位的赋役共同体。雍正二(1724)年，永福县实行摊丁入地，“以盛世滋生户口繁多，编审时只将生齿实数造册进呈，以见升平休养之盛，永不加赋”③，这就将赋税额度固定下来。不过，摊丁入地在洑口地区可能并未得到切实推行，当年，地处长潭溪上游的三十六都三甲各姓经过公议签订了如下合约：

> 立合约三十六都三甲[里排李国泰等]，今为本年现役，会集全干公议：其日期原系丁米均匀，今丁米亦有增减不等，理应扣额分期。因现役已蒙宪革，原无差派等事，又为本干丁米增减无多，且以宪[行取]丁归米，未曾定归□□，未便实算分期，权照五十三年旧期阄规，依次列后。其山酒税，约全干公催。至于□料奏销、驿站请批、上行驳取，并将来有事，及上差下县、迎官接送、年节中秋、□□□饮、祭祀[执]事家伙等，俱系值阄之人出头收派。□□内议用费有三钱[为]止者，须当阄自办；倘有三钱以上者，当出全干均匀，不得独累一人。凡有公事，当阄者不得推托误公，同干者须同心共济，不得坐视；如有情等，应全干共攻。本年言定，依契合约，止凭五十三年旧簿[旧]期□行□□□□，现年应五斤米，多寡添减，日期不得执故例抵塞。今欲有凭，立合约为照。
>
> 雍正二年正月吉日。立合约：三甲里排李国泰、柯文隆、苏荣华、□道亨、康兴基、谢瑞华、谢君来、张亮兴。公见：班友林□

① 万历永福县志：卷2[Z]. 福州：海峡书局，2012：59。

② 郑振满. 明清福建家族组织与社会变迁[M]. 北京：中国人民大学出版社，2009：144—151；刘永华，郑榕. 清初中国东南地区的粮户归宗改革——来自闽南的例证[J]. 中国经济史研究，2008(4)：81—87。

③ 民国永泰县志：卷4[Z]. 民国十一年铅印本. 台北：成文出版社，1967：84。

瑞。〈押〉[①]

从合约的署名可以看出，这一赋役共同体包括李、柯、苏、康、谢、张等家族。按照惯例，该甲每十年轮充一年劳役，到雍正二年又是轮充之年，理应在本甲内部按照实际丁米数量重新安排各家应役日期。不过当时已经废除里甲"大当"之役，而摊丁入地尚未实施折算，且本干丁米变化不大，因此各家族议定仍然采用上一轮"现役"安排的日期。此外，当时虽然已经取消了由里甲轮流承担的大多数劳役，但仍有各种临时性的差遣，需要数量不等的费用。对此合约规定，如果费用在三钱之内，由轮值之家承担；如果超过三钱，由全甲均派。合约还特别规定，本甲承担的"山酒税"由"全干公催"。当地的"山酒税"是按里甲分摊的杂税，与山场的权益分派密切相关，实行全甲均摊有助于共同控制山场、维护产权秩序。

雍正年间实行摊丁入地，可能造成各家族赋役负担的变化，从而打乱原先阄定的应役次序。因此，当地各家族在永福县推行摊丁入地当年就举行公议，决定维持原先的应役次序。这说明，经过明中叶以来的赋役制度改革，洑口地区已经形成了稳定的产权和赋役秩序。山寨村保存了雍正十一(1733)年分摊"山酒税"的记录，兹抄录如下：

本保十甲开支：原额山税系银，每甲应系银壹钱叁分叁厘。合共十干山税，该纳银壹两叁钱叁分正，并酒税在内，十年纳一次。[②]

当地山酒税由十甲轮流交纳，每十年应纳银1.33两。在各甲内部，一般还要依据每户的"官丁"分摊本甲的山酒税。例如，民国七年后亭卢氏族人誊抄的一份合约，记录了本甲各户分摊山酒税的情况：

五保十甲山酒税，逢辛年收入完官。卢泮户下共应纳税壹两叁钱叁分库：祥峦柯立诚纳二钱六分；山寨黄新发该纳二钱六分；双溪白教周该纳二钱六分；垟头吴成余该纳五分；厂坪黄可理该纳壹钱；金龙溪李开信该纳四分五厘；官林郑文济该纳四分五厘；黄厝坂施尔灿该纳四分五厘。内除黄新发自完一钱二分，实在粮一两二

① 盖洋乡珠峰村谢绍级文书：箱1-散件-庚00080。

② 洑口乡山寨村黄国语文书：箱5-包7-壬00992。

钱一分。[1]

这一记录的产生年代不明，但显然晚于雍正十一年。所谓“五保十甲”应该就是万历十一年卢氏入籍的“三十六都十甲”，入籍户主“卢珠福”也已改名“卢泮”。而且，清代卢氏家族已经担任了后亭保的保长，不再依附于洑口林氏家族。

3. 社庙与乡约

在明清时期的洑口地区，除了存在里甲、保甲之类的赋役共同体，还形成了以社庙、乡约为中心的仪式联盟。明初，国家推行里社祭祀制度，每里建立里社坛，以“春祈秋报”和讲读誓约来对民众施行教化。随着里甲制崩溃，里社祭祀逐渐被各村境庙所取代，洑口地区形成了以“九乡”联盟为依托的仪式体系。在后亭村卢氏余庆堂，现存嘉庆七(1802)年的碑刻《重振福宁宫记》，为了解“九乡”联盟提供了线索：

> 永之西属英达里有后亭坂，为锦屏之地户，亦九乡之保障也。其地脉从太华山发源，蜿蜒逶迤廿余里而下，钟为一坂，既长而广，亦□□乎！枕屏山，环曲水，辅其左为东山，弼其右为案格，古寨对峙，深溪长流，所谓地脉钟灵者，非耶？地为卢姓祖业，遍植樟木，四荫风水，阴翳成林，干霄蔽日，暑不张盖，雨不沾衣，乡之人以为纳凉胜地焉。明季卢姓捐盖社庙，以崇祀黄、杨二大使之神，春秋之祈报在斯，九乡之会约在斯。迨清初，经兵灾而无余烬，英里人就其基而狭之，筑土为小屋，聊安神像。嘉庆五年，洪涛涨溢，墙宇倾颓。贡生卢严仲素重义好施，遂捐金弍百余两，倡为义举，劝题善信，以未焕庆观，再捐白金五百两，凑为完成。则见辟其旧基，外围以墙，上为神龛，中为享堂，下为戏台，外为大门，旁为两廊，翼以扶屋，栋宇巍峨，金添辉煌。盖规模于兹丕焕矣。彼都人士□□□使之赫焕濯灵，祷祀辐辏，其应如响，福庇斯民。九乡共庆康宁，谓为“福宁宫”，良有以也。年三月初九，乃大使诞辰，九乡按期演戏，共申庆祝，以报神贶。盖庙宇之壮观异于昔，乡人之敬奉异于昔，而神之威灵益异于昔矣。予于壬戌春署

---

[1] 合约山界田段契抄//洑口乡后寨村卢秋菊文书。

县事，乡之绅士挽予为文，以纪其事。予不禁兴叹曰：“有地之灵，斯有神之灵，而人之杰亦于是乎！”始故记之。

宜城乙堂□撰。[①]

如上所述，后亭卢氏在明末创建的社庙，一度成为九乡“会约”之所。嘉庆五年卢严仲倡捐重建后，每年农历三月初九，九乡在此演戏庆祝神诞。这种以庙宇为中心的地域联盟，实际上就是中国传统社会的社区组织。[②] 这次重建导致了明代国家建制下的后亭社坛最终演变为民间村庙，而春祈秋报的里社祭典和宣讲教化也为“九乡演戏”所取代，完成了地方神灵和仪式体系的彻底转型。

据实地调查，所谓“九乡”包括原三十六都三甲和十甲的各大姓，清代以来主要归属于南山保和后亭保。因此，“九乡会约”实际上是跨地域、跨族姓和跨行政建制的社会网络。这个网络覆盖了明代以来快速开发的长潭溪和后亭溪流域，据此可以推测，“九乡会约”就是为适应山区开发而形成的地域联盟，其目的在于控制外来人群，维护社会秩序。

1924 年，后亭溪水泛滥，冲毁了福宁宫，此后再也未能重建。不过，在当地的历史记忆中，福宁宫依然占有重要地位。据乡老回忆，当年福宁宫在农历三月要连续演戏很多天，从三月初六开始筹备，初七是九乡共同演戏，初八至十五由各乡轮流演戏（亦有两乡合办的）；最重要的是十六至十八，要到洑口连演三天，由九乡共同操办。福宁宫有常设的董事会，负责组织每年的祭典和演戏活动，还要共同商讨地方各种公共事务。董事名额分配如下：后亭卢氏、土洋温氏、双溪赖氏、白厝白氏各 2 人，官林林氏、厂坪郑氏、岭头坪林氏、湖头曾氏、珠峰谢氏、山寨黄氏、振洋面李氏、东山黄氏各 1 人。[③] 这些家族原来都在里甲和保甲系统之中，因此“九乡会议”实际上是当地的大族联盟。

---

① 重振福宁宫记. 清嘉庆七年立，现存后亭村福宁宫。

② 郑振满. 神庙祭典与社区发展模式——莆田江口平原的例证[J]. 史林，1995(1)：33—47。

③ 受访人：赖东利，采访人：郑鹏程、戎宗柳、蔡宣皓，场景：双溪村家中，2019-8-15。另有一个名额赖先生记不得了。

山寨黄氏家族的发展

1. 建筑与家族

在洑口地区，山寨应是形成年代较迟的聚落。在乾隆《永福县志》中“山寨”是三十五、三十六都的42个村落之一，不过山寨作为地名更早就出现了。在山寨村现存的契约文书中，有一件嘉靖二(1523)年张君良等卖山契约，内称“承祖置有丁山壹派，坐址本乡山寨等处”，当然当时山寨未必已形成聚落。近年来，村民在附近山上找到寨堡遗址，并竖立指示牌，命名为“格头寨”。经笔者踏勘，格头寨仅存寨墙，主体基址湮没在树林中，应该已经废弃很久了。而且格头寨建在山顶，缺乏水源，只能作为临时避难所，很难形成聚落。

目前山寨村的大型民居建筑，大多是称为“堂”的大厝，如祥福堂、南湖堂和余庆堂等。这些大厝的特点是木构和石构结合，体量庞大，一般有2—3进深、7—9开间，可住数十上百人。不够住就在附近新建，形成由不同时期住宅组成的聚落群。例如，创建于嘉庆年间的余庆堂，占地面积达3652平方米，至今仍保存完好。① 晚清时期，余庆堂陆续分出新庆堂、祥福堂（图30）和积德堂；20世纪50年代分出星庆堂，70年代分出福庆堂、升华堂，80年代分出德庆堂；另有不知何时分出的南湖堂，一共分出了8座新堂。此外，村里还有众多穿斗式木架构建筑，通常亦有两层两进三开间。这些民居建筑散布山间，屋前是村内为数不多的田地，屋后是村民自家的山林。很明显，这种聚落形态是在山区开发进程中逐步形成的，其优点是便于就近经营山林。

山寨村的“堂名”也保留了山区开发史的印记。这些堂名并非传统的以郡望或典故来命名的“堂号”，而是因地制宜，由风水先生所起。有村民认为堂名实际上起到门牌号的作用。② 堂名被用于

① 卢作同．洑口山中十座古居[J]．方志田园:立春版,2016:36。

② 受访人:黄国焕,采访人:郑鹏程、戎宗柳,场景:山寨村家中,2019-2-17。

图 30　祥福堂

山寨村的各类仪式活动中，如元宵仪式和超度仪式中道士所用的疏文就以“境-坊-厝”的仪式空间概念对屋厝及住户进行定位。[1] 2019 年农历七月，我们在山寨村的祭祖仪式中看到如下祭文：

阳居新庆堂厝裔孙黄朝孝，备办冥钱壹斤，答奉后堂厝江夏郡历代宗亲……一同修受。祈保子孙登财两旺，富贵双全，一年光彩，四季平安。

太岁二〇一九己亥年七月初七日，新庆堂厝裔孙黄朝孝。〈押〉[2]

这篇祭文写在黄表纸上，仪式结束后烧给祖先。祭文中自称是“阳居新庆堂厝裔孙”，之后罗列“后堂厝”派下的历代公、妈，其意义就在于指引祖先保佑特定的裔孙，可见堂名既是空间定位方式，也是家族组织的象征。在村民日常生活中，这些创建于不同历史时期的新老住宅，就是他们的家族认同标志和仪式活动中心。山寨村富有特色的民居建筑和聚落形态，如今已受到广泛关注，近年

---

① 本书《盖洋碓头村的聚落形态与族群联盟》章第 210—211 页讨论了碓头村元宵仪式疏文中的仪式空间定位，山寨村元宵仪式的疏文与之相同。

② 山寨村黄朝孝祭祖所用祭文：IMG4136。原件已在祭祖时焚烧。

来相继入选国家级“传统村落”和“美丽乡村”。

据村民世代相传，山寨村原有张、陈、郑、黄四姓，后来只剩下黄姓。山寨黄氏族人的祖先记忆，通常是追溯至德化县桂阳乡王春村。笔者在山寨村访得两部家谱：一是清代的写本（下称《山寨黄氏旧谱》），成书时间不详，内容止于嘉庆年间，主要包括世系图、传记和谱序；一是2008年新修的《江夏山寨黄氏谱志》，主要包括谱序、世系图、传记和山寨村小志。结合家族文献和口述史料，可以一窥山寨黄氏家族的发展史。

《山寨黄氏旧谱》的谱序记述黄氏祖先源流：“初居汀州府清流县，黄审知公生有五子……次子守宽公居兴化府黄石，开台山黄村乡，肇大公开支，公生四子，丙壹公居在黄村乡，丙贰公开古格，丙叁公居山寨乡，丙肆公居尤溪廿都。”① 由于“自光寿公至三十四代族谱被焚”②，丙四公至三十五代黄六公的历史已经难以考证。

笔者曾到德化桂阳乡王春村（即黄村）调查，民国《台山黄氏族谱》记载丙四公“莫考迁徙何方”③，21世纪版《台山黄氏家谱》记载丙四公的去向“有传为后门头，有传为永福山寨居住，经查实是居住永福山寨”④。这说明，山寨黄氏与王春黄氏曾经长期失去联系，近几年才重新联宗通谱。

契约文书为探讨山寨黄氏家族的早期历史提供了线索。如山寨村黄朝训先生家中现存如下嘉靖二(1523)年的契约：

> 立卖契人张君良、侄尔兴，今因大造，无银纳丁，将承祖置有丁山壹派，坐址本乡山寨等处，东至横冲溪，西至山坪格，上至德化为界，下至双溪、土洋为界，四至分明，自愿托中送卖与本乡黄有福表兄边。三面言议，时值价银贰拾叁两正。其银即日收讫，其丁山付黄家承当纳官。自卖之后，仍从买主前去管掌为业，□并无叔兄弟侄等情；如有此等系良出头知当，

① 山寨黄氏旧谱:8Q1A8170,8Q1A8160,8Q1A8179。

② 山寨黄氏旧谱:8Q1A8153。

③ 台山黄氏族谱:世系．民国抄本:无页码。

④ 台山黄氏族谱:世系图．21世纪抄本:无页码。

不涉有福之事。其山向后再无增尽之理。二家情愿，各无反悔。今欲有凭，亲立交契壹纸付与买主永执为照者。

嘉靖贰年五月。立买契人：张君良。同卖人：侄尔兴。中人：陈三兄。在见人：王世明。〈押〉(永远收执)①

这是目前在山寨村发现的年代最早的契约，契中的买主黄有福是山寨黄氏的开基祖黄六公之子，这笔交易很可能是山寨黄氏第一次购置山场。卖主张姓叔侄应是本地的甲首户，因无力缴纳丁银，故将山场卖给黄有福管业并“承当纳官”。嘉靖二年，福州知府汪文盛“核十邑之籍，乡约兼保甲之法”②，黄有福很可能因“纳官”而被编入保甲。这一“丁山”的四至，与今天山寨村的范围相当接近，可见这次交易为山寨黄氏家族的发展奠定了基础。③

在现存山寨黄氏文书中，有不少涉及家族祭祀及提留公产的资料，包括：①道光四(1824)年黄仁聪三子所立《仁聪公墓簿》，记录从乾隆十七(1752)年到道光十(1830)年间五次提留祭产④；②道光二十九(1849)年黄子达为其六子所立《明房阄书》，记录了“养膳田段”“抽付家长田段”“抽付六房轮流纳粮完官田段”⑤；③民国十九(1930)年黄盛华为其三子分家之后所誊录的《礼春秋三房阄书》，记录了“膳田”“膳楂林”，并注明：“阄存养膳，俟百年之后，即将此田为祭田，依次轮流，周而复元。”⑥

其中《仁聪公墓簿》记载：“我祖仁聪公……原有祭典祀田叁号，坐址本乡郑塆，土名阿公墓前，并胡福垄及墘仔，又郑塆坂仔头民田，租谷壹佰斤，载粮陆分伍厘库，纳在黄新旺名下。又郑塆头厝右边横盖租银壹钱伍分，历年轮流祭扫。”此后其子孙五次提留祭产的情况见表20。

---

① 洑口乡山寨村黄朝训文书:IMG1309。

② 正德福州府志:卷17[Z]. 福州:海风出版社,2001:上册:535。

③ 横冲离白沙约3千米，双溪即今双溪村，土洋即今后亭村的土洋自然村，“上至德化为界”与今天相同，山坪格在何处未详。

④ 仁聪公墓簿:箱3-包9-甲00380—00386。道光十一年以后的记录缺页。

⑤ 明房阄书:乙00398—00407。

⑥ 礼春秋三房阄书:丁00014—00068。

表 20　仁聪公部分祭产

时间	租谷	银钱	其他
1752	100 斤	1 钱 5 分	鸡 2 只
1761			骨熟肉 9 斤、鸡熟 2 斤、平鱼熟 2 斤、酒 3 瓶、鸡蛋 6 只
1762		320 文	
1828	234 斤		
1830	316 斤		熟肉 24 斤

另外，黄子达《明房阄书》记录了 53 处田段，黄盛华《礼春秋三房阄书》记录了 25 处民田和 8 所楂林。可见，晚清至民国期间，山寨黄氏族人在分家时有明确的提留公产意识。这些公产为祭祖活动提供了经费，是维系家族组织的关键。就目前搜集到的文书而言，养膳和祭祀的公产都是在房支内提留的，尚未见到全族公产的记录。

2. 文本与仪式

山寨黄氏家族的开基祖六公（三十五世），仅传一子八公，到第三代有四兄弟，其中仅有老大进寿一系传了下来。第四代分新发、新旺二房，这是目前山寨黄氏的主要分支。到第五代（三十九世），新发派下分为永祖、永居二房，新旺派下分为仁聪、仁志、仁财三房。（图 31）

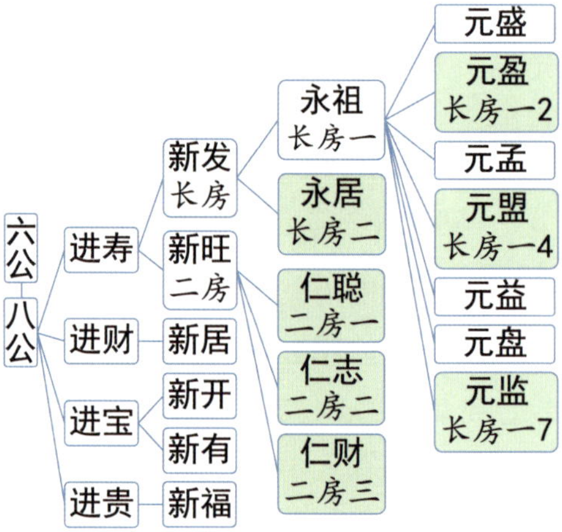

图 31　山寨黄氏族谱所载房支图

此后，家族内部的生存竞争日益激烈，以致黄氏各房派的人口发展很不平衡。兹依据《江夏山寨黄氏谱》的记载，将各房第 50—53 代的人丁数列为表 21，可知目前人口较多的为长房一派下的 2、4、7 三个支派，而长房二派下的族人已经寥寥无几。在族谱中，二房三的族人只见于世系图而无传记。

表 21　山寨黄氏第 50—53 世各房人丁统计表

世代	长房一 2	长房一 4	长房一 7	长房二	二房一	二房二	二房三
50	55	94	69	5	31		/
51	65	19	6	/	25		/
52	16	6	/	/	/	19	/
53	/	/	/	/	/	10	/

不过，当地村民的口传谱系与族谱记载并不一致。受访族人都说自己是大一、大五、大七和二房的子嗣，认为其余支派在当地早已失传。他们认同的传承谱系，大致是祖公传下大房和二房、大房又分出七支，大房七支中究竟有哪几支传下来也存在争议①。2008 年编纂族谱的黄先生对此大感意外②。

如何看待这种口传谱系与文本记载不一致的现象？陈其南曾经指出："文字化的系谱知识和观念上的系谱知识具有不同的作用，文字化的族谱之编辑通常是在于强调成员间的家族一体感……相反的，一个完全根据分房的法则来分配权利义务的家族，并不一定修有族谱。"③ 如果分房（以及房支意识）能够满足权责分配的需要，文本记载也就不那么重要了。通过考察山寨村的年节仪式活动，我们可以发现，分房的原则在村民生活中至关重要。

山寨村每年都要举办中元祭祖和冬至扫墓仪式，其形式相对简单，一般没有统一安排，各家自行办理。七月十五一早，黄氏族人前往黄氏祠堂"后堂厝"（图 32），献上祭品，念诵祭文，燃烧纸钱和祭文，祭拜之后返家，待到午后再去把祭品提回。冬至扫墓也是各自前往直系祖先的坟地，清除杂草、藤蔓，为祖先和土地神供奉纸钱，燃放鞭炮。2019 年冬至，大七房在集体扫墓之后组织了聚餐。

在祭祖仪式之前，黄氏族人有两项集体活动。其一是七月初一清理祖屋"后堂厝"，各房都要派人参加。祖屋是一座单层一进三开间的建

① 受访人：黄声耕，采访人：郑鹏程、戎宗柳，场景：山寨村家中，2019-8-10。

② 受访人：黄国都，采访人：郑鹏程、戎宗柳，场景：山寨村村委会，2019-8-8。

③ 陈其南．房与传统中国家族制度——兼论西方人类学的中国家族研究［J］．汉学研究，1985（1）：127—184。

图 32　后堂厝

筑，前有半月池，内设一张供桌、一个香炉，没有陈设任何祖宗牌位（图 33）。其二是七月初二“修路”，大一房负责修整前往德化凤坪村的山路，大五房负责修整前往亭坑和横山岐的山路，大七房负责修整前往透风格的山路，二房负责修整前往涂洋的山路。“修路的意思，就是说我们的山界到这里。”① 对村民来说，在每年七月祭祖之前，各房通过“修路”共同维护山界，才是祭祖仪式的真正意义。

图 33　后堂厝

在洑口地区，中元祭祖时节上山“修路”，似乎是各村都要举办的活动。2019 年农历七月，笔者曾跟随后亭卢氏族人上山“开火路”，即开辟防火带。当时除了去除杂草和藤蔓、平整路面以外，还有一项特别工作，即沿路刨开树木表皮，写下“锦屏众卢”的标记（图 34）。“锦屏”是旧时对后亭村及附近区域的雅称，“锦屏众卢”即后亭卢氏族人。这一标记的意义在于确认山林归属权，警示外姓人不得侵犯。我们注意

① 受访人：黄国灼，采访人：郑鹏程、戎宗柳，场景：山寨村家中，2019-8-9。

到，“修路”是在房支框架下组织的家族事务，可见系谱法则在家族事务中得到了充分的体现。在每年正月举办的元宵游神仪式中，同样可以看到这种组织原则。

图 34 “开火路”时标记“锦屏众卢”

山寨村每年正月十二的元宵游神仪式，由口传系谱中的四房轮流做头举办。当头的房派一是要提供人力。如在内部推选“挂火头”来策划仪式，原则是按照个人能力搭档，基本上每个人都能轮到；还要选人承担抬轿、撑凉伞等任务。二是要提供经费。2019 年当头的大五房有 80 余户，其中一半家庭提供贡品，另一半家庭交 1000 元活动经费；其他三个房派则由小头挨家挨户收取五至十元不等的“灶钱”。三是要在永安堂举办道场，由四名财务人员管理“菩萨钱”，用于村内公共事务，如筑路、修缮庙宇等。四是要环绕山寨村的聚落和山场举行巡游仪式。

元宵巡游期间一般要举行扶乩仪式。2019 年元宵节，山寨村的张公法主乩示要“回家”，村里派代表将其送回德化石牛山的祖殿并进香，回村之后再次举办绕境巡游仪式。这次巡游的范围更广，沿着山寨村的聚落和山林边界绕了一整天（图 35），队伍包括：锣手 10 人、鼓手 6 人、“唐公”“唐妈”“法主”轿夫各 4 人、撑凉伞 2 人、擎香牌 2 人、“香头笼”“判官”“吉使”各 1 人、入出殿“担粿菜”各 3 人、“挂火头”10 人等（图 36）。在巡游途中，道士将贴有神符的犁头埋在纠纷频发的山场及与德化交界的防火路底下。①

① 受访人：黄国立，采访人：郑鹏程、戎宗柳，场景：山寨村家中，2019-8-8。

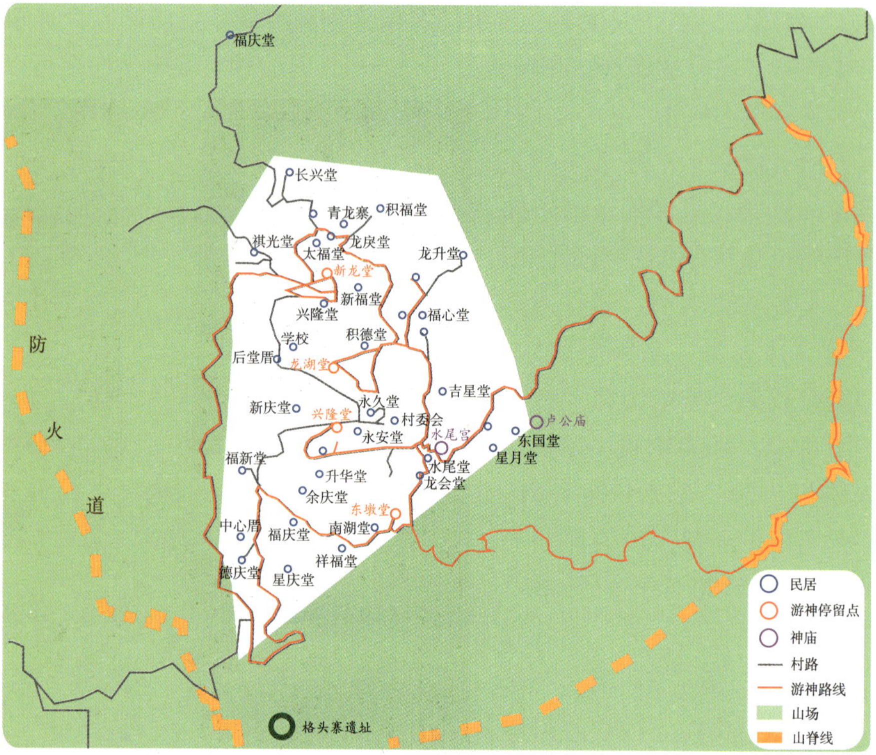

图 35　山寨村聚落分布与元宵游神路线图（郑鹏程、李进辉制）

在山寨村，元宵巡游的象征意义在于划分内外、巩固边界、阻挡“不洁之物”入侵，本质意义则是村民对产权的认知和界定。无论是绕着山林和聚落巡游，还是将犁头埋在村口，都表达了村民的产权意识。透风格是山寨村经常与外村发生山林纠纷的山场，当笔者问起是否要去那里巡游时，村民表示：“当然去了。在我们心里，那就是我们的山，就算有纠纷也要去。我们一直绕到双溪、后亭那边去。”① 由此可见，村民的村界意识非常清楚，并且自觉将游神作为宣示产权的仪式（图 37）。

或许可以说，以房派为单位来组织“修路”和“游神”，以确认山林产权和聚落边界，实际上就是山寨黄氏家族的组织形式。也就是说，在永泰山区的家族发展过程中，家族的表现形式可以不依赖于纸本文献，通过口传谱系和宗教仪式也可以维持家族组织的运作。

① 受访人：黄尊沐，采访人：郑鹏程、戎宗柳，场景：山寨村家中，2019-2-28。

图 36　游神途中

图 37　永安堂“接驾”

家族经济与生计模式

1. 购置山场与田产

山寨黄氏家族的最初几代人，可能都是以经营山林为生。嘉靖二年黄氏族人从张家购买山场而入籍，到了万历年间，张家日益衰落，黄家控制的山场迅速扩大。万历三(1575)年，张氏族人立“缴归契”如下：

> 立缴归契人张德明，承祖张君良与黄继福二家用银八两伍钱正，同买得洑口林十七阄分山场壹派，坐在永福县三十六都后亭保地方，土名山寨亭坑、郑墘犁壁、草湖前岭坪、洋坑、仙亭岐、吉重、横山岐，至溪为界。因嘉靖年间世乱，无处安身，祖父移居尤溪县住居，后万历三年将山场托中送归，缴卖乡亲黄继福户丁黄新发进前承归山场。三面相议，时收原价银肆两叁钱正收讫。其山场任付新发子孙前去管业，栽桐种楂杉竹等情，培留树木，遮荫风水。自卖之后，子孙并无言说阻占等情；如有此情，系德明出头支当，不涉归主之事。其古契不在身边，日后子孙取出，不堪行用。递年随纳山税银叁分正，付归主前去纳官完税，不得负累。两家情愿，各无反悔。今欲有凭，立缴归契壹纸，永远为照者。
>
> 万历三年十二月　日。立缴人：张德明。中人：陈元有。〈押〉①

契中所载山场的土名，目前可以确定的是横山岐、仙亭岐、亭坑。横山岐位于山寨村南端，临近大樟溪横冲位置；仙亭岐位于东侧，靠近透风格；亭坑位于西南端，与德化县交界。如契中所述，这一山场原来是张君良与黄继福一起从洑口林家购买的，后张君良移居尤溪，其后裔于万历三年将产权一并“缴卖”给黄家，由黄新发子孙“前去管业”，其山税银也随之“付归主前去纳官完税”。相比嘉靖二年，这次添置的山场范围更大。起家时合股购买，之后再逐步赎买使产权完整，这可能是新来移民置产的有效方式。值得注意的是，这一山场的用途不仅在于

① 洑口乡山寨村黄朝训文书：IMG_1297。

"栽桐种楂杉竹等"，而且可以"遮荫风水"，改善了黄氏族人的居住环境。

到了清顺治年间，山寨黄氏第五代族人开始大量购置田产，其生计模式发生了明显的变化。从现存契约文书看，当时黄氏购置的田产主要来自"福城陈尔雪""福城陈杞使"。这些城居地主，卖地原因是"今因窎远，收租不便"。兹整理相关契约，列为表22。

表22 清初山寨黄氏与福州陈氏田产交易一览表①

编号	时间	立契人	类型	交易对象	受种	载租	苗米	价格	备注
A	1659	陈尔雪	卖	黄隆宇	3斗4升	3石4斗	8升6合	6.8两	计开田号：土名半岭墘……
B	1659	陈尔雪	卖	黄仁志	5斗2升	5石	12升5合	10两	计开田号：后〈下缺〉
C	1659	陈杞使	卖	黄瑞宗	2石2斗	22石	5斗5升	44两	计开：土名顶头洋……
D	1664	陈杞使	尽	黄隆宇	2石2斗	22石	/	5.5两	每石60斤
E	1665	陈杞使	尽	"黄处"	/	22石	原契明白	12两	
F	1666	陈杞使	尽	黄钦宇	/	22石	原契明白	11两	向后不得言尽之理，如是言尽，罚银2两
G	1673	陈晋生	尽	黄隆宇、钦宇	/	22石	/	3.5	
H	1713	陈维烈	尽	黄瑞宗	/	3石4斗	/	1.8两	
I	1725	陈孔经	尽	黄瑞宗	/	25石4斗	6斗3升6合	1.25两	历年已经找价七次，共尽出价银116两6钱5分正

上表共涉及三块民田的产权交易，包括三次买卖和六次找价。顺治十六(1659)年，陈尔雪将二笔民田分别卖给黄隆宇（A）和黄仁志（B），到康熙五十二(1713)年其孙陈维烈向黄瑞宗找价一次（H，载租量说明与A为同一块地；尚未发现向黄仁志找价的契据）。顺治十六

① 洑口乡山寨村黄声南文书：箱1-乙00092,00093,00095,00109,00115,00119,00137,00138；丙00585,00591,00593。

年，陈杞使将一笔民田卖给黄瑞宗（C），此后他本人和陈晋生、孙子陈孔经等人共找价八次（D、E、F、G、I，另外三纸找价契尚未发现）。这一田产经过反复找价，共尽出116.65两，远超过第一次交易的契价。需要说明的是，当初陈杞使将民田卖给黄瑞宗，而找价还涉及黄隆宇、黄钦宇兄弟，可见黄瑞宗与黄隆宇兄弟应为父子，或者是共同设立的税户。

在田产交易中，卖主之所以能够不断找价，通常是因为卖主保留了回赎权。不过，这些契约中并未注明“照原契赎回”之类用语，可见陈氏在出卖时就已尽可能收足地价而未打算赎回。后来提出的找价理由是“今因无银办纳粮差”“今因无银应用”“今因见价比原值未敷”等，可能与当时移民不断涌入导致土地价格上涨有关。或许，黄氏家族作为外来移民，需要关照原业主产权的历史合法性。而且，经过多年的山林经营，黄氏家族已经积累了相当多的财富。

不过，上述田产可能只有收租权，而无耕作权。如：

立卖契陈杞使买得元履叔祖民田壹号，坐产卅六都山寨地方，受种贰石贰斗，载租贰拾贰石，每石重陆拾斤，载米五斗五升。今因窎远，收租不便，托中送卖与黄瑞宗为业，每石租估值时价银贰两正（共价肆拾肆两正）。其银即日收讫，其田即付管业，当差纳粮。其业系杞使□书内己业，与房叔兄弟无干，并无交加不明之事；如有不明等情，系杞知当，不涉黄家之事。今欲有凭，立契为照。

计开：土名顶头洋、对中洋中、柿墘尾、竹干头尾、门口垄中、赤尾墘、大王墘尾、水溜下、山头隔仔、上垄塘、菖蒲垄、长垄、白梅榠墘、半岭墘。

顺治拾陆年捌月　日。立卖契：陈杞使。在见：叔尔雪。中人：叔公觉斯。代书：叔祖聚九。〈押〉（大熟）[1]

此契主要记载了相关田产的收租量、纳税量和所在地，而且明确承诺交易之后“即付管业，当差纳粮”，即完成产权过户，但并未承诺可以

① 洑口乡山寨村黄声南文书：箱1-散件-丙00591，乙00138。

“召佃耕作”。此外，卖主卖田的原因也是“收租不便”。因此，不难推测，在当时盛行“一田二主”的历史环境中，原业主只有收租权，并无耕作权。

山寨村的耕地相当有限，大多数族人以开山种树为生。到了清代后期，本地山场已开发殆尽，有不少族人去外地租佃山场，开辟新的谋生途径。兹引契约为例：

立安佃人漈水李椿松众共管有山场一段，坐落东洋村，土名坑里垄头，四至依古佃段兑山界。今安付山寨黄孙水□边，丁巳春耕种，开掘山畲，培植什物生理，搭蓉厂住居。递年到十一月十五之期办纳山租钱肆拾文，汇集交入，不许越期少欠。其租不失，其山永耕；其山欠租，付主召佃别安。其山不许私安兑，如有私兑，付山主直安，不敢阻霸等情。恐口无凭，立安佃为照。

咸丰七丁巳年十月　日。立安佃人：李椿松众丁：振硕、彩衣、文球。〈押〉（年年大熟）①

此契中黄孙水租佃的山场位于东洋村，离山寨村较远，所以必须“搭寮厂住居”。这一山场属于漈水李氏家族，黄孙水租佃之后，可以“开掘山畲，培植什物生理”，即同时经营农业和林业。山主承诺，“其租不失，其山永耕”，即佃户只要如期交租，就可以享有山场的永久耕作权。从现存契约文书看，清代山寨黄氏族人在洑口、涌口一带租种了不少山场，从事开山种田、植树造林等多种经营。

2. 黄瑞宗支派的多元经营

在山寨村现存文书中，有一组黄瑞宗支派的契约和账本，反映了清代至民国时期该支的财产形态与经营方式。这批文书由黄国语先生收藏，一共五箱，两箱为账本，三箱为契约，大部分契约成包保存，另有少量契约散件。经整理，除个别残损、串票的契据外，共有252笔涉及买卖、典当、找价、租佃的产权交易，时间跨度达200余年（图38）。

从图中可以看出，黄瑞宗家族在康熙、雍正年间（1704—1735）的产权交易很少，到乾隆年间（1736—1795）开始增加，嘉庆年间

① 洑口乡山寨村黄国语文书：箱2-包22-巳00637。

（1796—1820）出现井喷，到道光中期（1834—1844）达到顶峰，从道光晚期至民国初年（1845—1914）逐渐减少。就其产权交易形式而言，涉及买卖的有100笔，找价33笔，典当66笔，承佃52笔。在不同历史时期，其产权交易形式有明显变化，显示了阶段性特征。

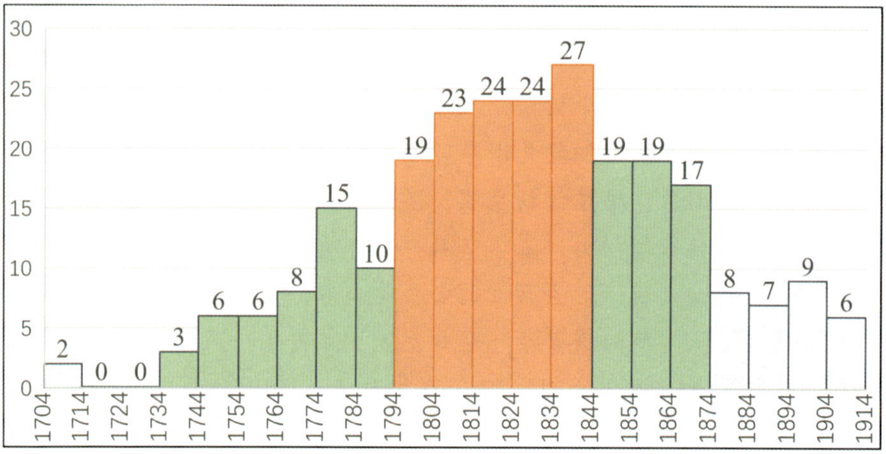

图38　黄国语文书2、3号箱所载交易年代/数量分布图

康熙至雍正年间，其产权交易只有2笔，可以暂不讨论。乾隆初年至中期（1736—1770），该家族每隔一两年或两三年即买入或承租（批）林木，如楂、杉、竹等，或者直接购入山场，而较少承租田地。大约在乾隆后期至嘉庆初年（1772—1800），购置山林的速度放缓，开始大量承佃民田。在1772至1800年的43笔交易中，有承佃或兑佃21笔、买入7笔、找价10笔、承典5笔；在承佃、承典和买入的财产中，民田与山林之比为3∶2。这说明，当时该家族对粮食的需求迅速增长，可能抑制了对山林的投资。林木的生长周期长达十数年，投资回报周期较长，而且收益受到市场因素制约；因此，为了确保家族成员的粮食供给，需要开展投资回报周期较短的经济活动。

从嘉庆中期至同治末期（1802—1845），黄瑞宗家族再次大量购置山场，承佃土地转为相对次要的经济活动。这一时期共有10笔购入田地的记录，而购入山林的记录有29笔。到了19世纪中期，永泰山区的商品经济日渐繁荣，粮食供给已经不再是山寨黄氏家族经济中的首要问题，经营山林产业和参与商品经济日益成为主要目标。从道光中期至清末，黄瑞宗家族仅有3笔承佃土地的记录，而购入山林和民田的记录分别是20和19笔；还开展多种形式的借贷活动，承典的数量已接近买入数量（36∶39），先后承典山林6笔、民田17笔、牛2只、谷仓1个、厝4座、谷会2场。这一时期，黄氏族人留下了大量账本，其中主要有：黄盛照誊录的“出入数簿”，记录了自光绪元年至十三（1875—1887）年的财物借支情况[①]；佚名誊录的“借贷簿”，记录了自光绪九年至十一（1883—1885）年借出的钱谷[②]；黄振贡誊录的“收支借贷数簿”，记录了自光绪九年至二十九（1883—1903）年的亲邻借款和自家开支情况[③]；黄盛贤誊录的“钱数·肉数”，记录了自光绪二十一年至二十三（1895—1897）年亲戚之间的钱物往来情况[④]。可以看出，晚清时期该家族的产业稳步扩张，并通过典当等借贷形式坐食租利，成为豪富之家。

从光绪中期开始，黄瑞宗陆续购置公产，充实家族共有经济。例如：光绪十六、十七（1891）年，“本祖仁聪公众”分别承典、购入民田底面全一号；光绪二十二（1896）年，“本祖瑞宇公”承典民田底面全一号；光绪二十五（1899）年，“本祖邦仪公”承典民田一号。此外，光绪十六、二十四（1898）年，“户丁”黄盛利、黄家骥先后向“仁聪公众”找价。这说明，当时有些族人家道没落，不得不出卖私产以充公产。在黄国语收藏的文书中，还有一册《凤山寺广泽尊王明会策》，其中记录了“诸同人”各出“丁谷壹拾斤”、放贷生息“以为递年庆祀”的经营方式。[⑤]

黄瑞宗身处明清之际，其后裔是清代山寨黄氏家族中较为兴盛的支派。由于族谱资料不全，我们暂时无法系统考察这一支派的发展过程。从现存文书看，这一支派通过买田收租和经营山林、放贷取利，不断扩展家族经济，积累了丰厚的资产。在山寨村的特殊生态环境中，利用家族组织开展多种经营，或许是最为有效的生计模式。

---

① 洑口乡山寨村黄国语文书：箱2-册13。

② 洑口乡山寨村黄国语文书：箱1-册8。

③ 洑口乡山寨村黄国语文书：箱1-册2。

④ 洑口乡山寨村黄国语文书：箱1-册3。

⑤ 凤山寺广德尊王明会册//洑口乡山寨村黄国语文书：箱3-册11。

山林产权与纠纷调解

永泰历史上的山林产权最初主要依据“山税”，即通过交纳“山税”而占有“税山”。由于“山税”是按里甲系统摊派的，因而拥有里甲户籍是掌管山场的基本前提。在里甲户籍“世袭化”和“粮户归宗”①的历史背景下，山场产权通常归属于家族组织，开发山林必须得到家族的授权②。随着山区商品经济的快速发展，山林产权交易日益频繁，经常发生各种形式的产权纠纷。在山寨村现存文书中，有不少关于山林纠纷的资料，有助于探讨当地历史上的山林产权秩序与纠纷调解方式。

嘉庆年间，山寨村黄子兔在经营山场的过程中，陆续与本地族人和德化王村黄氏族人发生产权纠纷，现存有关契约和诉讼文书十余件。其中族内纠纷主要涉及山林的经营范围，而不涉及纳税过户等问题，一般可以在家族内部协商解决。如嘉庆十九(1814)年黄邦铢所立契约：

> 立送契人叔邦铢，祖置有山场壹派，坐落德邑地方望月洋，土名大深埯，抽出手置子粒，前年出卖，缘界址不明，双方口角，族弟进前理喻，到山勘明，再立契据，界址再明。上至横路为界，下至小坑为界，前至兔己业为界，后至中仑□直落铢己业为界，四至明白。今因路途隔远，管掌不便，自愿凭中送与本房侄子兔边就近管业。三面言议，前收过价钱贰仟肆佰文正。其钱随契明白，其界内之山场、子粒、楂、杉、杂木等项，听付侄前去生理管掌为业，任从其便，叔日后子孙不得异言生端争执之理。其界外之山场中仑壹半，及后仑山场、子粒、楂、杉物业，凭公断还工资钱贰仟肆佰文，付兔收明，其山内付还铢发回生理为业，侄日后不得异言越界争执之理。其山场并无交加不明等情；如有此情，系是叔出头抵当，不涉侄之事。既处以后，不得反悔，两家和好。今欲有凭，立送契一纸，永付为业为照。

---

① 郑振满．明清福建的里甲户籍与家族组织[J]．中国社会经济史研究，1989(2)：38—44。

② 郑振满．明清时期的林业经济与山区社会——福建永泰契约文书研究[J]．学术月刊，2020(2)：152。

嘉庆十九年十一月　日。立送契人：叔邦铢。知契：男子桂。公见：弟君怀。同处代字：侄子建。〈押〉（进益）[1]

此为卖契，却称“送契”“送与”，可能是因为买卖双方为叔侄关系。黄邦铢于嘉庆十七年将德化望月洋的山场卖给了黄子兔，但因为“界址不明”发生纠纷，到嘉庆十九年，再请族亲“到山勘明”，重新立契确定边界。其界内山场及其所有产出都交由买主经营管理；但又涉及界外的两处山场及作物、树木等，可能原来是买主越界经营，经“公断”之后交还卖主，但必须补偿买主“工资钱”2400 文。从此契可以看出，由于山场地形复杂，边界模糊，很容易越界经营，引起产权纠纷。不过，在家族内部，经过实地勘查和调解，此类纠纷还是不难解决的。此契的“知契”“公见”“代字”都是近亲，在纠纷调解中发挥了主要作用。

当山林纠纷涉及族外之人，甚至涉及其他政区时，民间调解很难发挥作用，经常形成旷日持久的诉讼案件。嘉庆九（1804）年至十一年，山寨黄允恭与德化黄歌泰之间发生山林纠纷，先由德化县审理，判决后允恭不服，又告到永春州，结果判定两造重划山界并交换山场。有趣的是，此案涉及向黄允恭租山的黄子兔，知州在结案时要求黄子兔重新“立认批”：

黄某某有前年对黄允恭认耕拱斗山内土名岐头湖等处山场，开垦田畬，栽培楂、桐，纳谷租五十斤、油十五斤。今因黄允恭与黄歌泰争控此山，蒙州宪断，某认耕之山归黄歌太管掌。今向黄歌太填立认批，此山仍旧付某耕管，其历年应纳谷租、油租，对歌太清理，不敢短欠。恐口无凭，合立填认批为照。[2]

这一契约的行文格式是永春州拟定的，当事人只能依此填写，不可更改。批字后还附有黄歌泰的“遵依”：

具遵依人德县民黄歌泰等，今当太老爷台下遵依得：众等祖管拱斗山场，遭黄允恭借典黄登国半纲［网］占全山以致叠控一案，兹蒙明讯断：将拱斗即涌口全山，水分大溪一派付黄允恭管掌，因歌等祖上并无典卖承；分小溪一派付歌管掌。所有水分小溪，系土

① 洑口乡山寨村黄国语文书：箱 2-包 24-巳 00693。

② 洑口乡山寨村黄国语文书：箱 3-包 10-甲 00395。

名崎[岐]头湖，缘黄子兔等前该向黄允恭承认耕种，年纳黄允恭租谷五十斤、楂油十五斤，蒙兹断归歌管，令歌备银一百廿元，付恭收领；仍令黄子兔等向歌立认，历年纳油、谷应如前数斤声向歌交纳，不得短少，黄允恭不得争执。其从前两告所有造给葬者，听其祭扫各垦，不许移将非己所管之山安给他人，以断葛藤。歌等凛遵宪断，即日备银支缴，合具遵依是实。

从表面上看，黄歌泰争回了“小溪一派”山场，似乎取得了胜利；但他需要补偿黄允恭120银元，而且必须保留原佃户黄子兔的经营权，不能换佃。这可能是因为山林经营需要长期投资，中途换佃势必引起更多纠纷。其实，山林纠纷之所以很难处理，其根源往往都不在于山场的产权，而是山上的物产。

此案涉及的另一问题，是两造在山上营造的祖坟。判词明确指出：“二比坟墓，各听仍旧管祭，不许两家戕害。”在审理山林纠纷时，无论产权如何变更，坟墓一般都维持现状，这合乎情理；但坟墓通常涉及山场的经营管理，为日后再起纠纷埋下隐患。

在山寨黄氏文书中，乾隆五十四(1789)年黄允恭所立批字，记载黄允恭曾以“酒礼银”一两的价格，转让岐头湖境内的土地给黄子兔葬父。[①] 黄厚泰于嘉庆十一(1806)年收回岐头湖山场之后，黄子兔仍然租用这一山场，其父坟也不受影响。然而，时过不久，黄子兔与黄歌泰等再次因此而发生讼案。嘉庆十七(1812)年，黄子兔以“垦伤父坟、纠凶砍搬”为由，到德化县控告黄歌泰等人。兹节录其诉状如下：

告状人：黄子兔，住清□□□南埕□涌口乡，距城八十里。

为垦伤父坟、纠凶砍搬事。缘兔父乾隆三十三年向黄允恭批给山场，土名岐头湖、石龟坑等处，搭厂居住，栽种地瓜，培植杉、松、楂、竹、桐林、杂木；杉、松二树成材之日，对半均分。至乾隆五十四年，兔父身故，向允恭批给风水一穴，坐在岐头湖坪墳，坐庚向甲，安葬父柩，剪做成坟。嘉庆五年，恭等见兔山内有楂，勒兔纳油租十五斤；见兔山内开些田丘，勒兔纳租五十斤。至九

① 洑口乡山寨村黄国语文书：箱3-包20-壬00703。

年，恭与黄歌泰争控此山，蒙州主贺讯断，批给造坟，各界存留十八弓，批给耕种，仍听耕作。迨嘉庆十二年，黄油泰、歌泰、威泰勒兔增纳油租十五斤，增纳田租五十斤。各安批据，租无粒欠。冤有居泰居心无良，欺兔弱佃易噬，至本月，胆〔敢〕纠子弟黄多泰、佳谟、佳往、黄江等，将坟庭垦拼为田，杉、松强砍计三百余株，搬运至溪，欲去省卖。哀投地保黄平霞、族房黄孙权到验称究，不理证明，欺弱肉易食，莫奈他何。切父坟拼伤，仇难共戴；杉、松砍占，理实难容；非蒙法究，孱民无主。合叩乞太老爷为孱作主，恩准勘究，押修坟庭，追还木价，沾恩切叩。

嘉庆十七年三月　日告状。

被告：黄居泰、黄江、黄多泰、黄佳谟、黄佳往。

干证：地保黄平霞、族房黄孙权。〈状式条例〉①

从诉状看，早在嘉庆五年、十二年，山主黄允恭、黄歌泰等就因为黄子兔在山上经营得风生水起而眼红，要求加租，黄子兔一一满足。怎料黄居泰等见子兔老实可欺，悍然纠党前来垦坟抢树。事后黄子兔先是“哀投地保”却“莫奈他何”，只得告到县衙。

黄子兔的诉状上呈后，德化县似乎一直拖延未办。两年后被告方反诉黄子兔“叛佃盗砍”，而黄子兔亦再告黄车太等“自砍诬砍”。这一讼案经历了互控、催状、调解、销案、再控等漫长过程，主要情节见表23。

表23　黄歌太、黄子兔诉讼案概览

时间（嘉庆）	原告	被告	事件	处理	资料编号
十九年八月初八	黄车太、黄子春	黄子兔	讵料叛佃黄子兔等不思业各有主，胆敢于本年四月中旬，在岐头湖认给山内盗砍松树二百余根，值银四十余圆，欺车隔僻，私行业省。幸得山邻许宫世报知，车即登投地保黄平霞向称，理斥不合私砍，谕赔不理。又讵自古业凭主管安给，各处所有，主佃理应相议变卖，岂容横行盗砍，私自发售？课山之租，置之乌有？似此叛佃，恶胜绿林！	批候传讯	箱3-包15-甲00324

① 洑口乡山寨村黄国语文书：箱3-包28-乙00384夹契。

续表

时间（嘉庆）	原告	被告	事件	处理	资料编号
十九年九月初一	黄子兔	黄车太 黄子春	讵料黄车太、黄子春等恃伊棍恶，欺兔式微、孱弱易噬，胆［敢］不照批载，于七月廿五日将兔之竹强砍去十余枝。兔侦知，奔投乡邻廖文太等称究，反触虎怒。八月初六日，捏伊妻弟许宫世架叛佃盗砍事，诬兔四月中旬盗砍松树二百余株私行发省等语，瞒准讯详。切岐头湖之处，地非僻野，往来之人不绝，据诬砍松二百余株，非一朝夕之故便可锯明发省，早何不投称，岂肯待至五月之久，始行出控？就伊所扯地保黄平霞可鞫证，明明自盗诬盗自砍，乃系叛主架诬叛佃。	在汪捕爷诉，批候讯察究	箱 3-包 15-甲 00324
二十年四月十八	黄车太、黄威太	黄子兔 黄追	祸因四月初二日，黄月、黄追在太祖坟前荫树盗砍去十余株斩搬。太巡役［视］撞过，向称横言。太、车弱不敢与较，登投地保黄正兴，理谕莫何，讵强恶盗砍祖荫成伤，不蒙诣勘律究保坟，人鬼冤沉。	批候差查传讯详勘	箱 3-包 28-乙 00382
二十年九月初八	黄子兔	黄车太 黄子春	讵棍恶黄车太、黄子春等欺兔式微、孱弱易噬，胆敢不照批载，于去年七月廿五日将兔之竹强砍去十余株。兔侦知，投公廖文太，称究不理。知兔既控，先于去年八月初六日妄捏伊妻弟许宫世为报讵架叛佃盗砍事诬，瞒准讯详。兔九月初一日以自砍诬砍事诉，蒙准传讯察究。无如车太等亘古奇横，欺官藐法，抗不赴讯，本春又将兔之竹砍拼不计其数。恐兔再控，车等不敢出名，套伊胞弟威太，本四月十八局架以盗砍祖荫事、岐［续］诬兔盗砍岐头湖荫树等谎。切岐头湖之处乃兔之竹，被伊砍伐，经诉在案。伊等并无坟墓，焉有荫树可砍？其为变局掩诬，情理显然。亏兔兄弟二人插居巨族肘下，承批栽种为活，公逢钦迹，旦遭棍恶叠叠妄诬，瞒官骗准，不蒙劈究，黑白莫分，毒害胡底！	批候并讯	箱 3-包 28-乙 00382

续表

时间（嘉庆）	原告	被告	事件	处理	资料编号
二十年十月廿六			具和息人公亲颜廷疏、林簪侯为调处允愿、恳恩销案事。缘黄子春等以叛佃盗砍事告，黄月即子兔以自砍诬砍事诉，又春叔威太以盗砍祖荫事续告，黄月又以盗砍祖荫事续告，黄月又以抗审复诬事诉，蒙准并案传讯未讯。兹疏等仰体仁爷爱民无讼至意，俯念二比均属亲谊，出为劝处。查黄子春等公山，安黄子兔等培植守顾，□□口角起衅，致有是控。兹某等劝谕二比，依照承安各批收纳□，备酒叙面，以息讼端，以敦邻好。二比各允愿听处，合具和息，带同双方遵依。叩乞太老爷垂念事已处息，恩准销案，沾恩切叩。 具遵依人黄车太、子春、威太，今当太老爷台下，遵依得春等以叛佃盗砍事告黄月，而威又以盗砍祖荫事续告，兹凭公亲劝处明白，春等已允愿，合具遵依是实。 具遵依人黄月即子兔，今当太老爷台下，遵依得兔以自砍诬砍事，又以抗审复诬事诉黄子春、黄威太等一案，兹凭公亲劝处明白，兔已允愿，合具遵依是实。	批准息销案，遵依附	箱3-包1-巳00746
二十年十一月初三	黄子兔	黄车太 黄子春 黄威太 黄曾太 黄来 黄往	月承安小宗黄车太、子春、威太等山场，土名岐头湖，批内载明培植杉、松，主佃对半均分，楂林历纳油租卅［三］十斤，耕种年纳谷一百斤，竹林付月自管安批。据祸旧七月，车太等将月猫竹强砍十余枝，投邻廖文太称较触怒，胆恃惯棍，车、威先后分案，架诬盗砍，耸诳捕主瞒准传讯。月具诉：此十月，颜廷疏等调处递具息遵批销在案。威太等此初一日到收租谷，月先还租谷一百斤，其油租宽制，油制出送还。讵威等强横莫比，立刻即要，一时无油可还，纠率曾太、黄来、黄往等将楂子强搬去四百余斤。阻被擒殴，幸赖大雅廖章珠赶救，斥还不理证。切威等不思分案捏诬，惧虚央处息遵，墨水未干，复敢纠率攻搬。似此恶棍横强，非蒙严究，弱肉强噬。	批仰补衔查案讯覆	箱2-包19-甲00167

续表

时间（嘉庆）	原告	被告	事件	处理	资料编号
二十年十二月初八	黄子兔	黄车太 捕差李兴 黄威太 黄曾太 黄来 黄往	旧七月，车太将月猫竹强砍十余株。投邻廖文太称较，触怒恃棍，遂与捕差李兴勾笼，并捕架诬盗砍，票差李兴到家扰索，窥仆易噬，继套威太捏诳砍荫，复到家吵索，无奈屈从。月具诉并案投讯，兴措不报到，勒月听处。月被勾笼，分陷叠索，不甘不从，竟将车等放回，兜月守候，万惨无奈，忍屈听递息遵批销。旋回，当还租谷，其楂油向宽，制出送还。讵威等立时即要不容，率曾太、黄来、黄往将楂子强搬四百余斤。阻被擒殴，赖大雅廖章珠赶救，斥还不理。无奈本月初三日即控，蒙仰捕衙讯详，月敢不凛遵？但前被与捕差勾笼，分诬叠索，措兜勒处，惨甚釜鱼。兹蒙批讯，仍差李兴拥家，如狼似虎，民命万堪。	批候提讯察究，如虚究诬	箱3-包2-巳00770
二十一年二月廿九	典史汪为攻迫强搬等事。本年二月初七日，蒙正堂郑宪札内开案，据黄月即子兔告黄车太等勒处攻搬等情，业经行提卷宗，去后未据送到。兹已开篆，合行分催。为此札仰该衙官攒，速将黄月控黄车太等一案卷宗克日封固，详送赴县，以凭讯究，毋任拦［搁］延，速速等因。蒙此，卑职遵即分承，撤［攒］齐黄月告黄车太等原卷封固，具折禀送宪台察夺。为此备由具折，须至正折者。			详仰候提集察讯。此缴，原词卷宗存	箱2-包19-甲00167

从上述资料可以看出，此案经历两个阶段：第一阶段为嘉庆十九年八月至嘉庆二十（1815）年十月，黄车太等与黄子兔互控，经“公亲调解”后一度和解。第二阶段为嘉庆二十年十一月，黄子兔再次上诉，到翌年二月由德化县典史受理。由于尚未发现最终结案资料，此案结局尚不清楚，但过程已耐人寻味。

最初，黄车太等控告佃户黄子兔私伐松树贩卖，而子兔则控告车太强砍竹木在先、诬告盗松在后。在互控的诉状中，出现了“乡邻廖文太”“山邻许宫世”“地保黄平霞”等中间人。两造都将诉状送至“汪捕爷”处，其批示是“候讯察究”。到了翌年四月，黄车太在催状时改变了控词，将“盗砍松树二百余根”改为“祖坟前荫树盗砍去十余株”；黄子兔则称车太等在该地并无坟墓。

细究案情，此次纠纷的起因很可能是黄子兔在坟墓周边种树，主佃双方争执其收益要不要按照七年前批佃时议定的分配方案分成。此案拖延一年多，在两造一再催状之下才予“并案传讯”。实际上在官方传讯之前已有“公亲”调解，两造立下了“遵依状”，但砍树伤坟和荫树收益分配等问题并未解决。

几天后收租时风波再起：黄子兔未能如期交租，黄威太纠集亲友强行搬走其油茶籽，双方发生了肢体冲突。黄子兔于十一月初三提交诉状，至十二月初八日再次上诉，并指控捕差李兴到家扰索。由于这次讼案涉及官差，官府不得不正面受理。结果如何，目前还不得而知。

此案实质是主佃双方的利益冲突。山主试图加租，而佃户力求抗租，无法协商则诉诸暴力，最终演变为诉讼。这种因租佃山场而出现的租佃矛盾，与山林经济的经营方式密切相关。由于山林的经营周期较长，经济效益较高，很难采取定额租形式，通常是实行分成租。不过，山林经济大多适合多种经营，如本案中黄子兔租佃的山场，原来只约定对山上的松树和杉树实行分成，后来山主又要求加收茶油和田租，甚至要求对坟地的“荫树”分成。可见，在山林经营中出现的产权纠纷和利益冲突，比一般的土地经营更为尖锐和复杂。

山寨村现存有不少诉讼文书，但经过判决的案件并不多见。一般说来，如果案件拖延不决，两造都会诉诸“公亲”，寻求协商解决。尤其是家族内部的产权纠纷，协商、说理的解决方式最为常见。例如，黄君义于嘉庆五(1800)年告黄起夸盗葬，黄起夸于嘉庆七年反告其“瞒情捏控”，两造一度越诉至福州府①。最后“凭公托亲”，双方私了，立据字如下：

立据字叔祖君义，前祖置有生坟壹穴，坐落本地土名郑墘柿模垅对中仑。因生坟不用，兄君高于嘉庆伍年柒月间出卖侄孙孙美埋葬父柩，其价银兄俱收讫。义向兄取价，被兄全吞，不肯分义，遂

① 洑口乡山寨村黄国语文书：箱5-散件-戊00255，包12-壬00840，包7-壬00985，包2-巳01068。

于嘉庆五年八月间，以借强盗葬等词赴卢县主呈控。兹因呈催年久未结，今凭公托亲，劝侄孙再出价番九圆正，其银即日收讫。其侄孙父坟，义日后不敢翻控异言等情。恐口无凭，立据字为照，天长地久。（内改“用”一字，再照。〈押〉）

嘉庆七年十一月　日。立据字：叔祖君义。亲公见人：卢美仲。叔祖：学与。代字中见：兄君怀。〈押〉（兴旺）[1]

如上所述，黄起夸原来是向黄君高买地葬父，而黄君义因坟价“被兄全吞”，愤而起诉黄起夸盗葬，其实只是为了得到坟价；后来放弃诉讼策略，转而求助于公亲劝谕才如愿以偿。在契约中署名的三位“公见人”有两位是黄氏族人，另一位是后亭卢氏族人中的贡生[2]，是当时洑口的地方精英。

可见，在民间产权纠纷中，向官府提出诉讼是不得已的做法，其目的是引起地方社会的关注，向对方施加压力。在诉讼过程中，双方不仅要面临官吏和差役的勒索，还可能受到乡邻的非议和指责。因此，在提出诉讼之后，回归乡里请公亲说理，靠道德力量实现诉求，才是当时解决产权纠纷的主流选择。

结语

山寨村的地名因“格头寨”而来，如今村中却并无庄寨。那么，明清以来的山寨村，究竟经历了怎样的发展过程？或者说，相对于周边地区的其他村落，山寨村具有怎样的历史特点？本文试图探寻其中奥秘，但尚未得到明确的答案。

明嘉靖以前，山寨村附近已建有“格头寨”，可见这里曾是军事防御要地。由于当地毗邻德化县，其防御对象主要是来自德化方向的盗贼。明中期的德化正是盗贼渊薮，如：正统十四年，“沙县邓茂七作乱，分其党掠泉州，烧德化县治，结寨山谷，复攻郡城”；弘治五年，“漳平盗温文进寇安溪，攻陷县治，掠德化”；正德元年，“广东盗始入

① 洑口乡山寨村黄国语文书：箱 5-包 1-巳 00960。
② 范阳郡后亭卢氏族谱 . 2013：56。

闽，人不满九十，自南靖流掠长泰，所至俘质妇女，索金帛，官兵不能御，遂入安溪、德化县”；嘉靖元年，“广东、汀漳盗流掠安溪、南安、永春，遂入德化”。康熙《德化县志》的编者认为，德化历史上盗贼频发，主要是由于“泉郡滨海，德独倚山，介处数邑间，一隅窃发，云集而响应之，虽有险可凭，亦挺之使走耳”，“五州辐辏，盗发走集之区”①。从上述资料可以看出，明中期流窜于闽中山区的“盗贼”，主要是来自广东和闽西南地区的流民。明代后期，这些流民大多以种菁伐木为生，成为山区开发的主力军。

洑口地区濒临大樟溪，水路运输方便，可能是永泰山区开发较早的地区之一。明代中期，已有不少外来移民在当地入籍定居，经营山林资源。例如，作为屯军后裔的双溪白氏家族和后亭卢氏家族，都是在嘉靖、万历年间落地生根，进入当地里甲和保甲系统。山寨黄氏祖先来自汀州府清流县，嘉靖年间开始购置山场，万历年间入籍定居。这些外来“客民”逐渐取代土著家族，成为地方社会的主导力量。明末开始形成的“九乡会约”，实际上是长潭溪和后亭溪流域的族群联盟；以里甲和保甲为基础的赋役共同体，建构了山林开发过程的产权秩序。到了清代，洑口的社会秩序相对稳定，并未发生大规模的族群冲突。集居住与防御于一体的庄寨建筑在当地相当少见，其原因可能就在于此。

山寨黄氏家族定居之初，通过购置山场经营山林经济，积累了大量财富。清代初期，黄氏族人购买了福州陈氏家族的田产。清代中期，黄氏族人在洑口、涌口等地租佃山场，发展多种经营，其生计模式日益多元化。黄氏家族中较为兴盛的支派，在清代持续发展家族经济，到晚清已有相当多的田产、山林和借贷资本。不过，山寨黄氏的家族组织并不发达，似乎未曾创建祠堂，也未见有全族共有的族产；就连族谱也是近年编纂的，且谱系记载有不少缺环，与口传谱系不同，与现实的分房系统也难以对应。在每年的元宵巡游、七月祭祖和冬至扫墓中，村民按照房派参加仪式活动，维系家族认同与族群秩序。不过，山寨村的现存文献尚未得到系统研究，其历史文化内涵有待进一步发掘。

---

① 康熙德化县志：卷16，卷1[Z]. 上海书店出版社，2000：163，164，32。

周煜翔

盖洋碓头村
的聚落形态与族群联盟

（碓头村，张培奋摄）

引言

碓头村位于永泰县西部山区盖洋乡，包括碓头、前龙洋、村头三个自然村。辖区呈南北分布，地形狭长，东西两侧均为山岭，形似碓舂，因而得名（图 39）。在日常生活中，三个自然村之间并无明确的界线，当地人通常视社庙为村界（图 40）。

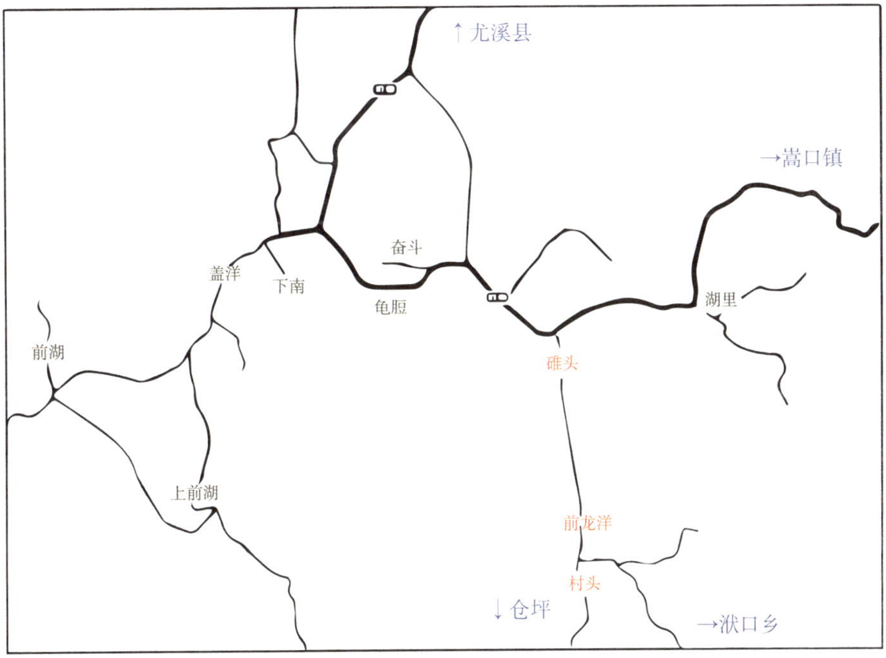

图 39　碓头村相对位置示意图

碓头村为多姓聚落，主要有叶、吴、黄、郑、林五大姓。叶氏家族原籍仙游古濑，后迁居洑口梨村（今梅村附近），于洪武二(1369)年迁入本地；现居碓头自然村，社庙为辅口宫，供奉忠文尊王。① 吴氏家族原籍永春，后迁居嵩口良乡，于顺治年间迁入本地；现居前龙洋自然村，社庙为朱李明王庙，供奉朱李明王和法主圣君。② 黄氏家族原籍莆

① 受访人:叶信村,采访人:周煜翔,场景:碓头村金麒居,2019-6-29。叶信村先生是碓头叶氏二房族人，其伯父曾为族长，熟悉家族历史。

② 受访人:吴新勇,采访人:周煜翔,场景:碓头村村委会,2019-6-27。吴新勇先生现为碓头村会计，自小听族内长辈讲述家族故事，对家族历史颇为了解。

田，于宋元祐年间迁居盖洋，明前期迁居村头自然村；郑氏和林氏分别由邻近的盖洋、湖里村迁来村头①，与黄姓共有的社庙为显圣宫，供奉广德尊王。

本地原有三座寨堡，分布于村西的山头上。这些寨堡原来属于境内各大家族，后来由当地各姓共同经营。其中麒麟寨在碓头自然村，原属叶家；重兴寨在村头自然村，原属黄家；兴隆堡（又名武忠寨、虎笼寨）在村头自然村，原属盖洋郑氏扛界支房。此外，碓头各姓都有古厝，即历代祖先建造的住宅。在碓头历史上，古厝与寨堡相结合，形成了颇具特色的聚落形态与族群关系。

碓头村各大家族保存了历代遗留的各种文献资料（表24），如族谱、契约、阄书、账本、人情簿、科仪本、日用杂书、教材等。其中年代最早的可以追溯至明代弘治年间，年代最晚的形成于20世纪80年代。这些历史文献在民间日常生活中形成与使用，反映了世代相承的习俗与秩序，有助于深入考察明清以来的山区开发过程与社会经济变迁。

表24　碓头村文书概况[1]

所属家族	持有人	文书数量	搜集时间	备注
叶氏[2]	叶信村	契约733件，阄书2册	2017-10	现藏金麟居，传自大伯父
叶氏	叶义权	契约189件，科仪本1册	2017-10	祖上世代相传
叶氏	叶良矩	日用通书1册	2017-10	
吴氏[3]	吴新勇	契约55件，阄书1册，议簿1册，族谱2部	2019-6	祖上世代相传
黄氏	黄财法	契约561件，议簿2册，杂字1册，教材1册，账本23册，阄书4册，族谱4部	2018-4	传自伯父黄如源和父亲黄如清[4]

注：(1) 本表统计的契约数量不含包契纸。(2) 叶氏家族的族谱于20世纪60年代焚毁，叶信村先生曾查阅该谱。(3) 吴氏家族还有许多历史文献资料，尚未系统搜集。(4) 黄如源出嗣奋斗村郑氏家族，其子现居村头，未继承黄家契约。

2017年10月初，笔者跟随厦门大学民间历史文献研究中心的考察团队，首次来到碓头村开展田野调查，收集和复制现存历史文献资料。

① 永泰县碓头村黄氏族谱．清乾隆四十八年写本：麻袋-31-0002。

此后又先后于 2018 年 4 月和 2019 年 6 月重返碓头村，访问当地耆老，勘察历史遗址，收集民间文献，对当地的历史文化传统有了初步了解。本文主要依据当地现存历史文献，结合田野调查资料，考察明代以来碓头的生态环境与生计模式，探讨当地各大家族的聚落形态与族群关系。

聚落形态的形成与发展

碓头村现在的聚落形态，具有家族聚居与各姓混居的双重特征。其中，叶氏家族集中居住于碓头自然村，吴氏家族集中分布在前龙洋自然村，村头自然村则分布有黄氏、林氏、郑氏和部分吴氏族人（图 40）。这一聚落形态的形成过程，与明代以来的山区开发息息相关，反映了当地各家族之间既竞争又合作的族群关系。

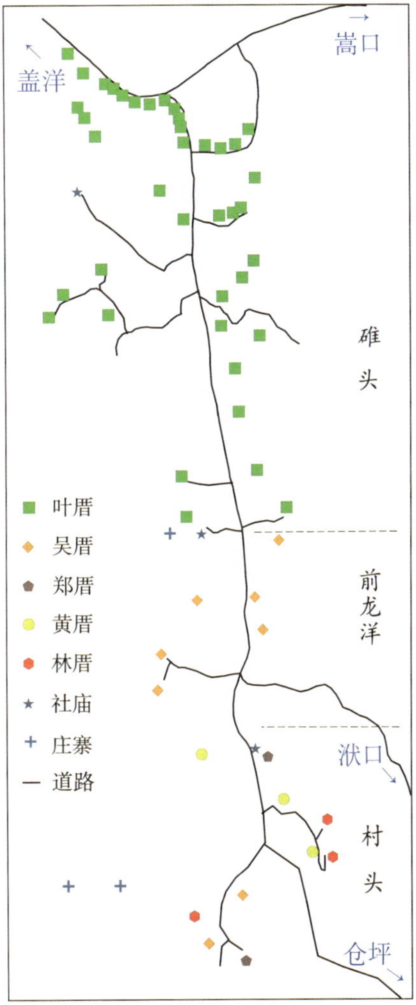

图 40　碓头村的聚落形态

黄氏家族的族谱在追述世系源流时写道：“传至宋朝元祐五年庚午，又远迁于永之盖峰扛界，构一祖居，名曰埔头厝。相传有始祖黄俊公、始祖妣卢氏若人也。”① 由此可见，在黄氏家族的历史记忆中，其祖先早在宋代就已迁居盖洋扛界。不过，从现存契约文书看，黄氏族人在明前期尚未迁入碓头村，而是居住在今盖洋乡奋斗村附近的“坑口里”。

叶氏家族的开基祖伯岩公，于

① 永泰县碓头村黄氏族谱. 清乾隆四十八年写本:麻袋-31-0002。

洪武二(1369)年迁居碓头，并修建了名为东放里的祖厝，其家族开始在碓头村开枝散叶。正统八(1443)年，叶景庸向福州人陈均禄购得盖洋乡山场数号，其契约如下：

立卖契福城陈均禄，今因无银办纳粮差，路途隔〔远〕，管掌不便，祖买税山数号，坐产永福三十五都盖洋地方，土名局厨，东至仙山吴家，西至山斗坊横路上郑家〇〇〇〇〇〇格张家山，北至上门坖山顶萧家山，界址明白。托中送卖永福三十五都东坊叶景庸处。三面言议，时值价银叁拾弍两五钱正。其银水文广即日交讫，其山场付银主前去培留树木，栽种管掌。此山并无重张典挂他人；如有不明，系禄抵当，不干银主之事。其山税五分弍厘七毛，买主前去办纳粮差，不得致累。此系两家允愿，各无反悔。今欲有凭，立卖契付执为照。

计开山号：一号土名麒麟庄。一号土名湖里〇〇洋大王庙。一号土名村头来水岭仓。一号土名坪洋头及大小隔。一号土名狮姑坑及狮姑塝。一号土名炭窑坪及红姑林。一号土名上湖洩及牛栏坑。一号土名坑口〇及埔上仓，东至葛藤坪至牛墘仓乐家山。一号土名桥头坪至官路上。一号西至黄墘、岩尾。一号土名下番里及里村。

正统八年十月。〔立卖契人：〕陈均禄。中人：张添。①

这张契约中的陈均禄为住在福州的城居地主，却在盖洋拥有大量的“税山”即在官府登记纳税的山场。他以32.5两的价格，将当地的十一号山场卖给叶景庸。所谓的“山号”，应是山场在鱼鳞图册上的编号，可见契中山场均是已登记在册的税山。契约载明，由买主前去办纳粮差，实际上就是将山场过户给叶家，叶家从此获得了上述山场的所有权。

弘治三(1490)年，坑口里黄外生以“无银办纳粮差”为由，将九号山场出卖给本族黄宥，立契约如下：

立契人黄外生，系永福县坑口里民。因见无银办纳征料，将山

① 盖洋村三对厝郑尔堂文书：1册-8-丁00239。此契于嘉庆年间叶、黄两家的山场纠纷案中被作为证据提交官府，被认定系伪契后遭焚毁。郑氏家族曾长期担任地保处理纠纷，故存有此契的抄录件。

等号托中出卖与本族黄宥为业。三面断值，时价牛角鲜谷伍拾陆石小，每石重四十斤，折时价松皮银陆两四钱正，前来变粜银两，完纳料钞。其谷只日枰交收领明白，其山自弘治三年八月初二日始，遂付族兄前去掌管，任从栽插诸物，并无房分叔伯弟侄争占。其山另开条号，四至俱载，再无重张典挂他人财物。倘山内所栽杉木伍拾之余根，大小不齐，亦随山付买主管业。四围一网，尽根出卖，寸处不留，向后再不敢执占。有能取赎，照利加二算还。倘或伍年之余不取赎者，亦无尽契原因，子孙亦无取赎之理。此系二家情愿，各无后异反悔生端；如有此色，许不悔人执契告理，续将山地入官无词。亲立契书付族兄黄宥永远为照。

壹号山茄垄，壹号山下棕崎，壹号山炭窑坪，壹号山牛栏坑，壹号山墘角，壹号山彭洋头，壹号山开林尾。

东至桥头坪大路，西至黄墘头，南至石狮崎路，北至里庄田，共九号。

〈骑缝：〉管业□□□为照。

弘治叁年捌月　日。立卖契：族弟黄外生。写契：男黄盟。中人：黄九使。知见人：郑琑二舅。〈押〉①

在此次交易中，黄外生保留了对山场的回赎权，但似乎从未赎回，这些山场最终归黄宥所有。此契盖有永福县的红印，说明已在官府验契报税。值得注意的是，叶家和黄家所执契约中存在三号部分重合的山场，均位于村头自然村。这为两家人的山场纠纷埋下了隐患。

隆庆五(1571)年，黄氏家族与叶氏家族经历长期诉讼之后，在双方“亲人”和里甲“排年”的调解下，确认了各自的山场权益，签订了如下合约：

立合同退批人叶邦棉、叶思敬等，有祖山坐落碓墘头、朱厝园、杨厝等处，与黄进明隔连混杂，讦告到县，遂托亲人郭承茂前来和处。情愿进明契内山场栽插竹木，退还进明照旧管业。外进明承得林懋经茶榴林一所，坐落墘兜后头墘，退还进明前去纳租，不涉叶家之事。其杂木空山各自散行，不在此禁。向后子孙各自遵

① 盖洋乡碓头村黄财法文书:修复件-壬00020。

> 守，不得妄生事端。如是生端，投众公罚银壹两叁钱铺路。二家情愿，各无反悔。各立合同二纸，各执为照者。〈骑缝：〉夹立合同各执为照者。
>
> 隆庆五年三月　日。立合同退批人：叶邦棉、叶思敬、叶马、叶邦椿、叶邦榆、叶景周、叶思添。公和处人：郭承茂。在见：排年郑华周、希武。〈押〉（合同退批）①

这一契约表明，黄、叶两家的山场纠纷，导源于山场地界“隔连混杂”。契约中有“排年里长”郑华周、郑希武的花押，说明此次调停得到了地方行政人员的认可。不过，此契只是确认了黄进明有权经营自己栽插的竹木和承佃的茶林，并未确认各自的山场分界。契中还特意载明：“杂木、空山各自散行，不在此禁。”这说明，在当时的盖洋地方社会中，山场的权益主要取决于其实际经营状态，而并未划定明确的地界。因此，黄、叶两家的山场纠纷并未真正解决。

万历十一(1583)年，黄、叶两家因山界未明，再次对簿公堂。经请托“公人”踏勘山界，双方又签订了如下合约：

> 立合同人叶邦榆，有山场一派，与黄进明山相连。前隆庆年间因界址未明，□□掌入黄家界内，致控到县。后经公劝，将误掌之□□□培茶竹等木，立约退还黄管。兹因族侄未知山界，□□□黄家杉木，又控施主。今两造允息，托请公人踏清界址。水流村头一边，尽系黄山；水流碓头一边，尽系叶山。前后左右，俱照仑脊凭水分为界。自约之后，叶家不得越界混占，黄家子孙亦不得叛约过界，混相采取，并不得借强侵占。如有不遵规约，告官甘罚无词。此系二家情愿，各无反悔。今恐无凭，立合约二纸，永远各执一纸为照者。
>
> 计开山号：一自葛藤坪起，至上岐垄、太公仑、管路畲、桥头坪、坑口，水流庵头，系叶家山（空白）。一自仙山下起，至员林、枫柏垄、里庄、虎栏仑下□□□水流碓头，系叶家山（空白）。一自火尾垄、岩隔、炭窑坪仑脊，直至水浪塆，水流碓头，

---

① 盖洋乡碓头村黄财法文书:修复件-壬 00011。

系叶家山（空白）。一自碓墘头、埔上仑、桥头坪、垄仔、彭洋头、菁壑墘、狮姑坑、炭窑坪、下榇岐、红姑林、牛栏坑、杨厝垄、朱厝园，四围水流村头，系黄山（空白）。

〈骑缝：〉合同为照。

万历拾壹年捌月　日。立合约人：叶邦榆、邦梠。在见人：许钦灿。公笔代字：郑一江。〈押〉①

此契中署名的在见人许钦灿和代字人郑一江，分别出自前湖许氏和盖洋郑氏两个里长户，足见双方对这纸合约的重视。相较于隆庆年间的契约，此契最重要的意义在于确认了两家的山界。以此契为基础，黄氏族人绘制了如下山场图（图41）②：

图41　碓头黄氏家族所藏山场图

① 盖洋乡碓头村黄财法文书：修复件-壬00005。

② 盖洋乡碓头村黄财法文书：修复件-工00001。

这张山场图以黄家所居的村头自然村为中心，以不同颜色区分各家族的山场：绿色属叶家，黄色属黄家，邻近的蓝色山场分属郑、林、陈三家，灰色则为“外山无争”。在可能发生纠纷的地方标有土名，并绘有阴影表示山脊分界。叶家的山场以碓头自然村为中心，分布在村北、村东；黄氏的山场则以村头为中心，分布在村南、村西。值得注意的是，此图明确标注了前龙洋地区属于叶氏家族。两家人在上图标识的山场范围中开发山林和修建房屋，初步形成了叶氏家族聚居在碓头和前龙洋两个自然村、黄氏家族聚居在村头自然村的聚落形态。

顺治年间，吴氏家族从嵩口良乡迁居碓头。为了在当地立足，吴氏的祖先娶叶氏女为妻，叶氏家族则以照料祖坟为条件，将前龙洋的山场作为嫁妆送与吴氏，使吴家得以在当地开枝散叶。[①] 清代中期，湖里村林氏家族的支派迁居村头自然村，通过购买黄家的祖厝地基，建造了名为“福隆居”的住宅，从而获得了在村头的入住权。此后，吴氏家族在村头购买了黄家的部分地基，建造了名为“福泰厝”的住宅。咸丰年间，盖洋郑氏家族扛界支房的族人购买了黄家在村头的部分山场，修建了“兴隆堡”和名为“长兴居”的住宅。

据当地老人传说，吴氏家族在初到碓头村时，带来了张君法主的神像，最初供奉在祖厝中，后来才在前龙洋建造了“隆兴宫”。张君法主又名张圣君，为嵩口月洲人，是永泰民众普遍信仰的地方神。吴家从嵩口迁居碓头时携带张圣君神像是合乎常理的。吴家在祖厝中供奉神像时，可能只是以张圣君作为家族的保护神；而到了创建“隆兴宫”之后，张圣君逐渐成为当地各家族的保护神。每年农历正月，当地各家族都要举办以神庙为中心的仪式活动。吴氏家族和叶氏家族分别于每年正月初六、初八日举办游神仪式，参与者多为本家族成员。村头各家族于正月初一到二十七日轮流举办点火仪式，主要参与者为林氏、郑氏和部分吴氏族人。

在碓头村历史上，叶、黄两家首先划分地界，吴、林、郑等姓通过联姻和购地建房，陆续获得入住权，逐渐形成了多姓共居的聚落形态。明中期的山场划界过程，体现了早期移民家族的资源竞争；清代的房地

---

① 受访人：叶信村，采访人：周煜翔，场景：碓头村金麒居，2019-6-29。

产交易，体现了晚期移民家族的“在地化”策略。自清代以来，碓头村各家族依托当地的山林资源，发展多元化的山林经济，促成了社会经济形态的转型。

生态环境与生计模式

盖洋又称盖峰，原指地势较为平坦的山间盆地，即今乡政府所在地，旧称扛界、墩前；“盖峰”泛指崎岖不平的山区，包括湖里、碓头、奋斗、龟脰等村落。从历史文献和日常称呼看，“盖洋”较为常用。[①] 当地现有183县道连接盖洋各村和嵩口镇，南边的山路可通往仓坪、麻畲、畲地等村庄，西南另有一条山路通往洑口镇。

盖洋乡地处戴云山脉，平地较少，山地较多，平均海拔超过750米。[②] 平地大多分布在村庄西侧，已经开辟为水田，可以种植单季稻；山地则种植杉木、竹林、油茶、茶叶、李果等经济作物，这是当地主要经济资源。当地盛产“长连炮纸”，又名“毛边纸”，在嵩口汇集后运销外地。盖洋茶油鲜亮芳香，远近闻名。杉木是当地最重要的林业资源，通常先放排至嵩口，再经大樟溪运至福州南屿，然后经海运到达宁波等地。

据实地调查，盖洋历史上的林木外运有两条主要路线（图42）：一是先将木材运往盖洋村，再经长潭溪放排至洑口。由于长潭溪水量不稳定、河道狭窄，一般只能在夏季涨洪水时放排。二是先经县道将木材运至嵩口镇，再经大樟溪放排。前者运输成本较低，但效率也低；后者运输成本较高，却能确保运输效率。本地的放排业曾长期由安溪人把持。[③]

碓头村山多田少，开发山林是当地人的主要生计模式。以往研究成果表明，福建山林经济于明代中期开始萌芽，至清嘉、道年间进入黄金

① 吾祖亮公迁入盖洋略记//盖峰郑氏族谱. 1996:9。

② 福建省永泰县地名委员会办公室. 永泰县地名录[G]. 广州:广东省地图出版社,1983:78。

③ 受访人:郑尔亮,采访人:周煜翔,场景:盖洋乡三对厝,2019-6-28。郑尔亮先生年轻时曾在当地经营木材生意。

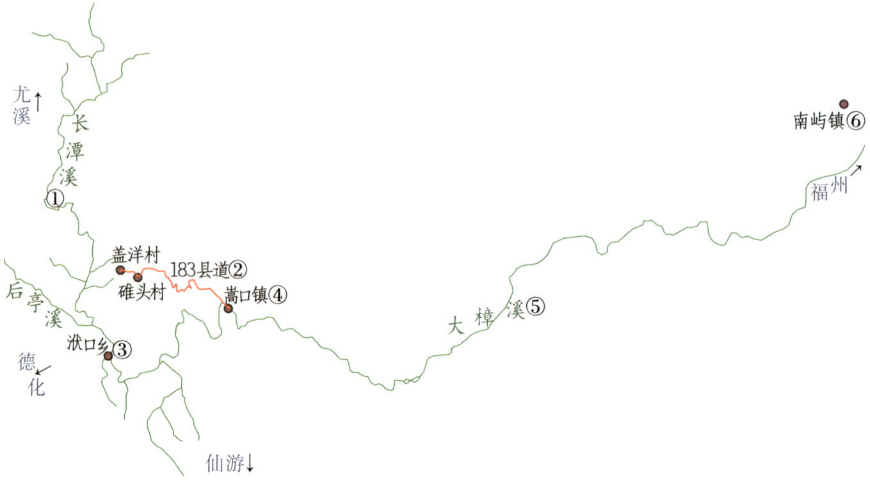

图 42　盖洋乡放排路线示意图

注：路线一：①→③→④→⑤→⑥

　　路线二：②→④→⑤→⑥

时期。[1] 在碓头黄氏文书中，有不少经营竹林和造纸的契约。从中可以看出，黄家于清中叶开始经营竹林，并开掘纸池造纸。其契约如下：

> 立承字侄兴智，今因少田，就在叔盛北处承出有民佃田开掘纸池壹口，坐址本乡，土名隔仔。递年约纳纸池租壹拾斤正，不敢欠租。如是欠租，其纸池付还田主，承主不敢霸占。今欲有凭，立承字壹纸付执为照。
>
> 嘉庆拾贰年贰月　日。立承字：侄兴智。在见：兄兴清。代字：弟文鼎。〈押〉（大进益）[2]

通过这一契约，兴智向盛北承得佃田用于开掘纸池，每年须缴付十斤纸作为“池租”。若兴智欠租，盛北有权收回纸池，双方实际上形成

---

① 戴一峰．近代闽江上游山区初级市场试探[J]．中国社会经济史研究，1985(3)：93—104；戴一峰．试论明清时期福建林业经济[J]．中国农史，1991(4)：23—28；李伯重．明清时期江南地区的木材问题[J]．中国社会经济史研究，1986(1)：86—96；李伯重．明清江南与外地经济联系的加强及其对江南经济发展的影响[J]．中国经济史研究，1986(2)：117—134；陈支平．闽江上下游经济的倾斜性联系[J]．中国社会经济史研究，1995(2)：21—30。

② 盖洋乡碓头村黄财法文书：箱-包 24-包中包 2-壬 00077。

了主佃关系。造纸需要大量竹木和资金，促成了较为发达的借贷关系。例如，黄氏文书中有两张关于墘角竹林的契约文书，都涉及抵押借贷。其一如下：

立卖契黄盛德，有竹林一所，坐落村头地方，土名墘角。左至圳，右至路，上至盛贤竹林为界，下至文庆竹林为界，四至明白。今因无谷应用，自情愿托中送卖本乡亲人叶子巧处，卖出谷叁佰贰拾斤正。其谷即日收讫，其竹林付谷主前去铲钹管业，任从其便，卖主不敢言说霸占之理。其竹林并无重张典当他人、财物不明等情之事；如有此等，系是当主出头支理，不涉谷主之事。俟至有能之日，备谷赎回者听。今欲有凭，立卖契一纸付执为照。

嘉庆十九年二月　日。立卖契：黄盛德。在见：弟盛长。代字中：弟盛发。〈押〉（进益）①

通过这一契约，黄盛德将墘角竹林以320斤谷的价格卖给叶子巧，但保留了回赎权。这种交易其实无异于典当，因此黄盛德在契约中自称“当主”。由于当时并未约定回赎期限，卖主可以随时赎回，而买主只能在赎回之前拥有竹林的经营权。过了三年，叶家又将这一竹林的经营权转卖给黄盛业。其契约如下：

立承字黄盛业，今因缺少竹林掘笋做纸，就在叶正用、叶子巧处承出竹林一派铲钹培留。坐落本乡村头地方，土名牛栏坑并墘角仑，共弍号，承来用力铲钹培留。递年不拘丰损，约纳租谷壹佰斤正送还交称，不敢拖欠斤两。如是拖欠斤两，照例行息。其竹林笋种共弍号，培留壹佰余根。如是无留，每根折价钱拾文正算。其旧竹还在，不许抛荒盗砍。如是抛荒盗砍，付还叶家另安别人，承主不敢阻占。立承字一纸付执为照。

嘉庆廿二年二月　日。立承字：黄盛业。在见：侄兴智。代字：兄盛发。〈押〉（大熟）②

通过这一契约，黄氏族人重新获得了竹林的经营权，而叶家每年可获得100斤租谷的收入，可以说是各取所需，互利共赢。这种将土地卖

① 盖洋乡碓头村黄财法文书：箱-包4-甲00004。

② 盖洋乡碓头村黄财法文书：箱-包4-甲00002。

出又承回自耕的习俗，在当地被称作“掏根利”。①

在黄氏家族中，经常出现纸池的交易或转让。例如：

立卖契兄文鼎，手置有纸池壹口，坐址本乡村头地方，土名车碓坂，文藻纸池价壁壹口。今因无钱应用，自情愿托中送卖本房文培弟处。三面言议，时值价钱壹千玖百文正。其钱即日收讫，其纸池即付弟前去管业作纸，任从其便，兄不敢言说霸占之理。言约递年约纳池租谷叁斤正付兄收。其纸池在先并无重张典当他人、财物不明等情；如有此等，系是兄出头支理，不涉弟之事。言约其纸池约期当年陆年，付弟作纸。俟至有能之日，备钱照契面当年冬赎回者听。如未赎，任付管业。今欲有凭，立卖契壹纸，并带龟脰郑元白赎回契壹纸，共弍纸为照。(内注“钱”壹字，再照。〈押〉)

道光拾壹年拾壹月　日。立卖契：兄文鼎。在见中：弟文进。〈押〉(大进益)②

在这一契约中，文鼎将纸池卖给文培造纸，但约定六年后可以赎回，相当于抵押借贷。在六年之内，其纸池归文培经营，而文鼎每年仍可收三斤纸的“池租”。值得注意的是，黄氏的纸池都是在家族成员之间转让，可见黄氏族人不愿意让外人参与本族的造纸产业。此外，纸池的交易时间一般都在年底，这是由于受到造纸业经营周期的影响。造纸所需的竹子是嫩竹，到九月后毛竹开始枯萎，不再适宜造纸，所以造纸的高峰期是上半年。到了年底，纸池一般都要清理封锁，便于交易。

从现存契约文书看，叶家于乾隆年间开始经营茶油，到清后期建立了家族油杭（方言，即油坊）。叶氏的油杭建在祖厝麒麟堂的左侧横厝中，应该是由家族成员合股修建的。其契约如下：

立卖契侄良娸，祖有油杭壹座，坐址本厝麒麟堂左边，俗叫楼兜，今因无钱应用，自愿托中送卖与本房亲人声棠叔处为业。三面言议，时值价钱壹拾壹仟叁佰文正。其钱即日交讫，其油杭即付叔前去掌管克油封锁，任从其便。此是祖父所置己业，与别无干。在

① 前南京国民政府司法行政部．民事习惯调查报告录[R]．胡旭晟，夏新华，李交发，点校．北京：中国政法大学出版社，2000：307。

② 盖洋乡碓头村黄财法文书：麻袋-袋子-辛 00303。

先并无交加来历不明等情；如有此情，系是侄出头支当，不涉叔之事。今因家贫无〔钱〕生活，向在叔承回克油。言约递年约纳油租拾斤正，至冬交清明白，不敢少欠斤两。如是少欠，即将油杭付叔前去掌管克油封锁，侄不敢异言生端之理。其期言约不拘远近，备钱照契面取赎。如未赎，依旧管业。今欲有凭，立油杭契壹纸，并带郑能品到收字壹纸，共成弍纸，付执为照。

民国壬申廿一年三月　日。立卖契：侄良娱。知见：母郑氏。代字中：叔声彦。〈押〉（大进益）[①]

通过这一契约，叶良娱将祖传的油杭卖给本房叔，随即又租回自己经营，约定每年交纳“油租”十斤。这说明，当时油杭的所有权与经营权是可以分离的，其业主可以坐食租利，未必需要自己经营。此契中的“郑能品到收字”，签订于光绪十(1884)年，内称叶家从道光至光绪年间的欠款已付清，郑家因此退还叶家抵押的油杭。自光绪年间赎回油杭之后，叶家的油杭再未转让给外人，所有的交易都是发生在族人之间。

黄、叶两家都有不少杉木。从契约文书看，黄家购买的山场、杉木都在本地，主要分布在村头。叶家除了在本地有山场、杉木外，契约中多次提到麻畲和东湖。麻畲村位于碓头村西南部山区，现属洑口乡；东湖村位于嵩口镇南部，现属仙游县西苑乡。两地均处于山区腹地，盛产高质量杉木。此外，麻畲邻近大樟溪上游的重要码头梧埕和洑口，而东湖出产的杉木可经赤水溪到达赤水村再汇集到嵩口。与黄家相比，叶家的山场分布更广，也更靠近放排河流和重要码头。因此叶家在杉木经营上具有更大的优势。

开发山林资源需要长期投资，必须拥有稳定的经营权。黄、叶两家都曾经制定家族规约，以维护山林经营的产权秩序。道光元(1821)年，黄氏家族的忠、恕两房在《祭墓簿》中，记录了族有山林的各种经营方式。例如：“嘉庆贰拾贰年拾贰月　日，忠、恕两房各人面议，兴园厝后门砍松柏柴钱，兄弟侄面算，纳出根租谷，充惟民公众下。其谷祭首当年收办。”当时共有7人承包家族山林，合计价钱2108文，交纳租

① 盖洋乡碓头村叶信村文书：箱2-13-包中包1-已00300。

谷23斤。[①] 这说明，忠、恕两房的山林产权属于家族共有，通过承包给族人经营以实现收益。道光四(1824)年，黄氏家族的天、地、人三房子孙在《祭墓簿》中记载："一议，墓林壹仑，所留杂木遮阴风水。其松柏榠系兴园厝所留，众人不敢言说。所留杂木，三房公众言议松柏为记。一议，前年间寮后盛传所留竹树，路下付盛传掌管，路上不许私留。如是私留，众人会上砍伐。"[②] 天、地、人三房包括碓头黄氏家族的全体族人，这里议定的山林产权及其培育、砍伐办法，为家族内部的山林经营提供了基本依据。

乾隆年间，叶氏族人因砍伐松树发生冲突，于乾隆十一(1746)年召集族长、房长、家长、"公见"等人，共同议立了如下规约：

> 立规约仕猷、仕忠，为严禁松柏畅茂以荫分[风]水事。缘猷祖遗税山场，土名岩前仑，一系祖坟，培留松杉杂木已今茂盛。突于八月十八日，仕樵、绍玉砍伐松树一株，但今猷谨请族、房长，于九月廿一日设酒，与叔兄弟侄辈再立规约。培留松、杉、杂木，林内有杉木一统培留，以荫本方水尾峰峦。一仑里至隔头池为界，四围至田四丈以上为界，不许盗砍松杉杂木。如有无耻之辈不守规约，照条规公罚。倘有不遵，族长签名送官究治，不得登堂祭祀。各宜遵守，但言之不早也。决不虚言，所言是实。
>
> 一议：盗砍松杉杂木者，察出罚猪肉弍拾斤、鸡二只重四斤、老酒三十并白米弍斗，古纸半□；一议：旧业杉木铲钹，各业各管，不许再置铲钹等业。如有不遵，凭规条公罚。
>
> 乾隆十一年九月　日。立规约：仕猷、仕忠。族长：子明。房长：昌岐。房长：仕樵。家长：……公见：郑叶宜。执笔：仕友。〈押〉(一团和气)[③]

这一规约禁止砍伐风水林，其实是为了维护仕猷支派"祖遗税山场"的产权。此前，仕樵、绍玉等人砍伐岩前仑的松木，侵害了仕猷兄弟的利益，导致了族人之间的冲突。仕猷兄弟借助族长等人的权威，

---

① 盖洋乡碓头村黄财法文书：麻袋-11-癸00006,00007。

② 盖洋乡碓头村黄财法文书：麻袋-1-辛00024。

③ 盖洋乡碓头村叶信村文书：箱2-46-癸00393。

重申其山场产权，而仕樵等也必须在规约中签字画押，遵守全族公认的行为规范。

碓头历史上的黄、叶等家族，依托当地的山林资源，发展各种不同形式的山林经济，到清代已经积累了丰厚的族产。在此基础上，各大家族相继建造大厝，力求聚族而居，逐渐形成了以古厝为中心的家族组织。

历代古厝与家族组织

碓头村现存众多历代古厝，其前身大多为民居建筑，后来逐渐演变为各家族的“祖厝”，即祭祀祖先的公共场所。这些古厝有堂、厝、居、楼、里等名称，命名原则通常有：一是取吉祥之意，如福隆厝、福兴厝、福泰厝等；二是以房屋建造者命名，如阿可厝；三是以所在地命名，如桥头厝；四是依据家族传承关系，如金麟居和玉麟居之名均出自叶氏麒麟堂。

房屋命名习俗可能源自当地的宗教仪式传统。如碓头村的元宵仪式[①]，一般要请前湖村的广兴坛许姓道士主持，在“请百神”科仪中有如下祝词：“敢蒙符官使者有灵通，手持古朵佩书同，头戴飞天金帽，脚踏祥云口含香。有事坛前来禀告，无事不敢请符官。即据福建福州府永泰县三十六都和平乡英达里〇〇境〇〇坊〇〇厝住居，奉神赛愿祈福保安醮主〇〇。”[②] 其中，居住于某某厝和“醮主”的身份标识是不可缺少的仪式要素。在叶氏文书中，有一张民国庚午(1930)年的过关科仪文书，内称：“太乙天罡大圣，为给诏佩奉护身执照事。据福建永泰县三十六都和平乡英达里盖峰上境东辅坊麒麟寨厝住居人氏，醮主叶声棠。”[③] 这里的“三十六都和平乡英达里”，显然是承袭了明清时期的都

① 元宵仪式俗称“做元宵”，在本村社庙举行，应脱胎于明代的里社制度。参见:郑振满．神庙祭典与社区发展模式——莆田江口平原的例证[J]．史林,1995(1)：33—47。

② 盖洋乡前湖村许圣明文书:IMG_20171021_100357R。

③ 盖洋乡碓头村叶信村文书:箱 2-24-己 00330。

图建制，而“境-坊-厝”则是当地特有的空间概念。①

人类学家林耀华曾经指出：“在乡村社会，建大宅子被视为成功和显赫的标志。”② 永泰山区的“大宅子”，一般是“八面平楼”（图 43），

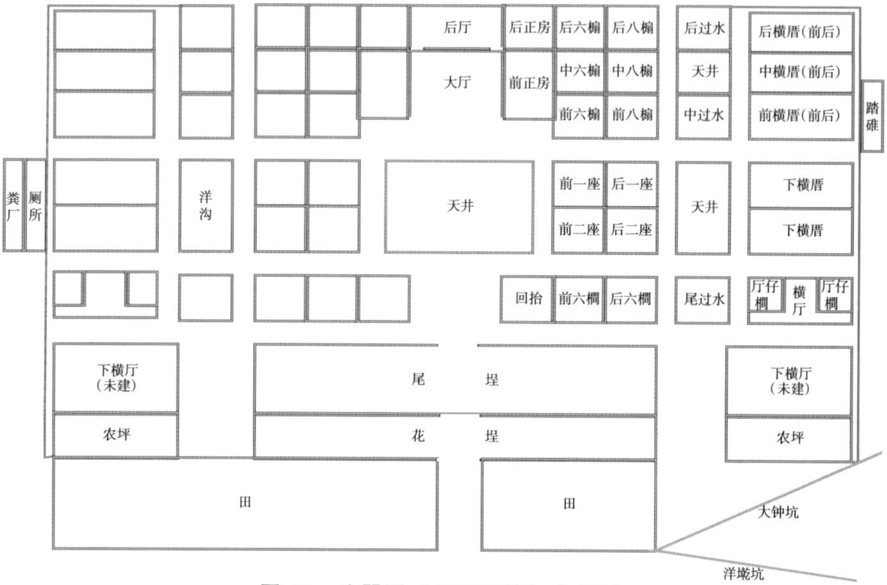

图 43　汝器厝“八面平楼”布局图

资料来源：盖洋村三对厝郑步清文书：1 册，5 册。

讲究左右对称、排列整齐。其主体建筑由回照、天井、前后官房和厅堂、前后包廊、左右书院、前后边房组成，且大多为两层楼房。如果要在主体建筑之外增建房屋，则必须呈竖排分布，称“横厝”或“扶厝”，而主体建筑则是“正厝”。③ 后厅前面空旷的开放空间称正厅或客厅。正厅中间可以放置很大的方形桌，桌后设案台，案台后设神龛，供奉祖先牌位和神明灵位。正厅和后厅统称为厅堂，是正厝中最为重要的

① 笔者在邻近的湖里村湖口庙发现了一个创制于嘉庆十四(1809)年的香炉，上书“龙湖坊林姓弟子公立”。考虑到湖口庙供奉忠文尊王，是湖里村的社庙，因此“龙湖坊”指的应是湖里村。可见“境-坊-厝”的仪式空间概念在当地影响深远。据笔者调查，碓头村至少有两个“坊”，碓头属于“东辅坊”（一说“东湖坊”），村头属于“龙源坊”。

② 林耀华．金翼：一个中国家族的史记[M]．庄孔韶，方静文，译．北京：生活·读书·新知三联书店，2015：29。

③ 永泰县志[Z]．北京：新华出版社，1992：764。

空间。正厅的门或梁上一般挂有红榜，上书屋名。

永泰山区的大厝通常可以住三到四代人。兄弟分家之后通常会在自己分得的房间内垒砌灶台，并在厨房后置办房间，形成相对独立的生活空间。每逢重大节日，在正厅举行仪式之后，这些小家庭才会聚餐。[①]多数家族无力建造完整的“八面平楼”，但再简陋的房屋也会有厅堂、边房和官房（图 44）。由于分家析产的影响，房屋产权呈现由集中到分散的演变趋势。分散的产权不利于形成紧密团结的家族组织，集中厝屋产权是实现小家庭联合的基本思路。

图 44　村头黄氏龙兴堂（2018-10-3）

乾隆四十八(1783)年修的碓头黄氏族谱，记述了其传承谱系与早期祖厝：

> 盖我黄氏谱系出于唐之光启年间，祖自广西柳州府来宾县界牌村人氏，由唐文德间卜居于闽省福州，此一传也。自是再传至后周显德年间，乃徙居于兴化埔头之龙井，曰财丁、曰贵宦，子孙昌炽，难以尽陈。嗣后传至宋朝元祐五年庚午，又远迁于永之盖峰扛

① 受访人：郑尔光，采访人：周煜翔，场景：盖洋乡三对厝，2018-10-4。

界，构一祖居，名曰埔头厝。相传有始祖黄俊公、始祖妣卢氏若人也。……至于迁我村头龙源坊岩兜祖屋者，果何人哉？又有讳曰招员公，出进明，号与白公，妣郑氏，为我龙源开山公是也。但未审其朝代，想是明季之时。其坟墓葬于本山牛路头，是皆有所稽而不失哉。①

如上所述，在乾隆年间纂修族谱的时候，黄氏族人对开基祖的情况并不清楚，只知道当时有"岩兜祖屋"。② 到了明末，该祖屋一度毁坏，"只存其基"。雍正元(1723)年族人"重兴而居之"，到乾隆时"复为祖堂，永传祭祖之处"。③ 可见，在编纂族谱之前，"岩兜祖屋"承载了黄氏族人的历史记忆。在现存黄氏文书中，我们发现了雍正元年关于"岩兜祖屋"的合约：

立合约叔右昇/如文、惟希等，原有祖地基一座，与下房惟震弟应分各半，依旧约据，与震另议合同为定。叔昇/文、希/民等一半地基，昇、文三分之一，希应三分之一，民兄弟三分之一。叔昇/文、弟希等切思地基分各应小，其昇、文正屋共应地基贰樫，其希应正屋地亦贰樫，民自应贰樫。昇、文、希等归一统□□□惟民兄弟前去一起盖屋住居，以为侄兄掌守。所有震应一半正屋地基并书院扶厝，与弟震换地起盖，系亦民自应己业，所有扶厝亦照三分之一，一半书院亦应三分之一。其正厝付侄兄起盖，侄兄另拨扶厝并书院与叔弟对换，并应自分应扶厝。逐一开列樫数明白，自行盖屋。合当夹立合同为照。

计开：

民自应正厝全，书院左边全，与震借分。左边与震换地扶厝第三橺、第四橺共贰直，右边上坪扶厝第一橺一直，抽付昇、文二人，对换正屋弍樫，又应另与震对地。右边下坪楼地扶厝，系民己应之地，又与震另换。左边第二重扶厝及余地至水井石为界，亦是

---

① 永泰县碓头村黄氏族谱．清乾隆四十八年写本；麻袋-31-0002，0003。

② 在黄氏家族的文书群中，笔者发现了一张嘉靖四十三(1564)年的认批屯田字，订立者为黄胜祖、黄进明兄弟。

③ 永泰县碓头村黄氏族谱．清乾隆四十八年写本；麻袋-31-0005。

民业，与本房侄弟无干。

昇、文己应右边第一椆扶厝一直，又应民换正厝地基西边上坪第一椆扶厝一直，又应民拨扶厝龙边第三椆壹直，对换书院，右边付希弟起盖。

希应书院右边全，内系民应一直，拨换正厝地基。又己左边第二椆扶厝一直。此照。

〈骑缝：〉夹立合同二纸，各执永远为照。

雍正元年十二月　日。立合同：叔右昇、如文，弟惟希。在见亲人：郑仲群。代字：弟惟震。〈押〉（天长地久）①

从合约可知，黄氏“岩兜祖屋”的产权由派下子孙（图45）共同继承。惟民兄弟为了在正屋地基建造住宅，除了自己分得的六分之一份额之外，又以自家的扶厝地基和田产，与其他族人交换正屋地基。

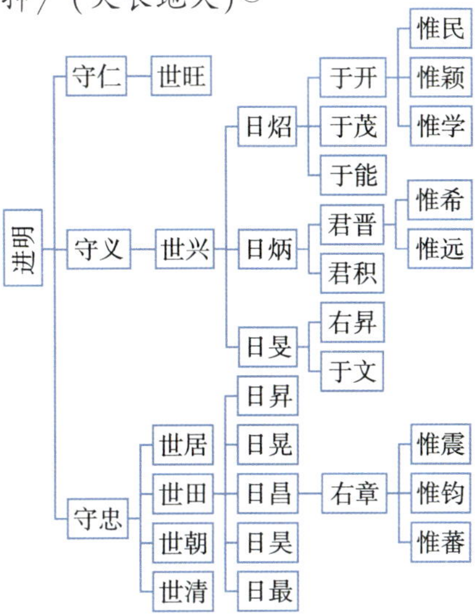

图45　黄进明子孙世系图

根据族谱记载，守仁公房传至世旺公绝嗣；守忠公房的世居公、世朝公、世清公三房，至雍正元年或绝后或外迁；守忠—世田公房下的日昇公、日晃公、日昊公、日最公四房，至雍正年间也全部绝后。因此，上述合约实际上是守义公房和守忠公房对岩兜祖厝权益的重新分配。守忠公房的惟震分得一半②，守义公房的右昇兄弟、惟希惟民兄弟共得一半，所有人都是同时拥有正厝、扶厝的产权。由于派下子孙日增，人均产权越来越少，他们便通过地基的转让和交换，实现了正厝地基的集中使用。

① 盖洋乡碓头村黄财法文书：麻袋-48-辛00682。本契提到的“如文”在族谱中无法找到，根据契约显示的亲属关系，可以确定“如文”就是右昇之弟“于文”。

② 需要说明的是族谱显示惟震另有惟钧、惟蕃两个兄弟，不知为何此二人并未分享岩兜厝的权益。

在黄氏文书中，还保存了与上述契约配套的另一份合约，其中记载："其震应分正厝、书院即扶厝，系民已对田与震一一换明外，立约另行，不在此禁。"[①] 这就是说，惟民用田产交换惟震在岩兜厝分得的屋产。此外，从雍正元年至三（1723—1725）年，惟民先后通过典当、买卖等方式，陆续将于文、惟希、右昇分到的扶厝、书院等地收为己业。[②] 不过，这些契约都明确注明："此屋乔变之日，原地付还卖主子孙。"这说明，祖厝作为特殊的族产，卖方只愿意转让其使用权，并不想放弃自己的所有权。不过，在卖主未能回赎的情况下，实际上也就失去了其所有产权。

乾隆十七(1752)年黄惟民的两个儿子鲁水、心水分为忠、恕两房[③]，乾隆三十八(1773)年黄心水的四个儿子分为福、寿、康、宁四房，每次分家都将岩兜厝作为祖业进行分配。[④] 不过，当时的岩兜厝已经很难用于居住，因而最终"复为祖堂，永传祭祖之处"。

值得注意的是，岩兜厝从住宅转变为祖堂的过程，并不是分家时的提留公产，而是分家之后经过一系列的产权交换与典卖重新实现的产权集中。黄惟民支派控制了岩兜厝的使用权后，在家族活动中获得了话语权。在岩兜厝转变为祖堂之后，黄氏家族随即制定了祭祖礼仪，并开始编纂族谱，致力于家族建设。在此过程中，黄惟民支派始终居于主导地位，形成了依附式的宗族组织。[⑤]

碓头叶氏的家族组织，同样是以祖厝为中心的。据说开基祖为第十五世祖伯岩公，于洪武二(1369)年迁居碓头，修建了名为"东放里"的祖厝；至二十三世文明公建立了"圳厦厝"，文明公子孙共同建造了"麒麟庄"（又名麒麟堂）。二十四世分家之后，长房人丁不旺，二房日益兴盛。因此，叶氏族人决定将历代住宅作为祖厝，由两房子孙共同管理。其中东放里因年代久远破损，不再承担祭祀功能；圳厦厝用于奉祀

---

① 盖洋乡碓头村黄财法文书:麻袋-散件-辛 00262。

② 盖洋乡碓头村黄财法文书:麻袋-袋子-辛 00453,00480；麻袋-散件-辛 00256。

③ 盖洋乡碓头村黄财法文书:麻袋-21-壬 00014,00015,00031。

④ 盖洋乡碓头村黄财法文书:麻袋-22-壬 00045,00047,00050,00052。

⑤ 郑振满．明清福建家族组织与社会变迁［M］．北京：中国人民大学出版社，2009:61—78。

文明公，麒麟庄用于奉祀伯岩公及两房房祖；另有二房二十七世祖子巧公建造的桥头厝，专门用于奉祀二房历代祖先。圳厦厝和麒麟庄的祭祀活动，全体叶氏族人参加，每年按房轮值选派头人；桥头厝的祭祀活动，所有二房子孙参加，其头人也是按房轮值。① 叶氏家族的祭祖活动与传承谱系密切相关，具有继承式宗族的某些特征。②

修建寨堡与族群联盟

寨堡作为军事防御设施，通常建有高大的围墙，不同于普通的民居建筑。明清之际，为了应对社会动乱，盖洋地区曾经建造了不少寨堡，但后来大多废弃了。清中叶以后，地方政府职能日益萎缩，促成了乡族自治的发展。③ 为了加强社会治理，永泰各乡镇重建乡约保甲组织，实行地方联防制度。咸丰七(1857)年，永泰知县刘用锡和委员陈春熙遍赴县内各区谕办乡团，并修筑炮台加强防守。④ 由于当时地方财政入不敷出，所谓“谕办乡团”就是动员民间自办团练，这导致了地方社会的普遍军事化。⑤

根据民国《永泰县志》记载，从咸丰年间开始，尤溪、德化等地的土匪不断侵扰县境，到民国初期尤为嚣张。《盖峰郑氏族谱》记述了晚清民国时期的盖洋匪乱：

> 由于地与德化、尤溪相邻，自清末以来历遭匪乱。尤其于民国七年，德化、尤溪匪徒纷纷向我盖洋抓人、派款，扰乱不安。至民国廿年，德化匪魁黄其明以最大兵力向盖洋进攻，漏夜窜入盖洋，

---

① 受访人：叶信村，采访人：周煜翔，场景：碓头村金麒居，2019-6-29。

② 郑振满．明清福建家族组织与社会变迁[M]．北京：中国人民大学出版社，2009：47—61。

③ 郑振满．清代福建地方财政与政府职能的演变——《福建省例》研究[J]．清史研究，2002(2)：24—35；倪玉平．从国家财政到财政国家——清朝咸同年间的财政与社会[M]．北京：科学出版社，2017。

④ 民国永泰县志：卷1[Z]．民国十一年铅印本．台北：成文出版社，1967：23。

⑤ 郑振满．乡族与国家：多元视野中的闽台传统社会[M]．北京：生活·读书·新知三联书店，2009；何文平．清末地方军事化中的国家与社会——以广东团练为例[J]．学术研究，2009(9)：114—121。

驻扎元朝寨，猛击洋垅寨。当时虽有嵩口总团来兵，不济于事，后请闽清黄炳武率兵援救。而匪帮知其来势不妙，竟施毒策，将前湖、龟脰、湖里等各寨焚烧，后将元朝寨、洋垅寨以及西湖庙全部烧尽，烧灭民房十余座。①

如上所述，晚清民国时期的盖洋各村落，普遍遭受外来匪徒的侵扰。当时各村都建了寨堡，但仍然难以自保，陆续毁于匪乱。

在碓头现存民间文献中，有不少合作建寨堡的契约文书，涉及当地黄、吴、林、郑各大家族。从中可以看出，当时碓头民众为了聚众自保，采用了各种不同的合作模式，最终形成了跨家族的军事联盟。这一时期盖洋的聚落形态，实际上是寨堡与大厝的有机结合，这是庄寨建筑的又一表现形式。

在村头自然村附近的山脊上，以前有两座寨堡：其一是重兴寨，俗称“下寨”，其产权属于黄氏家族；其二是虎笼寨，俗称“上寨”，其产权属于郑氏家族。② 重兴寨现存部分围墙遗址（图 46），其平均厚度达 0.8 米，大致呈正方形，占地 1000 多平方米。其西南方向有一缺口，应是寨堡正门。村中仅有一条小道可以通往寨堡，狭窄难行（图 47）。重兴寨居高临下，易守难攻，但山上并无水源，只能作为临时避难所。

图 46　重兴寨围墙遗址

图 47　通往重兴寨的山路（2018-10-3）

① 吾祖亮公迁入盖洋略记//盖峰郑氏族谱 . 1996：9。

② 受访人：郑学铨，采访人：周煜翔，场景：碓头村中兴厝，2018-10-3。郑学铨是盖洋郑氏梗头支房族人，他小时候曾在重兴寨居住，寨毁后在对面建立“中兴厝”。他认为重兴寨产权属于郑氏和黄氏共有，其中郑氏指的是他父亲一房。不过，其父本名黄如源，因入嗣奋斗郑氏家族而改姓，故重兴寨的产权实际上一直属于黄氏家族。

据黄氏族人说，重兴寨始建于明代后期，民国初期曾重建，现存最早的相关契约订立于乾隆十三(1748)年。[1] 黄氏家族文书对早期的重兴寨有如下记述：

> 咸集父老之传闻，忆吾始祖进明公与其胞弟进达公，生于仙游县浦头厝，胸本明慧。因其国乱，乡闹巨擘，弱不敌强，移其父黄俊公金，葬在永福县三十六都盖洋保村头乡，土名堀里，坐甲向庚，高山之阳。就于即乡起盖重兴寨居焉，坐辛向乙兼戌辰居住。[2]

可见早期的重兴寨同时用于居住和防御，可能规模并不大。有清一代长期的安定局面，弱化了重兴寨的军事功能。民国初年，黄氏族人为了抵御匪乱，决定重建重兴寨。当地的林、吴、郑等姓族人也要求进寨居住，与黄氏家族签订了一系列合约。在现存黄氏文书中，有一包注明"中兴寨"的契约，其中有11张"合约字"。在当地方言中，"中"与"重"谐音，这些合约显然都与重兴寨有关。合约内容主要是本乡各姓要求租用重兴寨的地基，进寨建房居住。其中一例如：

> 立合约字林典开、林典亨，兹见黄家祖上遗有堡地全座，坐址村头地方，土名中兴寨。当此世乱风移，进前相议，向黄永昌、黄永怀同处承来上座右边正房六榻，并下座右边第壹棢壹榴，共叁榴。修砌造构寨屋全美，男女住居，关锁出入，并六畜入寨。及内外门路、巷路、天井余地、厕所上下座、前后厅，吉凶事通用通行，五行同用，任从其便，黄家不得异言之理。住居七年外，言约每年每榴约纳地租谷弍拾斤正，付黄家收回，不敢欠租。如是若无住居、无纳租，其堡屋付还黄家掌回，林家不敢异言。如无欠租，仍付林家住居掌管。向后匪徒再乱，亦付林家子孙住居，黄家子孙不敢言说生端。两家喜允，各无反悔。今欲有凭，立合约字弍纸，各执壹纸，付执天长地久为照。〈骑缝：〉夹立合约字弍纸，各执壹纸为照。

---

① 盖洋乡碓头村黄财法文书：箱-散件-壬00140。

② 盖洋乡碓头村黄财法文书：麻袋-12-癸00055。本簿记录了20世纪60—80年代黄氏家族的人情往来。

民国己未年九月　日。立合约字：林典开。弟：典亨。中见：郑渭昌。代字：叶声韬。〈押〉(添丁发甲)①

上契中的林氏是村头村主要家族之一，其祖厝“福隆厝”紧邻黄氏家族的“岩兜厝”。林典开兄弟从黄氏承租寨基三榴，用于建造寨屋。双方约定，林氏建屋之后可以进寨居住，并使用寨内的所有公共设施，每年每榴须交租谷20斤。如果七年后林氏出寨居住，或是拖欠地租，其所建房屋归黄氏所有。其他各姓与黄氏签订的合约，内容大同小异（表25），都是进寨租地建屋的合同。这些契约大多签订于民国己未(1919)年，其中有7张为骑缝合约字。

表25　异姓入住重兴寨契约一览表

立契人	立契月	所承地基数	地租	居住时限	中人	代字人
吴孝扳、吴孝授	九月	1榴	每榴每年约纳租谷20斤	七年	郑行昌	郑贤步
郑裕庚、郑维兰	九月	2榴			郑渭昌	叶声韬
吴忠招	九月	1榴			郑渭昌	叶声韬
吴孝智*	九月	2榴			郑渭昌	叶声韬
林典开、林典亨	九月	3榴			郑渭昌	叶声韬
郑行昌	十一月	2榴			郑求昌	吴孝盛
吴忠阜	十一月	1榴			郑渭昌	郑华苍

*吴孝智所立契约不在前述包中，但根据书写格式、中人、代字人等，可以认定属于同一系列。

上表中所有的郑氏族人均属盖洋扛界支房，吴氏居前龙洋。中人为辈分较高的郑氏族人②；代字人来自当地不同家族，通常有较高的公信力，其中叶声韬为当时叶家首富。从这些契约可以看出，当时以重建重兴寨为契机，形成了当地精英的超家族联盟。最后，这些合约的收执者皆为“黄永昌、黄永怀”，他们代表当时黄氏全体两房族人与各姓合作。

碓头各姓租用重兴寨的地基，进寨建房居住，实际上都是动乱时期的权宜之计。因此，到了和平时期，外姓之人可能并不进寨居住，甚至

① 盖洋乡碓头村黄财法文书：箱-包11-癸00006。

② 《盖峰郑氏族谱》中“贤”字辈为第33世，“昌”为34世，“裕”和“维”为35世。“郑华苍”在族谱中未见收录。

转卖自己的住房。例如，民国十五(1926)年，林典仁以缺钱为由，退还“堡屋”及木料。所立契约如下：

立退还字林典仁，于前己未年因世乱，承有堡屋壹楻，承来修造以避寇难，坐址村头地方，土名重兴寨左边下座第肆榴前面壹楻，上至椽瓦，下至地基，四围木料。今因少钱乏用，自情愿托中退还与黄永怀处为业。三面言议，时值退还出价钱捌仟零叁拾陆文正。其钱即日交讫，其堡屋壹楻并下厅木料工资等款，统付还黄家自行修整掌管住居，任从其便，林家子孙永不敢生端异言等情之理。两家喜允,各无反悔。今欲有凭,立退还字壹纸,付执永远为照。

民国丙寅拾伍年叁月　日。立退还字：林典仁。知见：男进贵。代字中：吴孝盛。〈押〉（大兴旺）①

此契距己未合约刚好七年。从契约内容看，当时林典仁刚建成“堡屋壹楻”，另有准备建造下座的木料，但因“少钱乏用”，就以8036文的价格退还给黄氏家族。此后，林氏退出了重兴寨，不再参与这一多姓合作的军事联盟。

民国十六(1927)年，黄氏族人创立了《重兴寨地租簿》，记载寨中各姓的地租收支状况。簿中佃户以吴姓为主，另有郑姓若干。记事内容延续至民国三十四(1945)年，可见直到当时重兴寨仍是多姓共有的寨堡。兹以寨中住户吴孝智为例，摘录其历年交租资料，列为表26。

表26　吴孝智交纳重兴寨地租一览表

时间	应纳租谷	实收租谷	备注
1927	40斤	40斤	次年二月先交32斤、后补8斤
1928	40斤	39斤	
1929	40斤	41.5斤	补欠租1斤，加利息0.5斤
1930	40斤	9斤	孝仁代交
1931	40斤	84斤	孝智79斤，孝仁5斤
1932	40斤	40斤	孝智、孝仁、孝勇各13、13、14斤
1933	40斤	40斤	孝智、孝仁、孝勇各13、13.5、13.5斤

① 盖洋乡碓头村黄财法文书:箱-包8-包中包2-甲00002。

此表显示，吴孝智在1928年欠了1斤租谷，至次年即多交1.5斤租谷，其中0.5斤作为利息。1930年吴孝智无法交租，由其亲属代交9斤租谷，欠租31斤，次年多交13斤作为利息。看来黄氏家族可以有效控制重兴寨的住户，很少发生欠租现象。又如郑志隆于1930年欠租20斤，黄氏就从郑氏“火烧寮土地公大租”处扒出租谷20斤抵扣；次年郑志隆再次欠租，黄氏又从其亲属郑裕庚处扒出租谷20斤抵扣。黄氏家族从寨中各姓收到的地租，主要用于修补寨墙等公共费用，维护重兴寨的居住环境。

在叶氏家族所居的玉麟居后山，原来有一座麒麟寨，据说因叶氏祖厝麒麟庄而得名。相传叶氏家族的祖炉原在麒麟庄上座厅堂，后迁至下座，此后族内的幼丁大量死亡；叶氏族人遂将祖炉迁回上座，并拆除下座，其木料用于建造麒麟寨。① 这一传说的现实意义，就是为了说明麒麟寨原来是家族公产。麒麟寨现已废弃，其寨基尚存，占地面积约1500平方米。据叶信村先生回忆，寨中原有一口水井，20世纪70年代此寨建筑老化，不再适合居住，才逐渐拆除。② 在现存叶氏文书中，有一组关于麒麟寨的契约，记录了其历代产权归属，体现了当事人的传承谱系（图48）。

图48　麒麟寨业主谱系

民国八(1919)年，因土匪持续侵扰盖洋，声韬、声棠兄弟与其他族人合作，重新修建麒麟寨，利用其地基建房居住。为此，声韬兄弟分别与声干、声吉等业主签订合约，租借其寨内地基。其契约如下：

立合约字弟声干，祖置有寨基壹増，坐落本地，土名麒麟寨右边正房壹増，又下座右边大门里第壹増壹増。今因声韬、声棠兄弟避乱要用起盖住居，与弟声干叔侄相议，其寨地即付兄起寨厝上下房屋住居，俟至三年外，递年约纳地租钱壹百文正。两家喜允，各无反悔，立合约天长地久壹纸，付执为照。（内添“増”字壹字，再照。）〈骑缝：〉立合约各执为照。

中华民国八年闰七月　日。立：弟声干。在见：兄声彦。代

① 受访人：叶信村，采访人：周煜翔，场景：碓头村金麟居，2019-6-29。
② 受访人：叶信村，采访人：周煜翔，场景：碓头村金麟居，2018-10-3。

字：林如卿。〈押〉(财丁兴旺)①

立合约字兄声吉，祖置有寨基叁增，坐落本乡地方，土名麒麟寨上座中槲壹增，又左边式增。今因世风扰乱，声韬、声棠兄弟与兄声吉相议，其寨基即付弟起上下房屋住居，言约楼上后角壹槲，乱世付还兄住居，太平付弟住居。两家允愿，各无返悔。今欲有凭，立约字壹纸，并带国守据字壹纸，又带国庆卖契壹纸，共成叁纸。天长地久，付执为照。〈骑缝：〉立合约各执为照。

中华民国八年闰七月　日。立合约：声吉。在见：弟声彦。代字中：林如卿。〈押〉(财丁两旺)②

上述两张契约分属不同文书群，从订立时间、契约格式和人名等线索分析，可确认其为一套合约。契约内容是声韬、声棠兄弟向其他业主租借寨内的地基。"在见人"叶声彦是当时叶氏家族二房除声韬、声棠兄弟外最有经济实力的族人；"代字人"林如卿则属于湖里林氏家族。其中，与声干的交易是租地建房，条件是三年之后每年交租钱100文；与声吉的交易是共同居住，但声吉只要求在乱世居住其中一间。不过，在与声吉的合约中，后来又注明："十二年七月吉故，声月送回，向后不堪行用。"③

在叶氏重建麒麟寨的过程中，当地吴氏族人也要求在寨内建房居住。其合约如下：

立合约字吴忠祥、吴忠厚等，同向与叶声彦房长处相议，有旧地壹座，坐址本保碓头地方，土名麒麟寨下座，右边剩有第叁增壹增桯地。今因世乱，土匪骚扰，无处避难，让来修整地基，起盖房屋，男女六畜、家财器具等物搬入寨内住居。上下座前后厅余地、厕所、天井、门路，喜丧事通行出入，任从其便，叶家不得异言生端等情。言约住居三年以外，递年约纳地租钱式百文正，付叶家收回，不敢少欠。如是少欠，将房屋付还叶家掌管；或无住居，房屋付叶家掌管，亦无地租。若地租钱无欠，仍旧住居管业，叶家亦不

① 盖洋乡碓头村叶信村文书：箱2-74-癸00319。

② 盖洋乡碓头村叶义权文书：包4-甲00486。

③ 盖洋乡碓头村叶义权文书：包4-包中包2-甲00461。

得借地主召回另租别人。倘日后世未清平，仍付吴家子孙搬入住居，听从其便，叶家不得霸占之理。两家喜允，各无反悔。今欲有凭，立合约字两纸，各执一纸，天长地久，付执为照。（内添“头”字一字，再照。）〈骑缝：〉合同两纸，各执壹纸为照。

民国己未八年十月　日。立合约字：吴忠祥。同约：弟忠厚。代字：林如卿。〈押〉（添丁发甲）①

在这一合约中，吴氏族人通过租借地基的方式，与叶氏族人共同重建麒麟寨，加入了军事防卫联盟。合约中规定，到三年之后，吴氏族人每年必须交纳地租钱200文；如果欠租或不住，其寨中住房归叶氏家族所有，但到了乱世仍可进寨避难。

民国八年重建的麒麟寨，实际上是参与建寨者的共有财产，可以视为超家族的军事联盟。不过，现有契约文书表明，从民国十二至十八（1923—1929）年间，叶声韬兄弟陆续收购了族人叶声干、声蔚、良隅等在麒麟寨的产权。尽管部分族人仍然保留了回赎权，但似乎始终未能赎回。因此，民国后期的麒麟寨，实际上已逐渐转变为私产。

乌石禅寺的仪式联盟

地处碓头村西南部的乌石禅寺，又称乌石庵，始建于明成化年间。庙中供奉清水祖师，为来自闽南地区的乡土神，其祖庙在安溪清水岩。② 万历《永福县志》记载：“乌石山，去城一百三十里。相传仙游有清水祖师香炉飞来栖此，因建乌石庵。”③（图49）

乌石禅寺原有世代相传的庙产，包括田地和山林。清初为了修建庙宇，住持僧秉戒向嵩口张氏族人借了高利贷，导致经营困难，僧徒外迁。后虽还清欠款，但口粮无措，生计维艰。康熙年间，秉戒决定“出外参学”，将寺院产业交付碓头叶氏家族管理。其契约如下：

立付字人乌石庵僧秉戒，前承接师祖僧常照公流传，遗下本庵

① 盖洋乡碓头村叶义权文书：包7-包中包2-丁00136。
② 李松堡．清水祖师信仰之祭祀礼仪研究［D］．厦门：华侨大学，2013。
③ 万历永福县志：卷1［Z］．福州：海峡书局，2012：26。

图 49　乌石禅寺（2019-6-19，戎宗柳摄）

香灯田山物业，管掌数年。因庵堂破坏，募缘修整，不觉徒子反心，搬走别住。苦无人相助，独心修整本庵已毕，收缘不足，以致所欠嵩阳张太生债息虽已明白，又缺口粮无措。将本庵香灯田并山场、物业付托盖洋叶文禄斋公耕种管业，办纳粮差，奉祝祖师香灯。两家情愿，戒出外参学。向后恐徒子生端，系戒出头支理，不涉文禄之事。今欲有凭，立付字为照。

计开田：井下，油麻坪，庵前上宅，并本庵前后竹林树木，尽付看管。□□有鉮一张，锄头一柄，斧头一柄，大□一柄，别物难以尽开。

粮纳差银壹两外，宅、田纳租式百斤。

康熙廿八年十一月　日。立付字人：僧秉戒。〈押〉

祖师佛□伽蓝、泰山尊王同保佃为中。①

这张契约被包裹在写有“乌石山契，文禄壹纸”② 的包契纸中，可见叶家以此作为其产权依据。“斋公”一词，表明叶文禄曾参与寺院的

① 盖洋乡碓头村叶信村文书：箱 2-62-丁 00179。

② 盖洋乡碓头村叶信村文书：箱 2-62-丁 00176 包契纸正面。

香火管理。叶家接管寺产之后，每年必须向寺院缴纳租谷 200 斤，并代缴税款。从表面上看，乌石禅寺与叶家形成了租佃关系；实际上，叶氏家族借此长期掌控了乌石禅寺的经营管理权。有趣的是，契约中的保佃中人为清水祖师和泰山尊王，这是当地的两位主要神明。泰山尊王的庙宇位于碓头村与奋斗村之间的交通要道上，现由盖洋郑氏家族管理。在 1997 年的《重建泰山庙捐资芳名碑》中，一共有 147 名捐款者，其中 91 人出自郑氏家族，20 人出自碓头叶氏家族，12 人出自湖里林氏家族，还有些来自附近的前龙洋、前湖、小洋等村落，可见泰山尊王是跨村庄、跨家族的崇拜对象。①

乌石禅寺介于盖洋与洑口之间，地处交通要道，辐射范围很广，信众分布于永泰、尤溪各地。光绪二十七（1901）年乌石禅寺重建，住持僧人立碑记录了捐款名单。其碑文如下：

今将重建乌石寺各善信喜捐银两、姓名列前：

永邑僧志成捐壹佰圆，僧宪林捐壹佰圆，张屯华柒拾两，张则封伍拾伍两，郑意富伍拾弍两，黄天成卅两，杨季雍廿伍两，吴忠阜廿一两，土洋温一十六两，蔡思堂十五两，郑怀坤十一两，郑元易十两，小洋李九两，张景泉九两，柯述公八两。许守□、许仁如、叶宗泰、詹平章、林廷贵、岭头坪、赤水众各七两。张则亮六两，林文焆、金恭恩、尤邑黄世高、林□馨、李正龙、□知加、林应文、许守贞、林子机、许明村、郑章迎各五两。郑章文、杨定猷、尤邑黄积德、杨伯远、山头乡吴光清、林行亮各银三元。金仕连、杨子云、张自台、许身伯、池文珍、林瑞立、林瑞东、林瑞文、叶达朝、李世教、天明堂、黄崇春、池乾选各三两。卢良多、林维万、后亭□、祥峦林、李仁□、叶加亮、郑武忠、郑文忠、双溪赖、谢再旺、林昌邦、林瑞通、池坤盛、凌世长、池坤梅、□秀兰、□友才各弍元。郑瑞亮、叶正为、池坤榜各弍两。林茂昇、林行魁、林行诚、林华奎、长安众、曾尧仁、谢梦予、林立辉、许道巽、许珍林、黄圣峰、隆美号、瑞茂号、郑招德、林行锐、林行选、林和峰、柯尔瑾、杨魁振、简友高、白福缘、郑益书、林景

① 重建泰山庙捐资芳名碑 . 1997 年立，现存泰山尊王庙。

姜、柯鹄星、张惟俊、林文喜、萧力兴、林□廷、郑宗标、李正林、许德典各壹元。

黄正明捐五两，魏礼应三两。湖上坂众捐廿两。池乾□十二两。池宜贤捐十一两。池宜彩二两。□□二两。

光绪式拾柒年岁在辛丑□□□□冬，重建乌石寺住持慧益，丁未春徒子□□竣立。[①]

此碑涉及众多的人名和地名，从中可以看出当时乌石禅寺的辐射范围。笔者根据碑铭提供的线索，结合族谱和田野访谈[②]，发现光绪年间参与重建乌石禅寺的村庄和家族广泛分布于永泰西部山区（图 50）。其中大多是地处深山的林木产地，也有不少位于河流沿岸，可见重建乌石禅寺与经营山林经济密切相关。名单中有不少是以祖先或聚落的名义捐款的家族组织，如“蔡思堂”为白沙蔡氏开基祖、“白福缘”为双溪白氏二世祖、“黄正明”（黄进明）为碓头黄氏开基祖，还有土洋温、小洋李、后亭□、祥峦林、双溪赖、岭头坪、天明堂、长安众、赤水众、湖上坂众等显然都是家族聚落。由此看来，晚清时期的乌石禅寺，已经成为跨村庄和跨家族的宗教仪式中心。

值得注意的是，光绪年间重建乌石禅寺的主持人，可能主要是盖洋郑氏族人。寺中现存的《乌石禅寺近代兴修纪略》记载：“历经兴衰起伏，多次修建。于清光绪二十七年，由盖洋乡绅郑植三、郑楷昌暨住持慧益募捐重建。”郑楷昌的谱名为郑凯昌，弟植三谱名机昌，为清末秀才。二人属盖洋郑氏扛界支房第三十四代（图 51）。

郑氏家族是最早定居盖洋的土著家族之一，明清时期为当地里长户，也是人口最多的家族。郑子登生活在乾嘉时期，因开发山林发家致富，其三子建造了远近闻名的三对厝，其孙郑英中曾在村头建造虎笼寨。郑凯昌和郑植三作为英中之孙，继承了家族的财产和声望。叶家请他们主持重建乌石禅寺，可能是想凭借其社会影响力发起募捐。

① 重建乌石禅寺碑铭．清光绪二十七年立，现存乌石禅寺。

② 《盖峰郑氏族谱》《湖里林氏族谱》《永泰县碓头村黄氏族谱》《高阳许氏族谱》《（珠峰谢氏）山兜祠谱志》《隆阳境（小洋）李氏族谱》《白沙蔡氏族谱》《双溪白氏族谱》和碓头村各类契约文书。另外，卓竞、马多、郑鹏程、张泽宇等人分享了重要的田野信息，谨致谢忱。

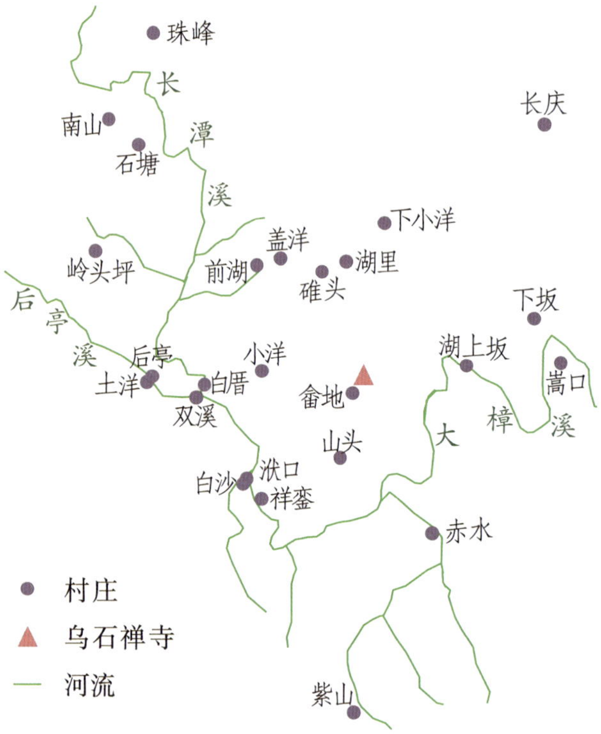

图 50　乌石禅寺题捐碑涉及村庄分布图

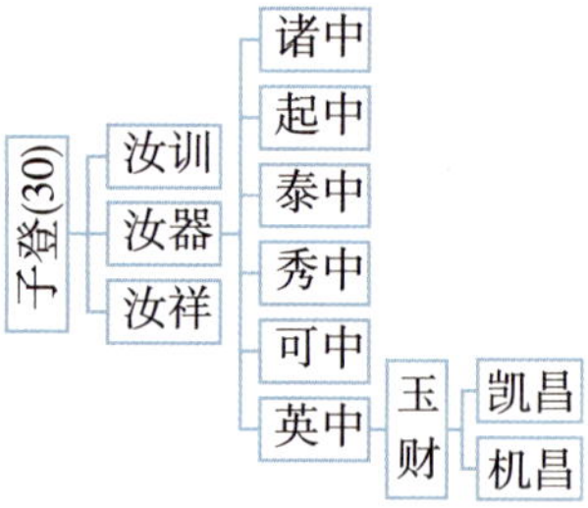

图 51　盖洋郑氏部分世系

民国时期，叶氏家族可能依旧掌管乌石禅寺的庙产，其族人至今引以为傲。[①] 不过，当时乌石禅寺经常入不敷出，需要求助于附近各大家族。在现存黄氏文书中，有一批民国年间的账簿，从中可以看到乌石禅寺支借钱财的记录。例如，民国十八(1929)年的账簿记载："乌石清水祖师：七月初六，支伏洋10角，〔折钱〕700〔文〕。喜题去银弍两，接［折］钱1600〔文〕。八月十八，支瓦200，〔折〕瓦〔钱〕900〔文〕。"[②] 账簿还记载了黄氏家族与显圣宫、朱李明王庙和暗亭寺的往来账目。显圣宫是村头的社庙，朱李明王庙是前龙洋村的社庙，黄氏家族与这两座庙宇关系密切，经常提供资

① 受访人：叶信村，采访人：周煜翔，场景：碓头村金麟居，2019-6-29。

② 盖洋乡碓头村黄财法文书：麻袋-45-辛00602。数字原文为苏州码。

助。暗亭寺位于盖洋乡东北部，是永泰山区最重要的庙宇之一，主要供奉卢公祖师。黄氏家族通过参加暗亭寺的仪式活动，加入了当地更大范围的仪式联盟。

1949年后乌石禅寺逐渐衰败，到2010年才重建。如今，每年农历三月初七，乌石禅寺都要举办祈福法会，请清水祖师坐镇道场。该法会由住持僧人和当地道士共同主持，和尚负责念经诵佛，道士负责仪式表演。法会期间，当地各村各姓民众都会前往庙宇祈福消灾，参拜清水祖师，观看仪式活动。在这里，散居各地的族群通过祈福法会相互联结，形成了以庙宇为中心的仪式联盟。

结语

盖洋碓头村是多姓聚居的山间小盆地，自北向南形成碓头、前龙洋、村头三个自然村。自明代中叶以来，当地各大家族划分山界，开发山林资源，形成了以杉木、茶油、清明茶为重点的特色产业。碓头各大家族留下了丰富的历史文献，如族谱、契约、账本、科仪书、人情簿等，为研究明清以来的山区开发史提供了宝贵的原始资料。

碓头历史上的聚落形态，以祖厝和寨堡相结合为主要特色。明清时期，碓头各大家族都建造了类似“八面平楼”的大厝，可以居住三至四代人。这些大厝后来大多演变为祖厝，成为派下子孙的祭祖中心，为家族聚合奠定了基础。明清之际碓头各大姓创建的寨堡，到清代大多废弃了。晚清至民国时期，为了应对匪乱，各大姓联合重建寨堡，形成了超家族的军事联盟。不过，这些寨堡地处险要之地，缺乏水源，并不适宜居住。因此，碓头的“民居-防御建筑”表现为住宅与寨堡分离，不同于永泰其他地区的庄寨。

地处盖洋与洑口之间的乌石禅寺，供奉清水祖师，创建于明代中期。清康熙年间，其庙产由碓头叶氏族人接管，但仍然是当地民众的仪式中心。晚清时，盖洋郑氏族人主持重建乌石禅寺，永泰西部的家族与村落普遍参与捐款，形成了以庙宇为中心的仪式联盟。民国时期，在碓头黄氏家族的持续资助下，乌石禅寺成为各大家族共同支持的宗教仪式中心。这种超家族的仪式联盟，有助于改善族群关系，维护社会秩序。

张泽宇

漈头林氏家族的生计模式与庄寨建筑

（漈头村，叶俊忠摄）

引言

嵩口镇漈头村是国家级传统村落，聚落形态完整，古厝、铳楼林立，历史文献丰富，为研究永泰庄寨提供了典型案例。自 2016 年以来，在永泰县村保办和东南乡建张明珍先生的指引下，我们多次到漈头开展田野调查，对当地的历史文化传统有了初步了解。在此基础上，本文拟利用漈头林氏家族的历史文献，结合田野调查资料，考察清代外来移民的生计模式与庄寨建筑。

当火车从平衍的海滨驶入绵延的群山，原本密集的红砖民居开始被错落分布的木构大厝所替代；鱼塘和稻田渐行渐远，林木和茶场接踵而来。从永泰县城溯大樟溪而上，车窗外的素湍碧水、苍苍蒹葭，似乎都曾在 140 多年前约翰·汤姆森（John Thomson）的照片中呈现，时光仿佛在这片山水中沉寂了下来。庙宇楼阁伫立在河畔码头，目送着潺潺流水般的代代过客，唯独骤然映入眼帘的庄寨在诉说着往昔的繁华。

嵩口镇位于永泰县西部，濒临大樟溪，为永泰山区的主要商品集散地。晚清、民国时期，镇上店铺林立，商业繁荣，吸引了闽中各地的商人。不仅本地，就连尤溪、德化、仙游等地的土特产品，大多也是通过大樟溪运到嵩口，再运销福州及海外。直到 20 世纪 50 年代，嵩口仍然有 40 多艘船穿梭于大樟溪上。附近山区生产的木材，一般都是经溪流放排至嵩口，重新编排后漂流至塘前，再转货船运到福州苍霞洲、龙潭角、中亭街一带，由当地商号批发销售。①

漈头村坐落在嵩口镇以北 10 千米处笔架山麓盆地，海拔 327 米，占地约 53 公顷。自北向南流经本村的漈头溪，将聚落分为东、西两个部分（图 52），并在村南 2 千米处形成了高达 20 余米的瀑布，最后至月洲汇入大樟溪。漈头之名，即来自这一瀑布。从地图上看，漈头村距离嵩口镇并不远，但由于地势落差大，双方交通较为困难。

明清时期，漈头属中和乡感应里二十九都。民国时期，与佳洋村合设碧漈保。1961 年漈头正式设村，属嵩口镇管辖。2020 年全村有户籍

① 受访人：林廉炎，采访人：张泽宇，场景：嵩口镇林氏宗祠，2018-11-9。

人口750人，主要有陈、林二姓，另有3户曾姓村民。据说林氏开基祖为挑货郎担的小商贩，陈氏开基祖为铁匠，二人为同乡好友，清初从邻近的泉州府永春县一同迁来永泰，陈氏定居漈头，林氏先在佳洋开基、后迁居漈头。另外，据说村中原有十八姓，包括蔡、吴、魏、罗、王等家族，至今村中仍有吴家店铺、蔡厝等地名。

图52 漈头村全景（叶俊忠摄）

据初步调查，漈头村现存古建筑20余处，大致分铳楼和古厝两大类。铳楼，当地人又称土楼，现存羊角墘铳楼、寨下铳楼、半岭铳楼、吴家铳楼等。其形制以四方形的碉堡式土楼为主，主体为两到三层土木结构，墙上设有多处射击孔（图53）。早期铳楼主要用于防御盗匪，也用于住人或储物。凡建有铳楼的家庭，平时都将钱财、粮油及贵重物品存放于楼内，夜晚老人、小孩多在楼内住宿，获匪讯或抓壮丁时青壮年男女均躲进铳楼避难。到了和平时期，铳楼逐渐用于居住和生产经营。

漈头古厝现存陈氏祖厝、曾氏祖厝、献宝厝、礼基厝、长增厝、溪洲坂厝等。陈氏祖厝即新洋宅，1996年由本村一位陈氏台胞出资重修。献宝厝即林氏献宝公祖厝，建于清代中期，建筑面积约500平方米，为一进四合院落式格局（图54）。从厝门进入的厅堂即前厅，用于接待重要客人、操办红白喜事，中间供奉祖先牌位。厝内的房间归私人所有，实行诸子均分制，子孙较多的房支往往缺乏住房，必须搬出旧厝另起炉灶。据说，过去在整个二十九都，只有漈头、月洲、大喜有献宝厝这样规模的古厝，如今大喜的古厝已被土匪烧毁，月洲的古厝已被卖掉拆除。2018 年，漈头林氏对献宝厝进行了全面重修。

图 53　漈头铳楼（张明珍摄）

图 54　献宝厝（张明珍摄）

在漈头村林姓和陈姓村民家中，保存了明清以来的大量文献资料。自 2016 年以来，我们已在该村收集和复制契约文书 2000 余件，其年代最早的为明万历四十三(1615)年，最晚的为 1986 年。这批文书完整地保存了其原有系统，具有良好的归户性和归物性。通过解读这些契约文书，我们可以揭示原有的行为主体和社会网络，也可以探讨不同的财产形态及其交易方式。此外，漈头村还保存了一批族谱、账本、阄书、人情簿、科仪书等历史文献，较为全面地反映了漈头历史上的人际关系与社会文化生活。

本文主要依据漈头林氏的现存族谱、阄书及契约文书，考察自清初以来林氏家族的发展历程。林氏家族作为外来移民，在永泰山区具有典型意义。为了集中反映移民社会史的阶段性特征，本文拟首先考察林氏家族的迁居与入籍过程，其次考察林氏家族的生计模式及其转型过程，最后考察林氏家族的庄寨建筑及其"在地化"。

林氏家族的迁居与入籍

漈头林氏源出于永春蓬壶高丽山，始迁祖永盛公于康熙年间携侄孙肇璋、肇贵迁居永泰佳洋，生子甲如、明如、洵如。洵如之子献宝公始由佳洋迁往漈头，而肇璋、肇贵子孙则留居佳洋。林氏族人来永泰之初，仍定期回原籍祭祖，甚至在原籍建屋置产，并未脱离原来的家族组织。族谱记载：

> 有同，字永盛，承和公次子。有不羁之志，乔迁永福廿九都佳洋里以居，垦山为田，循循规矩之中，公其圣世之逸民乎？而又不忘祖德，年年中元、除夕必归，祭祀祖先不失，则又无愧为存耕公之笃孝孙子也。夫生顺治甲申(1644)年七月初一日寅时，卒康熙丁酉(1717)年九月廿一日子时，享年七十四，葬永福廿九都佳洋水尾，坐辛向乙，倒插金钗形。①
>
> 戴如，又名洵如，字克懋，号伯齐，永盛公三子。读书明理，进退合义，在永福佳洋里居住，人尽敬重之，而水源木本之思良切，必归故土。建隔头厝一座，良田数亩，以与堂兄居守，而年年中元、除夕必归，祭祀祖先不失，周旋叔侄无间。其于佳洋则构葫芦仓厝以居，而处亲戚朋友和如。《诗》曰"在彼无恶，在此无

① 丽山林氏族谱．民国抄本：5920。

射”之君子是也。生康熙己卯(1699)年十月初九日戌时。[1]

献鹊，又名文绰，字有怀，号献宝，伯齐公长子。由佳洋葫芦仓迁本都漈头乡建屋居住。生雍正乙卯(1735)年三月十一日戌时，卒嘉庆甲子(1804)年七月初五日辰时，享年七十。[2]

从上述资料看，林永盛迁居佳洋的时间应是在康熙中期即1700年之前，而林献鹊（献宝）迁居漈头的时间应是在乾隆初期。在迁往漈头之前，林献宝之父洵如（伯齐）与堂侄肇贵（献琏）合作，在佳洋建造了“葫芦仓厝”[3]，可见当时已有在永泰定居的打算。到林献宝时，又在漈头建了大厝，逐渐入籍定居，发家致富。

关于献宝公的发家史，村中流传如下传说：过去的漈头是往来长庆、嵩口的必经之地，通过漈头溪可以直接放排到月洲，因此村中店铺林立，商业繁盛。有一天，18个客商挑着担子路过漈头，因天色已晚，向献宝公借宿。到了第二天清早，这些人已经消失得无影无踪，只剩下担子还留在房内。献宝公不知道是怎么回事，只好先将他们的行李保管起来。过了许多天，仍然不见有人来取行李，打开后发现都是金银财宝。献宝公得到了这笔横财，自此富甲一方。据说，当年献宝公将女儿嫁给三峰的岭尾村张氏时，仅嫁妆挑夫就有200多人，还送了大片的山场。[4]

上述传说当然不可信，但从中可以得知，当年漈头村地处经商要道，而献宝公与商人有密切关系。这一传说反映的历史背景是，清代中期山区商品经济的发展，已经波及漈头、长庆一带的深山老林。漈头林氏家族的发家，关键在于有效利用市场环境，致力于开发当地的土地和山林资源。这是下文即将探讨的问题。

在林献宝去世之前，漈头林氏家族已颇具规模。据乾隆五十二(1787)年的林氏《福房阄书》记载，林献宝生育四子，“长景登，乃时

① 丽山林氏族谱. 民国抄本:5952。

② 永春高丽永泰漈头林氏支谱. 2000:7。

③ 林氏九牧西河衍高丽房佳洋景著系十修重整谱. 2012:76。

④ 受访人:陈秋东,采访人:张泽宇,场景:漈头村村委会,2018-11-7。

利器，先诸弟而援入明经；次景书、三景彩、四景祥，皆恢恢乎克家彦也”。此外，林献宝之弟献国当时也与献宝同居共财，但似乎没有后代。到乾隆五十二年，林献宝为四子分家析产，形成了福、寿、康、宁四房（图 55），这就是后来漈头林氏家族的四大支派。

林氏最初可能是在二十九都七甲登记入籍，户名为林伯齐，当时林家还住在佳洋。林献宝迁居漈头之后，又在二十八都九甲登记入籍，户名为林有怀。这些户籍可能都是为纳税而设的寄庄户，还不是正式的里甲户籍。因此，到了乾隆五十八(1793)年，漈头林氏又向当地蔡氏家族买下“丁米”，在二十八都九甲正式立户。其契约如下：

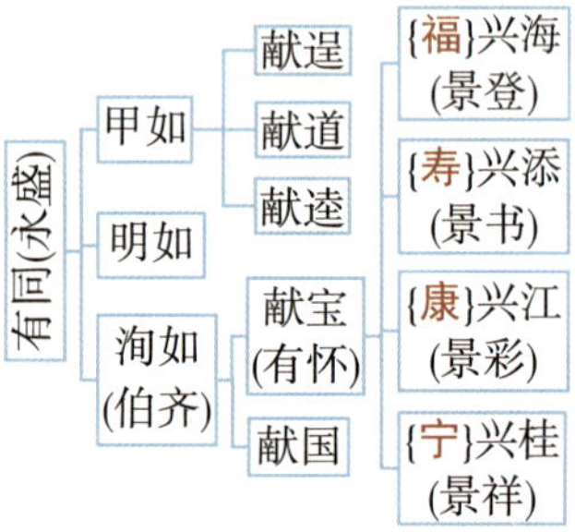

图 55　漈头林氏早期房支

立卖契蔡仁忠户丁族长蔡孟发等，于明朝年间始祖久居，入籍永邑廿八都九甲，置业载苗受税，同理甲内公务，历年照应粮额纳官。今因粮多丁少，办理粮差难以支持，自愿将祖丁米托亲向卖与廿九都林和处为户。三面言议，抽出蔡仁忠名下丁米民粮五分正，即付林家前去收挂入户办纳。此粮系是祖受丁□在籍之业，与别甲无干，并无不明等情；如有甲内言说此情，系蔡家出头支当，不涉林家之事。恐口无凭，立卖契一纸付执为照。

乾隆五十八年十一月　日。立卖契：蔡仁忠户丁蔡孟发。族长、房长：蔡□□。在见：廿八都粮科张亦昂。中见：陈用科。代字见：侄仲书。〈押〉（大兴旺）①

这一契约表明，林氏家族从“蔡仁忠户”的户丁蔡孟发家族买下“丁米”之后，就可以在二十八都九甲正式立户，以便“置业载苗受税，同理甲内公务”。这种通过缴纳“丁米”进入里甲系统的做法，与清代福建的“粮户归宗”制度密切相关。在“粮户归宗”制度下，原有的里甲户籍已经承包给当地的世家大族，由他们负责征收既定的赋税和劳役。因此，外来移民只能通过交纳“丁米”，充当世家大族的户

① 嵩口镇漈头村林明潘文书：箱 2-散件-巳 02188。

丁，才有可能在当地的里甲系统中立户。[1] 林氏家族作为"蔡仁忠户"的户丁立户之后，就可以正式参与二十九都九甲的公共事务，实现从外来移民向当地人的身份转变。

林献宝在漈头定居之后，开始致力于家族建设。乾隆五十二年四子分家之际，他专门为其祖永盛公、父伯齐公、弟献国公及自己夫妇设置了祭典田产，合计年收租300余石，还提留了专门用于交税的"纳粮田塅"和用于公共厅堂"持灯点火"的田产。这些田产由派下四房轮流收租、管理，后来成为漈头林氏家族的主要族产。道光十（1830）年，林氏四大房重新商定这些族产的管理方式，签订了如下契约：

福、寿、康、宁四房，承祖父遗下有根、正祭租共三百余石，除祭品外余租甚多，前轮流征收，立有定规。今因人丁繁衍，轮值甚难，公议将此租暂抽四千余斤，匀作四房均匀，每应一千余斤；更剩二百余石，留为永远烝尝，依旧规轮流征收，粮随理纳。至于异日子孙愈盛，务要同心协力，增积广置，无负先志可也。

……以上所抽分之田，各房随田收租、纳租，其粮随田理纳。俟至来年，将祭典完纳有怀公户下，推出一两一钱五分九厘四毛正，挂入各房值名完纳。又将养膳完纳有怀公户下，推出三钱七分五厘正，挂入各房值名完纳。其根、正租，向后原主或赎或尽断，亦随田支理。其中或有夹带，其银两照租额、种数均匀。其契字亦付随田收存，或有夹带，照旧福房收存，各不得负累。今欲有凭，各标阄为照。

内福房景登应纳钱粮五钱零六厘二毛正；内寿房景书应纳钱粮三钱三分三厘二毛正；内康房景彩应纳钱粮三钱八分一厘正；内宁房景祥应纳钱粮三钱一分四厘正。

道光十年十月　日。立标阄：福房珍超、珍全、珍谟、礼基，寿房景书，康房景彩，宁房珍元、珍会、珍裕、珍聘。代字：王伯华。〈押〉[2]

---

① 参见：郑振满．明清福建的里甲户籍与家族组织［J］．中国社会经济史研究，1989(2)：41—43。

② 嵩口镇漈头村林木标藏福房阄书：008-2380，2385，2386。

如上所述，林献宝留下的300余石祭租，远远超过了每年祭祖的需要，轮值管理者可以得到较大的利益。因此，其派下子孙决定从中抽出年收租4000余斤的田产，由四大房平均分配；仍留下年收租200余石的祭租，由四大房轮流收租、管理。此后，这些公共田产继续增长，为林氏家族组织的发展奠定了经济基础。

清代后期，漈头林氏与佳洋林氏多次联合修谱，并合建宗祠，形成了跨地域的宗族组织。如现存道光十年的《八修佳洋林氏宗谱》，就是佳洋、漈头与永春高丽林氏族人共同编纂的。光绪十五(1889)年，漈头林氏与佳洋林氏共同创建宗祠，为来自永春高丽的林氏族人建立了仪式中心。其建祠合同如下：

立合据字林礼言、林礼定、林占义、林义茂、林辉义五房等，于光绪拾伍年拾壹月同买回族侄意义归还原祖来永始基厝地壹座，坐址永邑二十九都佳洋本乡水尾厝仔，坐午向子；又花台上土记壹穴，坐丁向癸。时意即立归还厝契，并缴原契，付族众将地开田，将土公建佳阳林氏宗祠，任五房子孙照昭穆进竖牌主香火，安奉祖先，春秋祭祀，利益发祥。即日裒多益寡，言祖永盛公派下出钱陆拾陆仟文正，定祖凤仪公派下出钱叁拾捌仟文正，占祖景珠公派下出钱贰佰陆拾仟文正，茂祖景著公派下出钱贰佰陆拾仟文正，辉祖景雅公派下出钱壹拾壹仟文正，统共钱陆佰叁拾伍仟文正，合众建祠。应用尚未完美，厥后照五房家道捐资，肯成堂构。其厝地田公族管业，其佳阳税山张先定卖契壹纸，税印林伯实卖契壹纸、尽契壹纸，张志朝吴文郎合约字壹纸，共成肆纸，俱交永盛子孙义崇收存；其意义归还厝契壹纸、税印昌迟卖契壹纸、税印礼泰卖契壹纸、税印契尾壹纸，共成肆纸，俱交景著子孙琨义收存。公用之日，各宜向出。立据之后，毋得违规。伏愿承先启后，长发其祥。今欲有凭，夹立合据字伍纸，各执壹纸，永远为照。

光绪拾陆年正月吉日。立合据字：林礼言。同立据：林礼定、林占义、林义茂、林辉义。在见：陈平国。秉笔：林传珪。〈押〉(族姓蕃昌)[1]

① 嵩口镇漈头村林明钗文书:3-12-2-1961。

从这一合同看，当年林氏祖先来永泰后的“始基厝地”，到清末已归私人所有，可见此前佳洋与漈头的林氏族人并无共同的祭祖仪式。光绪十五年底，林氏五大支派通过集资的方式，共同向族人林意义买回厝地，创建供奉五房历代祖先的“佳阳林氏宗祠”。值得注意的是，此次联合建祠的集资方式是“裒多益寡”“照五房家道捐资”，而移居漈头村的永盛公子孙的捐资额在五大房中排名第三。由此可见，当年从永春高丽移居佳洋的林氏族人，到清末都有相当雄厚的财力，有些甚至不亚于漈头林氏家族。在此次建祠之后，林氏族人不仅有共同的祭祖中心，还有“厝地田”等公共财产，形成了号称“公族”的管理机构。

林氏家族的土地经营

林氏族人来永泰之后，最初主业是租种田地，后来逐渐转向买田收租、经营山林，发展成为富甲一方的大地主。那么，漈头林氏家族作为外来移民，究竟如何经营土地？如何从佃农转化为地主？

从漈头林氏的现存契约可以看出，林氏族人最初租佃的土地，主要来自福州、月洲等地的不在地主。在永泰历史上，不在地主由来已久。早在宋代，洪迈在《夷坚志》中记述：“福唐梁绲，居城中。尝往其乡永福县视田，一仆毛公操舟。”① 故事中的梁绲就是住在福州城里的地主，他在永泰乡下拥有田庄。明正统以后，由于邓茂七之乱的冲击，永泰破产农民甚多，“闾阎靡敝，田园半名于外豪，而本邑之民乃为之佃作”②。这些不在本地的地主，通常把土地成片出租，收取定额地租。雍正年间，福州毛姓地主出具如下租批：

> 立安批福城田主毛衔义房，置有民田数号，坐产永福廿九都佳洋院林地方杉楧隔及长垄、席草垄、大垄头、和尚仓、墩头、山尾墩及山垄、坑仔、垮边、三垄、秋竹隔、陈公垄，并员林乌石垄尾、佳洋门前、石门头里墘、食水垄头、和尚仓厝地对面坂仔、西山垄、出水垮、杉林墩、赤墓垄，并尾莳垄、小垄等处，共应载正

---

① 〔宋〕洪迈．夷坚志：补卷 20［M］．北京：中华书局，1981：1736。

② 万历永福县志：卷 1［Z］．福州：海峡书局，2012：37。

租谷叁仟陆佰陆拾斤正租秤，送仓交纳。今批与佃户林伯齐兄弟同耕，递年不拘损熟，当照批纳租，不许拖欠斤两及沉匿抛荒等情；如有此情，听从田主另招他人耕作，不许阻占。其租不欠，其田不召。年例田牲四只。租额已承，不得增减。立安批为照。

计开租额：仁房应租谷八百五十斤，义房应租谷壹千壹百壹拾斤，礼房应租谷八百五十斤，信房应租谷八百五十斤。田牲各房各应壹只。照。

雍正伍年拾月　日。立安批田主：毛须举。在见：吴炎声。（大熟）①

通过这一契约，毛氏把永泰佳洋、员林一带的数十处田地租给林伯齐兄弟，每年收取定额租 3660 斤，还有作为附加租的 4 只冬牲，林家必须定期送到毛家的谷仓交纳。这批田产可能属于福州毛氏家族的共有族产，因而每年的田租和冬牲由毛氏仁、义、礼、信等房共享；其中义房获得的田租略多于其他三房，可能当时是由义房轮值收租并管理族产。由于这些族产采取长期租佃并收取定额租的经营方式，毛家承诺“其租不欠，其田不召”，这就使林家可以长期租佃这些土地。在此情况下，毛家并不关心土地的实际经营状况，因而逐渐失去了其土地的经营权，形成“一田二主”的局面。从现存契约看，福州毛氏在永泰各地的田产，基本上都是采用这种长期租佃制度，其土地所有权等同于收租权。到乾隆年间，毛氏族人把部分田产卖给漈头林氏族人，并经过多次找贴之后，最终于乾隆四十九(1784)年完成税粮推收过户。② 其契约如下：

立卖契毛陈氏，祖置夫须国在日有阄分民田数号，坐址永邑廿九都月洲青坑岭、山角垄、佳洋、员林等处，年共载正租谷五千八百二十九斤正租秤，合载粮银三两三钱八分九厘六毛库，纳在毛须国户下。此田前年夫出卖与林完生为业，价银五百两，期约不拘远近。今因无银向赎，自愿托中将此之田送卖与林献宝处为业。三面言议，时值价银五百两正纹广。其银即日收来，交付林完生赎回契

① 嵩口镇漈头村林明钗文书：1-9-0987。

② 嵩口镇漈头村林明潘文书：箱 2-布包 3-散件-巳 02352。

券，其田即付银主前去会佃收租办粮。此田系夫自己阄分，与伯叔兄弟侄无干，并无来历交加不明等情；如有此等，系氏出头支当，不涉银主之事。其年期，约三年外备银照契面取赎，如未赎照旧管业。其原契夹带别处田亩，不便缴付。今欲有凭，立卖契一纸为照。

计开租额：

一佃林景珠，耕佳洋土名水尾坂、后门墘、鸭㧌垄，载租一千一百三十斤正租秤。

一佃林献宝，自耕长圳头土名门前鸭㧌碓、坂尾墘并对面墘及垄头，载租八百零四斤正租秤。

一佃彭正科，耕员林土名旗尾岭，载租四百八十斤正租秤。

一佃吴尚玉，耕员林土名席草垄、过路垄、佛堂对面墩，载租五百四十斤正租秤。

一佃吴受声，耕佳洋门前，载租五十斤正租秤。

一佃杨圣殷，耕月洲青坑岭土名隔垄并岭边及山角垄等，载租一千四百斤正租秤。

一佃陈起德，耕青坑岭土名地厝垄、大墘尾，载租一千二百一十斤正租秤。

一佃柯斯山，耕佳洋土名隔后坂仔，载租二百一十五斤租秤。

乾隆三十七年二月　日。立卖契：毛陈氏。知契：男毛公照、公矿。中见：吴履人、胞侄公亮。代字：曾时典。〈押〉（大进益）[1]

如上所述，毛陈氏在丈夫毛须国去世后，将永泰一带的民田一并卖给漈头林献宝。这批田产原是毛须国经分家得来的私有财产，每年可收租5829斤。毛家先是把这些田产卖给林完生，后来于乾隆三十七（1772）年以500两的价格回赎并转卖给林献宝，并约定三年后仍可赎回，依然是活卖。此后，毛家又陆续三次找贴，共获得104两找价，到乾隆四十九（1784）年才最终把这些田产卖断。[2] 上述契约开列了当时耕种这批田产的八户佃农，而林献宝原本就是其一。到了乾隆五十二

① 嵩口镇漈头村林明潘文书：箱2-布包1-包中包2-巳02259。

② 嵩口镇漈头村林明潘文书：箱2-包4-巳02294，02295，02298。

(1787)年，林献宝为四子分家析产，在《福房阄书》中将这些田产归入“伯齐公祭典”，使之成为林氏家族的公共族产。①

对比乾隆三十七年毛陈氏卖契和乾隆五十二年的《福房阄书》，我们意外发现：经历15年之后，原来租种这批田产的佃户大多已经换人，而且在田租名目中出现了原本没有的“田牲”。这说明，在乾隆三十七年毛陈氏卖契中记载的佃户，实际上并未拥有稳定的耕作权。因此，林献宝可能是以“根面全”的方式买断这些田产，即同时拥有收租权和耕作权。

乾隆年间林家租种的田地，有不少属于月洲张氏家族，其租佃形式同样是“不欠不召”。例如：

> 安佃张文隅，今有田一号，坐产永福县廿九都霄洋地方，土名院岭，载租谷二百十四斤；又员林一号，土名下林墘及水增李□墘等处，载租一百五十斤：共租谷三百九十斤民秤，田牲两年一只供照例，安与林伯齐耕作。递年不拘丰损，照佃纳租，不许拖欠，欠则召佃，不欠不召。此照。
>
> 乾隆三十年三月　日。安佃：张文隅。〈印章〉(大熟)②

上述“安佃”契中的立契人张文隅，为月洲张氏家族的首领，其管理的田产很可能是族产。《月洲张氏族谱》记载：“先生讳谦，字文隅，号牧堂，行六……以邑庠入明经。家居营土堡，建书堂，择师取友，教诲子孙无虚日……生平守正不阿，解纷排难，乡邻息讼者数十年，且敦善不殆，有祖风。曾捐题北京会馆，重修永邑县志，兴景行书院，建蜚英拱桥，整修榕省祖祠，充家庙，重祀典，推之庙社、亭宇、道路、津梁，及赈粥、施棺、赠婚、助葬，无不义举力行。”③ 现存的月洲宁远堡，据说就是张文隅出资建造的。清代嵩口周边地区许多土地、山林的相关契约文书，都与月洲张氏家族密切相关，从中可见其对当地社会经济的广泛影响。④

---

① 嵩口镇漈头村林木标藏福房阄书：008-2269-2272。

② 嵩口镇漈头村林明潘文书：箱2-包3-巳02229。

③ 李光云．清岁进士张公墓志铭//月洲张氏族谱，2009：83。

④ 黄忠鑫．清代福建永泰县的田根流转与契约书写[J]．暨南学报(哲学社会科学版)，2017(1)：62。

在林氏家族文献中，还有不少租佃屯田的契约文书。漈头一带是明代军队屯田的区域，当地历史上的魏、曾、蔡等姓可能都是明代的屯田军户。清初裁撤卫所之后，军屯土地归州县统一管理，但仍保留屯田的名义与课税方式。从契约文书看，清代漈头一带的屯田普遍存在“一田二主”的现象，其所有权与经营权已完全分离。如：

立寄佃黄德进，手置有屯田二号，坐址廿九都宵洋地方土名大岐头，又一号上齐垄，年共载租四百五十斤正民秤。今因乏用，自愿托中送寄与林伯齐处为业。三面言议，时值价银九十两正，每两折钱八百文扣。其钱即日交讫，其田即付林家前去起佃耕作纳租。此田系是手置，与别房兄弟侄无干；在前并无交加来历不明等情；如有此情，系黄出头支当，不涉林之事。其年期言约五年限，限满备钱照寄字面取赎，如未赎照旧管业。今欲有凭，立寄佃字一纸为照。

乾隆十九年三月　日。立寄佃字：黄德进。中见：林在龙。代字：钟克仕。林珍谟亲手录。〈押〉（大进益）①

此契中业主以“寄佃”的名义，将二号屯田的耕作权活卖给林伯齐。林家购置该田产之后，可以自己耕作，也可以出租取利，转化为二地主。据乾隆五十二年的林氏《福房阄书》记载，当时林家拥有的大多数田产是“田根”即只有耕作权。乾隆年间建造献宝厝的地基，原来也是屯田。其购地契约如下：

立收花红字曾而尊，父置有屯田一号，坐址本乡漈头地方土名仓厝后，载租四百五十斤，前年父批与林伯齐起盖。至乾隆廿三年间欲盖屋，下座缺少之地，托吴礼玉就在而尊、贵处将下号之田，载租二百三十斤正，抽出租二百斤，与蔡开达处对换上号毗连之田，付林家凑造起盖，砌造龙砂，即收花红银二十两正。其银即日收讫，其对换之田听林家其便，递年照佃纳租，向后曾家不敢言说等情。今欲有凭，立花红字一纸为照。

乾隆廿三年十月　日。立收花红字：曾而尊，同兄而贵。在见：吴礼玉。〈押〉（大兴旺）②

---

① 嵩口镇漈头村林明钗文书:3-2-3-3-148。

② 嵩口镇漈头村林明潘文书:箱 2-散件-巳 02195。

林家可以利用租佃的田地建造大厝，自然是拥有长期稳定的使用权。当时，林家还通过典当等形式，获得当地屯田的使用权。如：

立对换字曾而达，手置有屯田一号，坐址本乡土名仓厝后。因林伯齐厝门首缺少田砌造大路，齐托亲友就在曾而达处相议，让出田付林家砌造大路，以凭田塝砌造大路，阔五尺，长廿五丈，高田塝一尺，并溪墘二丘仔踏补，付林耕作，其余之田系是曾家掌管。林伯齐将手典曾而尊屯田一号，坐址本乡，土名亦载仓厝下号，内抽坂尾埕塆里一丘对换，即付与曾家永远耕种管业，林家向后子孙永不得言说生端等情。其钱粮各人支理纳官，自对换之后各业各掌。今欲有凭，立对换一纸为照。

乾隆二十六年四月　日。立对换字：曾而达。在见：吴和玉、陈文教、吴礼玉、林献瑞。代字：弟而贵。〈押〉（大进益）①

在此契中，林伯齐用原来典入的曾而尊的屯田，交换曾而达的另一屯田用于建造门前大路。在一般情况下，典相当于活卖，在约定年限后典主可以随时回赎，买主并无自由处分的权利。在此次交易中，林家用典业交换，可能已经买断了回赎权，获得对典业的完全处分权。

通过典的形式转让土地产权，在清代永泰山区颇为常见。这是混合借贷关系与土地买卖的产权交易形式，出典者通常必须暂时出让土地产权，而保留在约定年限之后的回赎权，无异于可以回赎的活卖。如：

立典契张聿畴，阄分有民田一号，坐落本都漈头地方土名洋中长增及长增下等处，受种一亩，年载冬租谷一百七十斤半民秤，载秋粮九分六厘库。今因乏用，送典与林向宝姻亲处为业，本日得讫价银一十三两正，每两折钱八百文算，其田即听自佃耕作、收租、办粮。取赎期限，言约三年为限，限满之日听张备钱照字面取赎，如未赎任旧管业。此系阄分物业，与兄弟侄无干及交加不明等情，有此情系张支理，不涉林之事。今欲有凭，立典契一纸付执为照。

嘉庆八年二月　日。立典契：张聿畴。中见：蔡仲满。〈押〉（大进益）②

---

① 嵩口镇漈头村林明潘文书：箱 2-散件-巳 02192。

② 嵩口镇漈头村林明潘文书：箱 2-布包 3-包中包 7-巳 02366。

在这一典契中，典入的民田可以收取地租，也可以自己耕作，但必须交纳田赋，即同时拥有“田面”和“田根”。张家把此田典押给林家，在三年之内听任林家处理，到三年之后可以回赎。当时，借款人大多无力如期还款，其出典产业通常未能回赎，只好不断找贴直到最终卖断。从漈头林家的历代阄书和契约文书看，其大多数田产都是此类典业，可见其土地积累过程是与借贷活动密切结合的。

清代福建长期缺粮，粮食价格不断上涨。① 乾隆八年至十三年，宁化、南平、厦门等地先后发生抢米风潮。② 乾隆九年，永泰县也曾经发生竖旗打抢事件。③ 在佳洋林氏家族中，至今流传着景著公种番薯致富的故事。据说，在景著公发家之前的乾隆年间，有一年收成不好，唯独景著公在田边种下的一片番薯大获丰收，因此获得了丰厚的收益，开始购置田产和山场。在这种历史背景下，漈头林氏家族致力于土地经营，通过多种方式置田收租，无疑是发家致富的有效途径。

林氏家族的山林经营

永泰历史上的山林产权，大多属于交纳“山税”的土著家族。这些家族通常未能自行经营山林，而是把山地出租给外来移民开垦、伐木或种植经济林。林氏家族作为外来移民，最初主要租种田地，后来逐渐转向经营山林，到乾隆后期已有不少山地和林业资产。本节主要依据现存契约文书，考察林氏家族的山林经营方式。

在嵩口周边地区，山地产权大多属于月洲张氏家族，当地山林经营者通常都要向张家缴纳山租。我们在漈头等地发现张氏家族统一印制的不少租山契约，从中不难看出其经营管理方式。其契约格式如下：

给山批月洲____祖遗税山，坐址本邑廿九都内，有壹号在____

① 参见：[美]王业键．十八世纪福建的粮食供需与粮价分析[J]．陈春声，译．中国社会经济史研究，1987(2)：69—85。

② 中国人民大学清史研究所．康雍乾时期城乡人民反抗斗争资料[G]．北京：中华书局，1979：576—582。

③ 武进升．奏为拿获永福县白面村竖旗打抢贼首余德海并匪伙事[A]．清乾隆十年正月十二日．北京：中国第一历史档案馆，编号04-01-01-0126-038。

地方土名____。今议批与____前去____，随批交足，界内____听从照批____。倘有关碍则不得借批强__，并不许私行转手别人等情，递年约纳__租____付张家值年轮收。纳租之日，务以收票为凭，如无收票即属欠租。至界外山场杂木，听张从便管业，毋得侵占滋弊。今欲有凭，给安批壹纸付执为照。

计开各项条例于后：

一、批起盖住屋____。

一、批造坟，墓径四围各以壹丈贰尺为界，径内听从造作，培留树木，遮荫风水。不许越例混侵阔界及批甲移乙等情，违者呈究。

一、批耕种山场，务要四至分明。界内倘有别家已批者，应听前批之人耕作，不得借批罩占。或有成材、子粒转卖别家培留者，买主即报明换批，以便管业，且免重张交加之弊。至木去之后，其土还张管回，不得以旧批再耕及转批他人。若界内有吉地可以盖屋造坟者，仍听张家别批，亦不得阻霸及私行造作等情，违者呈究。

一、批杂木做菰者，亦誊明界址，不得越界盗砍并做别项生理以及欠租等情；如有此等，听张管回菰树外议罚。向后菰树朽败之日，所剩余木亦归还山主掌管，不许借批霸占及残害等情。

一、批杂木砍做担枝、橹桨、农具等项，以及烧炭、烧窑者，亦要誊明界址。凡壹批只以一年为限，本日议定至__年__月止，不得久占及越界盗砍。即界内山底树木并有关风水者，俱不许借批强砍并放火焚烧以绝生产，违者呈官究问。至限满之日，本批还张收回，倘执留未及缴还者即属废字，不堪行用。

一、凡坟、屋，本年批后即行造作完成者，其花红只送值年本人。若迟至次年进葬、添葬、上梁、翻盖及后来修整更新者，其花红则随年议送，不得以已批借口，违者呈究。

一、凡批承起盖、造坟、耕种、做菰者，俱系值年之人给批，若炭、窑以及木料之批乃众房公给，其安批俱用刻板印就，照批誊载分明，以杜弊窦。倘私用白纸书写者即属谋批假捏，不准行用，违者呈究。

道光拾壹年十二月　日。给山批：月洲值年张元谊。代字：宗弟张成近。①

在这种统一印制的格式化契约中，张氏家族对公共山场出租做了详细规定。一般情况下，出租山场须由轮值管理人员出具“山批”，如涉及伐木及烧炭、烧窑则必须经全族讨论即“众房公给”。山场经营项目不同，其租期也有不同限定，如：租山种树以“木去”为限，砍树种菰以“朽败”为限，砍伐杂木、烧炭、烧窑以一年为限。至于盖屋、造坟等需要长期租佃，其产权仍归山主所有，必须定期交纳山租。

值得注意的是，上述山批明确禁止“转批他人”，恰恰反映出转批现象在当地的盛行。具体而言，在山林的租佃与经营过程中，山主通常只保留“山底”的所有权和收取“山租”的权利，而不过问山场的实际经营者和经营状况。因此，租山经营者往往把山场转租或转让，造成“一山二主”的现象。如：

立送卖杨圣俊，父手阄分置承得张月洲税山一所，坐址本都漈头地方土荒田垄，上至横路，下至坑，左至田墘仑，右至田，四至明白；又一所坐址土名下流溪，上至曾而贵杉苗为界，下至溪，左至圣殷兄杉林，右至林景珠墓边为界，共成三仑，四至明白。前年原开掘置有杉木、子粒，其杉木今已变卖砍伐。今见有杉榠地场二所，托中送卖与林、王处。三面言议，时收回工资钱一千八百文正。其钱即日交讫，其山场永付林家前去翻掘，栽种桐、茶、杉、竹、杂木等项，听从其便。递年贴纳山租银七分正，付张家收。此山场并无不明，如是不明，系是杨家出头支当，不涉林家之事。今欲有凭，立送卖契一纸为照。

乾隆二十七年八月　日。立送卖：杨圣俊。代字：兄圣殷。中人：吕公侯。〈押〉②

杨氏从月洲张氏租来“税山”种植杉木，在杉木砍伐变卖之后其后人并未把山场交还张氏，而是转手卖给了林家，由林家继续开山种树。于是，杨家得到了“工资钱”1800文，而张家每年仍可收取“山租银七分正”，二者似乎相安无事。这说明，在清代日益发达的山林经

① 嵩口镇漈头村林明钗文书：1-19-2-1058。

② 嵩口镇漈头村林明潘文书：箱2-散件-巳02122。

济中，山主未必能对“税山”实行有效的控制。正因如此，道光年间才出现了上述严禁佃户“转批”的格式化山契。

清代永泰的山林大多是人工林，需要开山栽种，生产周期较长。因此，在山林经营中经常出现典当或转卖的行为，使山林的产权结构尤为复杂。如漈头林氏家族现存一组关于宵洋一片山场的契约，记录了明清时期该山场产权从张氏、曾氏到蔡氏、林氏、陈氏家族的复杂转移过程。[①] 明嘉靖至崇祯年间，宵洋张氏和漈头曾氏陆续从月洲张氏等家族购入宵洋一带的山场。到乾隆七(1742)年，蔡天生从曾家购入其中一部分，其产权结构是张家占二分之一、曾家和蔡家各占四分之一。此后，张瑞忠将产权典给月洲张氏，后由亲属出资赎回并分享，其中张瑞忠占四分之一、张瑞志占八分之一。乾隆八年，张瑞志将产权转让给林伯齐等人；而张瑞忠之子张厚楚等于乾隆十(1745)年将一半产权出售给陈文教等人，乾隆三十二(1767)年将另一半也卖给了林伯齐。至此，这片山场的产权结构变成林、曾、蔡各占四分之一，陈、张各占八分之一。当然，这片山场的产权属于“山底”，可以出租或自行经营，但必须交纳山税。

漈头林氏家族的山场，主要用于种植杉木，也有不少用于培植毛竹、油茶、油桐等经济林。林氏家族往往通过收购现成的林木，控制周边地区的山林资源。如：

> 立安批朱圣筹同弟圣贵、侄锦全，祖上遗下祖山一派，坐址廿九都漈头地方，土名杨梅坑一派，上至仑顶，下至田，左至吴和玉竹山为界，右至曾而贵厝后门山为界，四至□□。原安与本家鸣辰侄耕山栽插杉木，嗣杉木长大之日，耕山之人与山主不论大小一一对半均分。原批分杉木，无山租，所插杉木约略三四百根。鸣辰侄远途归家，所应半之杉木出卖与林献宝兄处为业，其杉木嗣后朱、林两姓对半均分，不得异言。其山内所栽种竹树等物，系林栽培掌管，与朱无干。向后杉木长大砍伐后，其山内竹树林家管业，递年林家纳山租银二钱四分正。其杉木未砍不得向林取讨山租，杉木砍

---

① 参见：郑振满．明清时期的林业经济与山区社会——福建永泰契约文书研究[J]．学术月刊，2020(2)：151—152。

伐后林家纳山租。此批。亦约朱姓弟侄，不得生端异言召佃等情。立安批一纸为照。

乾隆四十年十二月　日。立安批：朱圣筹，弟圣贵，侄锦全。在见：朱永道。代字：魏和中。〈押〉①

在这一契约中，林家通过林木交易，获得山场经营权。先是山主朱圣筹把山场租给其侄鸣辰栽种杉木，约定长成后对半均分；后来朱鸣辰将自己应得的杉木转卖给林献宝，使林家与山主形成合伙关系；同时山主又与林家约定，待杉木砍伐后留下的竹林由林家继续经营管理，但必须向山主缴纳山租。因此，林家最终与山主确立了租佃关系，实际上是获得了该山场的经营权。

竹是一种特殊林木，具有收益多样化且可持续的特点，因而成为永泰山区的重要经济资源。清代福州新港庵曾设有永福竹商会馆。漈头地区的竹林以毛竹为主，其竹鞭生长周期为十二至十三年，以三年最盛，九年后逐渐衰朽。竹林的经济价值主要是生产竹笋。清明至谷雨之间出产的竹笋较为粗壮，一般都能成竹，应尽量保留；当竹鞭生长三至七年时，发笋最多，但不宜采伐；到八年以后新生的竹笋，方可采掘利用。② 因此，经营竹林需要有较长的生产周期和较多的资本投入。如：

立承批字侄珍发，今因少竹守雇，就在叔景书/景登/景彩、弟珍元处承出竹林三派，坐落廿九都佳洋地方，土名对面坂仔，上至大坪，下至路，左至尤家竹林，右至尤家竹林；又一派土名对面墘边，上至路，下至坑，左至□，右至田；又一派土名鸭㑅垄边，上至横路，下至坑，左至黄振旺竹林，右至兄景著竹林。四至界限明白，四至内共有竹㑅一百二十九条，承来守雇。递年不拘丰损，约纳竹租钱三百文正付叔收，其年期言约十年限，付叔另召，任从其便。其竹林留盛[剩]之竹，除竹㑅外，倘更剩之竹，每条约钱八文付侄收，其竹林付叔管回。今欲有凭，立承批字一纸为照。

嘉庆十八年三月　日。立承批字：侄珍发。代字：曾时广。

---

① 嵩口镇漈头村林明潘文书：箱2-包6-巳02167。

② 陈植．毛竹造林技术遗产的初步研究[J]．中国农史，1988(3)：65。

〈押〉（大进益）[1]

这次承租竹林，目的是生产竹笋。所谓“竹栂”，即生发竹笋的母体。林珍发租佃竹林种笋，每年需缴纳“竹租钱”300 文。期满之后，长成的毛竹按每条 8 文卖给山主。在此之后，山主可以另行招租，或是自行经营，不断扩大竹林的经营规模。

清代永泰山区有不少油茶林、油桐林，茶油及桐油的生产颇具规模[2]。漈头陈氏家族保存有清乾隆六年租借屯田“砌造油杭、车碓”的契约[3]，近年编纂的佳洋林氏族谱也记载了祖先林景著经营油茶业，如：

> 公除粮食生产外，每年茶油亦出产廿多担，其销路均在莆、仙两地。有一年冬，肩运十八担茶油到仙游老交道销售，不料其店这次钱款不济，而愿意赊售，来春结算。未料其店年关遭劫火患，烧得呜呼。来春传讯，前往慰问。其店哀言坦语：目下受灾无力偿还，可看有何遗物尽拿抵数。公感尴尬，唯有七宝铜伪正金的金水牛玩物，拿回了帐。[4]

林景著是佳洋林氏的开基祖之一肇贵的第六子，生存于雍正至嘉庆年间，“置有田租二千四百担，连续建造三座大厦”[5]。他不仅每年生产茶油 2000 余斤，还自己经营茶油的外销，在莆田、仙游一带建立了销售网络。总之，利用山林资源开展多种经营，是清代林氏族人的主要生财之道。

村社组织与庄寨建筑

漈头村为明代卫所屯田之地，人口结构混杂，相传原有十八姓。因此，清代漈头村并无世家大族，也不存在严密的村社组织。不过，当时漈头村有不少以神明的名义组建的会社，每年都要定期举办各种宗教仪式活动。此外，漈头还曾有各姓共同修建的寨堡，在动乱时期发挥了集

① 嵩口镇漈头村林明潘文书：箱 2-包 2-丁 00181。
② 徐建青．清代前期的榨油业［J］．中国农史，1994（2）：62。
③ 嵩口镇漈头村陈在启文书：2-9-0331。
④ 林氏九牧西河衍高丽房佳洋景著系十修重整谱．2012：380。
⑤ 林氏九牧西河衍高丽房佳洋景著系十修重整谱．2012：78。

体防御功能。林氏家族迁居漈头之后，通过参与各种会社组织和合作修建寨堡，逐渐实现了融入地方社会的“在地化”过程。

从现存民间文献看，清代漈头村曾先后建立观音社、土地社、广泽尊王社、田公元帅社、白马大王社、击鼓尊王社等宗教社团，每一社团都要定期举办宗教仪式和聚会活动。这些社团的成员一般都是自愿加入的，通过按份集资筹集经费，用于置产收租或放贷取利。这些社团的经营管理与仪式活动，通常是由所有成员轮流承办。值得注意的是，这些社团的产权结构具有股份制特征，其成员可以自由转让自己的股份，但一般不得随意退股。因此，原来并未参加这些社团的村民，随时可以购股入团。参见如下契约：

> 立付字潘茂元，于前年间在大坂击鼓尊王、白马大王两社，鸠集十六人，充积有众钱，置有田业，递年轮流庆赏元宵、当收办席。元今因力微，不能支理当办，送缴与林景祥处入户，当年照序轮流当办。时即收回在原充积钱一千二百文正，其钱即日收讫，其众置产业付祥前去照序轮流支理。自缴之后，付林永为己业，不敢生端之理。今欲有凭，立付字一纸为照。
>
> 嘉庆二年十二月　日。立付字：潘茂元。代字：曾习安。〈押〉（大兴旺）①

如契约所述，潘茂元先前参加击鼓尊王社和白马大王社，其成员共有 16 人，每人出资 1200 文用于购置田产，每年轮流收租并负责办理元宵祭典。轮到潘茂元时，他因无力负担这笔费用，将自己的份额转卖给林景祥，让他顶替入社，并承接相关权利与义务。林景祥为了加入这两个社团，不仅要付出 1200 文，还要出钱办理元宵活动，在经济上可能是不合算的。但是，林氏作为刚定居不久的外来移民，如能参加这些社团及相关活动，无疑有助于更好地融入当地社会。

清代漈头村的各种宗教社团，可能都是明代屯军的后代组织的。因此，林氏、陈氏等外来移民加入这些社团，促进了族群融合和社区认同。到了晚清时期，随着外来移民群体的日益“在地化”，开始出现由林氏、陈氏族人主导的宗教社团。如：

① 嵩口镇漈头村陈在启文书：02-8-0316。

立卖断善社契陈诗学，己手于前年间阄集有善社一社，社友七人，鸠集七股，公积钱谷，买置田山等业，递年轮贮生息、耕管收租、办粮、办席、登席典祀广泽尊圣王二月念二日偕圣母八月廿二日庆祝寿辰庇佑发祥。今因乏用，托中将此自己一股送卖断与林义崇处永远为实业。三面言议，时值价钱六千文正。其钱即日交讫，其善社一股并社内所有钱谷、田山产业等项，即统付林钱主前去递年轮值，贮积钱谷生息、耕管收租、办粮、办席会友、登席庆祝圣王圣母寿辰，永绥吉劭，永远管业，任从其便。此善社系陈己手阄集己业，与别无干，在先并无重张典挂他人及交加来历不明等情；如有此情，系陈卖主出头支当，不涉林钱主之事。兹卖断之后，价经足永，付林永远管业，陈永不得言说生端滋事等情。今欲有凭，立卖断善社契一纸，永付为照。

光绪十三年正月　日。立卖断善社契：陈诗学。在见：弟诗典。中见：吴玉妹。〈押〉（大永远）[1]

陈诗学曾发起组织“善社”，现将其股份转卖给林义崇，两人都是清初永春移民的后裔，可见这一“善社”是由外来移民群体主导的宗教社团。值得注意的是，这一社团奉祀的广泽尊王、圣母等神明，祖庙在泉州南安凤山寺。可见，随着林氏、陈氏等移民群体的“在地化”，来自闽南地区的宗教仪式传统也逐渐落地生根了。

晚清时期，由于太平天国运动的冲击，福建各地相继发生小刀会起义、林俊起义及持续不断的乡族械斗。[2] 面对动荡不安的局势，漈头村各家族开始筹划重建寨堡，加强集体防卫能力。咸丰三(1853)年七月，漈头村陈、林、曾、蔡四姓经过商议，签订了如下合约：

立合约陈、林、曾、蔡四姓，承前手有旧寨地一全座，坐址廿九都漈头地方，土名寨头。今因世代久远，旧寨屋寨基废坏，致因遭逢寇乱，人心畏惧。各姓会议，鸠集修正寨堡，题钱并题工，以为石木匠糗、瓦之费用。预先议约，其寨内之樫应开拾分，左右统

---

① 嵩口镇漈头村陈在成文书:50-2-0197。

② 清代闽南乡族械斗的演变[M]//郑振满．乡族与国家:多元视野中的闽台传统社会．北京:生活·读书·新知三联书店,2009:302,304。

共拾橺，左溪头边第一橺系林姓向宝公下应分管业，第二橺、第三橺、第四橺俱属陈姓伯成公下应分管业，第五橺系蔡姓天生公下应分管业，右溪尾边五橺俱属曾姓崇宇公下应分管业，应开份额各应分明。自约之后，各业各管，免致后来争论。倘遇乱世，男女入寨之日，照份额住居，毋得争长较短，致伤和气。其首尾寨楼、街路、四围路同、门路、外埕、后埕，公同通行管业。若平世出寨之日，更宜守己安分，各业各管，毋得混争，所议是实。本寨之地，在前各姓所有契据合约，检讨未获，向后取出不堪行用。万望一寨和气，协力同心，齿借唇以不寒，尾因首而相应，防守必严，聊以固吾围。今欲有凭，立合约四纸一样，各执为照。

咸丰三年七月　日。立合约字：曾刁芹，同弟刁诗、侄有弼。同约：陈华智、华心、华春，蔡章甫。代字、公见：王孟华。曾有才抄。[①]

如上所述，漈头村原有寨堡荒废后，为了应对寇乱，陈、林、曾、蔡四姓决定共同重建寨堡，各姓均以祖先的名义参与集资和分配。新寨堡促成了本村四大家族的联盟，可以说是地方社会军事化的历史产物。

在上述建寨合约中，曾家分到了一半寨屋，陈家分到了十分之三，而林、蔡两家都只分到十分之一。这种不平等的产权分配方式，可能与四大姓的社会地位有关，未必能反映其真实的经济实力。时过不久，曾家就把分到的一部分寨屋产权转让给了林家，其契约如下：

立典卖字曾刁芹等，与陈、林、曾、蔡四姓同建堡寨全座，坐址廿九都漈头地方，土名寨头。合约内系曾家应半分，实右溪尾边五橺，内抽出右边第三柽一橺前后二柽，上至椽瓦，下至地基磉石，四围板壁、门槅俱全：其首尾寨楼、街路、四围路同、门路、外埕、后埕，公同通行管业；并右边寨墙外余地，凭寨内屋柽直出之地任听起筑牛栏粪厕；更约或重造，长阔有剩余之地，照柽额通匀，亦公同管业。今因乏用，托中将此送卖与林礼基处住居管业。三面言议，时值价厝柽地价钱一十六千文正。其钱即日收讫，其寨柽即余地亦付钱主前去封锁，住居管业听从其便。在先并无重典

① 嵩口镇漈头村林明钗文书：3-8-1-1774。

交加不明等情；如有此情，系卖主出头支当，不涉买主之事。其年期言约二十八年限，限满之日备钱照契字面取赎，如未赎照旧管业。递年应纳寨地租钱八文，付月洲张家收。其原契据并合约字夹带，不便缴付。今欲有凭，立典卖字一纸为照。

咸丰三年十二月　日。立典卖字：曾习芹，同弟习诗、侄有弼。在见：蔡光昭。中见：刘庐荫。执笔：侄有才。〈押〉(大兴旺)①

在此次交易中，曾家把应分的五分之一寨屋和相关公产典卖给林家，约定 28 年之后可以回赎。然而，当时曾氏族人的经济实力已急剧下降，最终并未赎回其有关产权，因而林家至今仍保存此契。不过，这一寨堡的地基属于月洲张氏家族，每年都必须向张氏交纳“地租钱”，这就使之难以长期存续，如今已不见踪迹。

民国时期，漈头村已不再修建集体防卫设施，而是出现了不少自建的铳楼。一般而言，创建铳楼的家族都是村里的有钱人，他们的铳楼只能守护自己的家人。当然，在应对小股盗匪时，村内的铳楼可以守望相助，但毕竟已经不是基于族群联盟的寨堡了。

结语

本文主要依据漈头村的现存历史文献，结合田野调查资料，考察清代漈头林氏家族的发展历程，分析其生计模式与聚落形态的演变过程。笔者认为，在永泰山区的开发进程中，外来移民发挥了重要的作用，漈头林氏家族就是典型例证。林氏从康熙年间迁入永泰，乾隆年间置产建屋、入籍定居。最初以佃耕不在地主的土地为生，此后通过买入、典入收租权和耕作权等交易方式，逐渐转为置产收租，由佃户转变为地主。与此同时，漈头林氏利用当地丰富的山林资源，开展多元化的山林经营，积累了丰厚的资产。在社会生活中，漈头林氏积极推进家族建设，而且通过参加会社组织、联合修建寨堡等方式，尽可能融入地方社会，实现了“在地化”。

---

① 嵩口镇漈头村林明钗文书：3-8-1-1769。

马　多

紫山杨氏家族的山林经济与文化建构

（紫山村口，马多摄）

引言

洑口乡紫山村位于永泰县西部，西南与德化县水口镇毛厝村交界，东南与仙游县柳园村相邻。其地为戴云山余脉，濒临闽江支流大樟溪，是永泰境内海拔最高的村。全村辖区面积约 22 平方千米，现有居民 800 多人，主要是杨、李二姓，其人口比例大约为 5∶1。

关于紫山村之得名，当地有两种说法：一说当地以造纸闻名，故称“纸山”，后以谐音改为紫山；二说当地盛产红豆杉，而红豆杉又名紫杉，故称紫山。二说都持之有据。在杨氏族人收藏的历代契约中，有不少买卖纸池的契约，可见当地历史上有造纸传统。《永泰县志》记载：“猫儿竹，方言谓之麻竹，大者径七八寸，紫山人用以造纸。”① 又云：“与德化分界处曰紫山，制有海纸。”② 寥寥数语，可以证实紫山的确以造纸著称。此外，在杨氏宗祠龙山堂的后山有一片紫杉，树龄已经超过 900 年，相关的风水故事在杨氏家族世代相传。据说，当年杨氏开基祖杨仪新刚到紫山，在建造龙山堂前听从风水先生的建议，在附近栽下了一片红豆杉（紫杉）。村名传说承载了村民的历史记忆，启发我们寻找当地生计模式与家族发展的历史线索。

2018 年暑假，我们首次来到紫山村，发现并扫描了当地现存的民间历史文献，经初步整理约有 800 件，包括契约、族谱、阄书、账簿、祭簿、诉状等不同类型（图 56）。其中大多是清中叶以后的契约，涉及山林、土地、房屋等财产的产权交易。这些文献原来都是保存在村民家中，较好地维持了原有的系统性与归户性，对于我们后续的整理和研究提供了极大的便利。

为了考察明清以来紫山村的历史变迁，笔者曾多次重返紫山，对当地的生态环境、族群关系、民间信仰和宗教仪式传统开展田野调查，收集了较为丰富的口述史资料。本文主要依据紫山村的现存历史文献，结合田野调查资料，考察明代以来紫山杨氏家族的山林经济与文化建构。

---

① 民国永泰县志：卷 4[Z]. 民国十一年铅印本. 台北：成文出版社，1967：96。

② 民国永泰县志：卷 7[Z]. 民国十一年铅印本. 台北：成文出版社，1967：147。

图 56　紫山村文书掠影

紫山杨氏的族源传说

据《龙山杨氏族谱》记载，紫山杨氏的祖先可以追溯到汉太尉杨震。[①]《后汉书》载："杨震字伯起，弘农华阴人也。八世祖喜，高祖时有功，封赤泉侯。高祖敞，昭帝时为丞相，封安平侯。"[②] 紫山杨氏的入闽始祖濯缨公，"为汉太尉伯起公九世孙，世处华阴。因隋文皇帝拜公南平侯，固辞不得，遂于开皇十五年浮海逃闽，寓居南台钓龙井边"。[③] 这一族源传说不知从何而来，或是出自后人的附会。

如果仔细推敲，从杨震到濯缨公的传承谱系是不可信的，理由有二：其一，杨震于汉延光三（124）年罢官还乡，在途中饮鸩自杀，而濯缨公在隋开皇十五（595）年逃闽，相隔 471 年，而"九世孙"不过近 300 年，在时间上不符；其二，《龙山杨氏族谱》的谱系图以入闽始祖濯缨公为第一代，而从杨震到濯缨公的世系是缺失的，只是在谱序中点到即止，并未详述二者之间的传承关系。那么，紫山杨氏为何要选择

① 龙山杨氏族谱：龙山杨氏谱序．清乾隆二十六年抄本：无页码。
② 〔南朝宋〕范晔．后汉书：卷 54[M]．北京：中华书局，1965：1759。
③ 龙山杨氏族谱：序．清乾隆二十六年抄本：无页码。

杨震作为祖先？自然是为了建构家族历史的正统性。杨震与濯缨公的郡望“弘农华阴”，在秦汉时期属于关中要地，代表了中国文化的正统；杨震作为东汉名臣与世家大族，也能抬高杨氏家族的身份与门第。乾隆《德化县志》曾论及当地讲究门第的习俗：“闾巷细民，咸持门第以推流品，动辄举奴隶为诟谇，辨曲直惟期取胜。”① 紫山与德化交界，难免受到这种习俗的影响。

在《龙山杨氏族谱》中有《历代迁歌》，讲述自隋代濯缨公入闽到宋代仪新公开基的故事。兹摘录如下：

隋唐五代宋元明，十有一朝合大清。
欲问我祖来何纪，开皇十五干支盈。
迄今重光荒落岁，一千一百五九龄。
肇基南台傍龙井，三世移居嵩水汀。
原系井边仍名井，十有五世再迁莺。
龙井龙山贻嘉号，莫非我祖志箴铭。
计自入闽传代数，四十有一奕叶形。
追处龙山世念七，故家真足令人评。②

由此看来，从濯缨公入闽以来，杨氏族人经历了三次迁徙，即最初住在福州南台，后来迁至永泰嵩口，最后才迁居紫山。《历代迁歌》的序言对此有如下说明：

我祖传世及其历迁年纪，谱内俱有明载，考之纲鉴，无不允合。尝综而论之：濯缨公于隋开皇十五年癸亥入闽，迄今乾隆二十六年辛巳，阅朝十有一，阅主八十有三，阅甲子二十，阅年一千一百五十有九。始居南台五十有五年，第三世宾琦公于唐贞观三十年③丁巳迁嵩阳，继居嵩阳四百年。第十五世仪新公于宋庆历三年丁酉迁龙山。今居龙山七百零五年，自入闽传至叶字行，计四十有一世。④

---

① 乾隆德化县志：卷 3[Z]. 清乾隆十一年刻本：11。

② 龙山杨氏族谱：历代迁歌并序 . 清乾隆二十六年抄本：无页码。

③ 贞观年号持续 23 年，“贞观三十年”应为唐高宗显庆元年，未知此谱何以沿用贞观年号。

④ 龙山杨氏族谱：历代迁歌并序 . 清乾隆二十六年抄本：无页码。

在三世祖宾琦公行状后，明洪武四(1371)年修谱人大后公写道：

公有出乎尘世之外，矫矫之行也，常肆志于山岭水崖间……于贞观三十年，泛小舟，逆水渔于嵩阳地界。观其山秀水清，里道坦平，对从游家僮曰："此处离州县最远，诚理乱所不闻，是岂不足以安居乎?"遂相地经营，架筑屋宇，搬家而移居焉……后人曰"未有月洲张，先有井边杨"……故后人地名嵩阳，自公号也。[1]

不过，乾隆二十六(1761)年重修族谱的杨凤超为宾琦公续传时，对族源传说提出了质疑：

贞观时，福州为闽州，领县八。陈，嵩阳之地为尤县所管，尚非闽州管，至开元十三年改为福州。永泰二年，析侯官之西乡、尤溪之东乡置永泰县，属福州。宋崇宁，改为永福。公至，正于贞观三十年，是未有福州、永福之名，岂有嵩阳之名？诗曰"山始名嵩阳子号"，岂不信然?[2]

祖先谱系通常会经历后人的重新建构，我们面对这种"层累"而成的祖先谱系时，关键在于揭示其文化认同的历史意义，而不是以此作为其家族繁衍的历史事实。在福建历史上，由于北方移民在地方社会中逐渐占据主导地位，土著族群往往通过编纂族谱，掩饰或改变其族群身份。紫山杨氏族人不断修正其族源传说，其目的在于为家族历史提供体面的解释。不过，紫山杨氏家族的迁移故事，明显表现出从沿海到山区、从中心到边缘的区位特征，这无疑是值得我们关注的。我们认为，杨氏族人从福州迁嵩口、再迁紫山的历史记忆，反映了闽地开发由沿海向山区推进的历史过程，可以视为福建山区开发史的缩影。

紫山杨氏家族的山林经济

关于紫山杨氏家族的历史文献，主要是编纂于道光年间的《龙山杨氏智房谱》[3]。此谱共有227页，前33页为谱序，后为历代祖先的世

① 龙山杨氏族谱:世系．清乾隆二十六年抄本:无页码。
② 龙山杨氏族谱:世系．清乾隆二十六年抄本:无页码。
③ 编撰时间系根据谱序与世系推断。

系与行状，记录了自隋开皇十五年到道光年间共43代族人的基本信息。其中记载，杨氏的开基祖杨仪新，于宋庆历三(1043)年从永泰嵩阳(今嵩口镇)迁入紫山，并修建宗祠“龙山堂”①。从三十二代开始，杨氏族人分为仁、义、礼、智四房，现存道光谱为智房支谱，现存文献也主要来自智房族人。将契约文书与族谱资料相互比对，或能重建家族文献的内在系统。

杨氏族谱中的个人资料，大多是记录其生卒年月与婚姻及子女，显赫人物可能还有诗、赞、行传等资料。在族谱记录的历代祖先中，有不少经商致富的智房族人。其中智房第二代的杨良严，可能是第一位经商致富的杨氏族人：

天拱字良严，行瑞六，号对井，霖全公长子。生嘉靖丙午十二月廿四戌，卒万历庚戌九月午，享年六十五。传曰：公少负才志，□抑郁于功名，转学货殖……二十年而家累数千金。②

从传记资料看，杨良严生存于嘉靖至万历年间，早年追求科举功名不得志，遂转而经商，并大获成功。此后不久，第三十五代杨善尚，“敦伦纪，笃宗族，行善积德，致家丰腴”。③ 第三十六代杨仕僄，“康熙岁次癸巳春，延请乡饮大宾，恩荣八品顶带。……家资殷饶”。④ 这几位发家致富的杨氏族人，显然都是因为善于“货殖”而致富。

紫山盛产竹木，濒临闽江支流大樟溪，水路运输较为便利。因此，杨氏族人的致富途径，主要是开发山林资源，利用山场发展多种经营。在紫山现存契约文书中，有两张万历年间的山契，反映了紫山早期山林经济的经营方式。其一如下：

立承批人梁日敬，凭中就在杨宅承出山场三号，坐落坑坪洋双髻埼冲顶，批承去砍做菇树。言约今年起不拘□熟，递年约纳山租三分，不敢拖欠。如拖欠，许山主自行采摘无□。立批字为照者。

万历十九年十月　日。立承批：梁日敬。代字人：梁明玉。

---

① 龙山杨氏智房谱:3。
② 龙山杨氏智房谱:64。
③ 龙山杨氏智房谱:69。
④ 龙山杨氏智房谱:75。

〈押〉①

在此契中，佃户梁日敬向“杨宅”租山，目的是利用树木培植蘑菇。杨氏作为山主，每年可以收入“山租三分”。当时有不少佃户向杨氏租山，其中甚至有来自浙江绍兴的菇农，如：

立承佃人绍兴陈玉人兄弟等，凭中就在永福□□杨善处承出山场一所，土名各险坑等处，东至□，西至埼，南至□埼，北至溪里，批承去砍做菇树。言约做十年内，递年约纳租银五分，不敢拖欠。如拖欠，许山主自行采摘无□。两家情愿，立批为照者。

□□元年十月十四日。立承批：陈玉人。中见人：方世德。〈押〉②

此契年代不明，从纸质看应该是明代契约。上述两张契约中的梁姓与陈姓佃户，都是专门从事山林经营的外来移民，即明清之际的“棚民”。万历《永福县志》记载：“至于引水不及之处，则漳、泉、延、汀之民种菁种蔗，伐山采木，其利乃倍于田。”③ 在这一历史背景下，杨氏家族作为“山主”，自然是有利可图的。

在紫山杨氏的现存契约文书中，尚未发现外来木客与木商的资料。不过，傅衣凌曾发现清末客商在闽北租山经营木材的契约，反映了商业资本对山区开发的影响。试转引其中一张契约如下：

立出泊杉木批字人吴长远，自己续置民秋竹坪土名白马案杉木山一片，……今将四至内杉木出泊与泰森源号，当日面议杉木价番四十四元正。其山四至倘有来历不明，不涉客人之事，山主自己出头料理清楚。至于杉木自泊之后，任凭客人随时登山砍伐。此系先商后定，各无反悔。恐口无凭，敬立批字为照。

光绪辛卯年八月　日。立出泊杉木字人：吴长远。说谕人：詹位奴。何际朗亲手的书。④

---

① 洑口乡紫山村文书：壬00403。

② 洑口乡紫山村文书：壬00404。立契时间残缺，据内容与纸张材质判断，应与前契同属万历时期。

③ 万历永福县志：卷1[Z]. 福州：海峡书局，2012：39。

④ 转引自：傅衣凌. 休休室治史文稿补编[M]. 北京：中华书局，2008：310。

在这一契约中，吴长远作为山主，将山场内杉木卖给木商泰森源，而木材的砍伐与运输则全部由泰森源自行处理。由于资料不足，我们目前还无法判断“绍兴陈玉人”是否也是租山经营的商人，还是自食其力的佃户。不过，像杨良严之类经商致富的杨氏族人，应该不会满足于出租山场，而是投资开发山场，实现经济利益的最大化。

清代至民国时期，紫山的山场大多用于培植毛竹林，就地制造“麻纸”，或称“海纸”。在现存契约文书中，可以看到当地竹林和纸池的频繁交易，甚至也有外地人来紫山购买竹林和纸池。例如，从道光至同治年间，紫山杨声熙与德化黄起齐等签订了一系列契约，都涉及竹林与纸池的产权转让，如：

立卖契人永邑杨声熙，承祖置有猫竹林山场壹所，坐落紫山，地方土名长墇堀，上至横路并家雄竹林，下至振高竹林界，左至对仑直上并声纬竹林及奂贡、彬中竹林界，右至墇沟界；又毗连壹所，坐落田下，上至田，下至墇沟，左至墇沟，右至叶携竹林界，共式所，肆至分明。今因乏用，自愿托中送卖与德邑黄起齐表兄处为业。叁面言议，时值价钱壹拾叁仟文正。其钱即日交讫，其猫竹林山场即付钱主前去管掌为业。别安他人守顾，任从其便。此山林系是自己祖置物业，与别兄弟侄无干，保无交加不明及重张典当他人等情；如有此情，系卖主支当，不涉买主之事，至有力之时凭契面赎回。今欲有凭，立卖契壹纸为照。

另又纸池壹口，坐落里烘田中，一并付管。

道光拾壹年拾壹月　日。立卖契：杨声熙。在见中：兄声野。同契：弟叶罷、叶煦。〈押〉

熙赎回出卖声瑞契，价钱壹仟肆佰文，熙自赎回管掌。（进益）①

杨声熙原有祖先留下的两处竹林，还有一口纸池，他曾将这些产业买给族人声瑞，但只得到 1400 文，后来又赎回并以 13000 文卖给了邻县黄起齐。卖产原因是“乏用”，看来杨声熙经济状况不佳，难以经营竹林和造纸。其实，当时杨声熙还把另一处竹林和纸池卖给了德化黄

---

① 洑口乡紫山村文书：壬 00274。

家，到咸丰六年才以原价收回：

立倒收归回字人德邑南山黄名绣，承祖置有猫竹林壹派，坐落永邑紫峰地方，土名长塆堀伏兔望月墓边。此竹林为因隔远，管掌不便，现今抛荒，不成产业；又并有纸池壹口，坐落里烘田中，自愿托中送归回与永邑杨声熙处管掌为业。三面言议，时收原契价面银两足讫。其银即日交足，其猫竹林并纸池俱付杨家管掌回，守顾为业，任从其便。倘若后日兄弟侄或有原契取出，不得行用。此系两愿，各无反悔。今欲有凭，立倒收归回字一纸，存执为照。

咸丰陆年拾壹月。立倒收归回字人：黄名绣。中在见人：叔祖黄起大。执笔同字：叔亲科。〈押〉（生利）①

有趣的是，杨声熙在原价收回这些产业之后，并未自己经营，而是随即再次转手“活卖”给了其族弟声瑞：

立卖契兄声熙，自己手置有猫竹林壹所，坐落本乡，土名长塆堀田头伏兔望月墓边。上至声气弟竹林，下至横路仔与家成叔竹林为界，左至对仑直上与声纬弟并声铨弟竹林为界，右至田头坑沟并自己山为界，四至分明，又并里烘纸池壹口。今因抛荒，管掌不便，自愿托中送卖与弟声纬处为业。三面相议，时值价钱贰仟文正。其钱即日交足，其竹林并纸池即付弟前去管掌、守顾为业，任从其便。保无交加不明等情，及在先并无重张典当他人；如有此情，系兄出头支理，不涉弟之事。其□不拘远近，至有力之时，备钱凭原契面取赎。此系两愿，各无反悔。今欲有凭，立卖契壹纸为照。

咸丰陆年拾壹月　日。立卖契：兄声熙。在见中：兄声开。执笔：男彬管。〈押〉

同治叁年十一月赎。（进益）②

到了同治三年，卖主果然赎回了这些产业，原来的卖契实际上成为典契。从咸丰六年至同治三年，买主获得了竹林与纸池的经营权，其收益相当于贷钱 2000 文的利息。

---

① 洑口乡紫山村文书：壬 00130。

② 洑口乡紫山村文书：壬 00164。

由于紫山的竹林中通常都有纸池，可以推断当地培植竹林的目的主要是造纸。此外当地也有单独经营的纸池，可能主要通过收购毛竹造纸。如以下卖契：

立卖契德凤，承父阄分有纸池壹口，坐落秀山堂厝右边田头，兄弟应分纸池半口。今因乏用，自愿托中送卖与兄班樣处为业。三面相议，时值价银壹千叁百伍式正。其银即日交足，其纸池半口即付钱主前去管掌为业，浸纸生理，任从其便，不敢生端异言之理。如有交加来历不明，系是卖主出头支当，不涉钱主之事。其年限言约八年以外备钱取赎，两家情愿，各无反悔。今欲有凭，立卖契壹纸付执为照。

中华民国七年二月　日。立卖契：弟德凤。中见：兄德龙。〈押〉自笔。(大进益)[1]

此契中的纸池，原为杨德凤兄弟共有的产业，分家后各得一半。契中约定，在卖主转让其一半产权之后，买主可以独立经营纸池八年，此后卖主可以随时赎回。因此，这一交易仍是活卖，即卖主实际上是抵押借贷。不过，这一纸池的一半产权“时值价银壹千叁百伍式正”，应该是笔误，以“时值价钱”1352 文较为合理。从这一契约可以看出，直到民国初期，紫山的造纸业仍然相当兴盛。

在紫山杨氏文书中，有 49 件乾隆至道光年间杨振干家族的契约，其中房契、山契、田契、借据各占 45%、31%、18%、6%。可见其财产构成以房屋与山林为主，山林的比重超过了田产。通过解读杨振干和这些契约文书，可以考察清中叶杨氏家族的财产形态与经营方式。族谱记载：

方才，字振干，行六三。大昂公第五子，生乾隆癸亥五月廿六亥。嘉庆八年延请乡饮耆宾，恩荣八品顶带。本府正堂张讳采伍给匾，旌之曰“圣世耆英”。卒道光元年辛巳七月二十寅，享年七十九。

娶陈氏娥娘，石龙溪人，庠生讳炳麟公堂姑。生乙丑五月二十子，卒乾隆壬寅八月廿七，未得年三十八。考妣合葬垄坑坪上湖，

① 洑口乡紫山村文书，壬 00587。

坐辛拱乙兼戌辰石墓。男奕颖、奕眼、奕恭。女嫒娘配白沙蔡宗松。①

杨振干为入闽始祖派下第三十九代、紫山智房派下第八代族人（图57）②。他六十岁时应邀参加了乡饮酒礼，获得八品顶带和知府赠匾，可见他在当地有很高的声望。他并未考取科举功名，其声望自然是来自热心公益事业。这就是说，杨振干通过从事地方公共事务，获得了较高的社会地位。

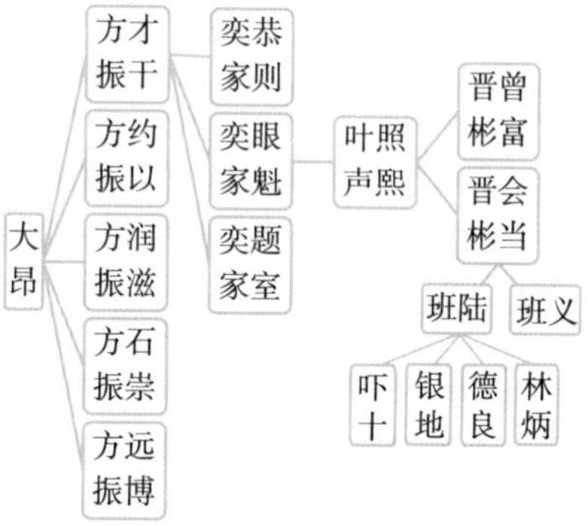

图 57　杨振干世系图

从现存契约文书看，杨振干主要致力于经营山林经济。清代紫山的山林主要是杉木与猫竹林，属于商品化程度较高的经济林，前者运销各地作为建筑材料，后者用于造纸和制作笋干。紫山杨氏大多数族人都是以开山种树为生，但由于山林的生长周期较长，需要长期投资，有不少族人难以为继，被迫转让自己的山林产权。杨振干家族的山林产权，主要是向其他族人收购的。如乾隆三十四(1769)年杨大极所立卖契：

立卖契叔大极，有自己天杉壹根，坐落后头山振干竹林内。抽出大者壹根，送卖侄振干处，前去长大砍伐，时收价钱壹佰肆拾文正。其钱即日交讫，其天杉付侄任从其便，不敢言说。两家情愿，各无反悔。今欲有凭，立卖契一纸为照者。

乾隆叁拾肆年五月　日。立卖契：叔大极。〈押〉③

此契述及杨振干竹林中的一根杉木，原为其叔大极所有，以价钱140文出卖。杨振干买到此杉后，需要待其长大成材，再砍伐出售。可见，当时紫山杨氏的山场可以从事多种经营，而且可以由族人合作经营。在这一山场中，既有杨振干经营的竹林，也有杨大极经营的杉木，二者各有不同的产权归属。杨大极或许是急需用钱，才提前从自己的杉

① 龙山杨氏智房谱:120。

② 龙山杨氏智房谱:18。

③ 洑口乡紫山村文书:壬 00202。

木中“抽出大者壹根送卖”。

从乾隆至道光年间，杨振干家族可能主要经营造纸与制笋业，因为其家族财产中有大量竹林。如嘉庆十(1805)年杨振炙所立卖契：

立卖契弟振炙，有自己猫竹林壹所，坐落本乡土名周边。上至振崇山，下至家怀山，左至大邑竹林，右至振干自己园坪为界，四至分明。今因乏用，托中送卖与兄振干处为业。三面相议，时值价钱壹仟伍佰文正。其钱即日收足，其竹林并山永付兄前去管掌，其杉仔并杂木亦付管掌。山内下节大杉贰根、柽杉壹根，付炙自砍其杉，砍明付还兄管掌。系无交加少欠等情；如有此等，系炙支理，与兄无干。今欲有凭，立卖契壹纸，永远为执。

嘉庆拾年十二月　日。立卖契：弟振炙。代字中见：兄振三。〈押〉①

杨振炙将自己的“猫竹林”卖予同族兄弟振干，同时又保留了“山内下节大杉贰根，柽杉壹根”，待砍伐后再移交山场的经营权。从中不难发现，杨振干的目的在于收购毛竹林，这表明其主要经营领域是造纸或制笋。

杨振干通过经营山林经济而致富，这在清代紫山杨氏族人中并非特例。不过，我们也应当指出，在杨振干等发家致富的同时，也有不少族人陆续典卖山林，在家族内部出现了贫富分化。如能系统分析紫山历史上的山林契约文书，可以较为深入地探讨当地的产权交易及贫富分化过程。

紫山杨氏家族的文化建构

紫山杨氏家族僻处深山老林，却以世家大族自居。自明中叶以来，杨氏族人致力于家族建设，追求科举功名，参与公益事业，在地方社会确立了声望与权势；同时经营家族庙宇，操控民间信仰，建构了富有地方特色的宗教仪式传统。

---

① 洑口乡紫山村文书：壬 00065。

1. 国家权力的代理人

紫山杨氏的开基祖仪新公，据说于北宋庆历三年从嵩口迁来紫山后就着手创建家族祠堂“龙山堂”，但毁于宋元之际的战乱，以致“神栖无地，季族飘零”。到明代中叶，第三十一代族人甫明公“分五子以仁、义、礼、智、信为号”，同时致力于家族整合，“依旧址构祠宇以祀先，复苗产以贻后”，还制定了家规十条：

一、孝悌为先；二、处世以和；三、内外有别；四、耕读各勤；五、子侄□训；六、勿交非友；七、勿犯□典；八、勿□淫赌；九、莫争□□；十、勿抱螟蛉。①

从上述家规看，杨甫明应该受过正统的儒家教育，注重家族伦理与礼教秩序。他希望子孙以耕读为本，安分守己，维护家族的纯正血统，不可抱养义子。他试图通过重建祠堂和恢复族产，实现“敬宗收族”的目的。杨甫明“生正统戊午年三月十二酉，卒嘉靖壬午正月初二戌，享年八十五”，目前紫山杨氏家族的五房族人其实都是杨甫明的后代。因此，考察紫山杨氏家族的发展，应该从明代中叶开始。

杨甫明分设五房之后，其子孙开始追求科举功名。例如，智房三十三世杨良严“少负才志”，却“抑郁于功名”，转而经商致富之后，“疏财重义”，全力经营“族户之事”。据《龙山杨氏族谱》统计，自三十六世以降，杨氏族人中有 8 人“业儒”，其中一人在家办学授徒，吸引了周边地区的不少学生。自三十九世后有 6 人捐纳太学生、岁贡生。杨氏族人娶妻或嫁女时，尤其注重对方的家庭背景，如有科举功名都要在族谱中标明：

仕条字君嘉……男元莉、元弗、元庐，女嫁白岩庠生陈震元。

元高字子美……男德全、德驹、德韩，长女嫁承泽黄观侯，次女嫁本都南山邑庠生柯琼。

元珍字子宝……女翠娘嫁东湖太学生黄兴龙。

方珀字振坚……娶张氏则娘，仙西嵩人，太学生讳玉琪公胞姑。

① 龙山杨氏智房谱:61。

方才字振干……娶陈氏娥娘，石龙溪人，庠生讳炳麟公堂姑。

晋会字彬当……娶黄氏蕃娘，德湖坂西宁寨，邑庠生例授明经进士、候选儒学正堂讳宗仁公之玄孙女。[①]

以上关于族人婚姻状况的记载，反映了杨氏家族对科举功名的高度重视。当然，与当地士绅阶层的联姻，有助于提升杨氏族人的社会地位，建构杨氏家族的社会网络。

在紫山杨氏家族中，参与地方公共事务是传统美德，同时也是获得声望和权势的有效途径。据族谱记载，历代共有 20 位族人热衷于地方公共事务，或是创办地方公益事业，其中有 12 人获得官府旌表。如三十五代杨善尚“于坑口路旁建亭宇，以休息行旅”，至乾隆九年“宗族鸠银，建亭口拱石桥，以济行旅之艰”。[②] 三十七代杨子东“请匠琢石，铺筑康庄，于今行旅赖之”[③]。这些积极从事公益事业的杨氏族人，在地方社会享有较高的声誉，自然容易得到地方政府的礼遇和表彰。在前述杨振干之前，尚有：

仕傈字君友，行廿三，善安公长子。生顺治元年甲申三月十六申，卒雍正己酉七月廿八卯，享年八十六。康熙岁次癸巳春，延请乡饮大宾，恩荣八品顶带，邑侯崔讳生灿赠匾曰“菡德兼优”。[④]

在清代地方政治中，由知府、知县聘请为“乡饮大宾”，授予“八品顶带”并赠匾，可以说是极高的礼遇了。杨君友生平事迹不明，他不仅高寿，而且“家资殷饶”，应该是乐善好施的大富翁。在杨氏族谱中，还记录了不少节妇，如：

林氏之守节也，持斋致谨，不苟言笑，生平直如一日。乡族嘉之，报□官，邑主来，旌以匾，曰“操比松筠”。[⑤]

这种表彰既是杨氏家族的自我标榜，也反映了传统国家的统治策略。自明中叶以后，地方财政日益萎缩，朝廷和官府难以对地方事务实行有效干预，而借助地方精英实行社会治理，有助于弥补基层社会的权

---

① 龙山杨氏智房谱:73,85,88,111,121,218。

② 龙山杨氏智房谱:69。

③ 龙山杨氏智房谱:89。

④ 龙山杨氏智房谱:75。

⑤ 龙山杨氏智房谱:81。

力真空。[①] 受到官府表彰的家族精英，其实都是地方政府的代理人。通过他们的身体力行，国家权力和正统意识形态才得以深入边远山区，维护社会秩序的长期稳定。

2. 族群起源与“在地化”

紫山杨氏家族经营的庙宇，同样经历了文化建构过程。紫山村现存七座庙，其中属于杨氏家族的有五座，即龙山境闽越王殿、银凤亭、圣君殿、坑头亭和马峰宫。另两座属于紫山李氏家族，即峙溪越王殿和圣君殿。这些庙宇与当地民众的日常生活密切相关，每年都要举办游神仪式和神诞庆典，有助于改善族群关系，缓和社会矛盾。由于李氏家族人口较少，其家族庙宇规模不大，在社区生活中日益边缘化。在此着重考察杨氏家族的闽越王殿与银凤亭，探讨其象征意义及建构过程。

龙山境闽越王殿由紫山杨氏开基祖仪新公始建于宋庆历三(1043)年，嘉庆十九(1814)年族人重修，现建筑面积约200平方米。庙中主祀闽越王无诸，同时供奉恩主尊王、皇后娘娘、杨公太使、田公元帅、笔使、判官等神像。据族谱记载，杨氏家族之所以奉祀闽越王，是由于其始祖濯缨公于隋开皇十五（595）年入闽后住在福州南台，“在其庙侧，是以世奉香火，故至此遂建庙以祀”[②]。然而，据《八闽通志》《福州府志》等记载，闽县钓龙台西的闽越王庙始建于唐大中十（856）年[③]。因此，杨氏族谱中关于奉祀闽越王的解释明显是附会之说。

闽越王无诸为汉初闽越国之主，即福建土著闽越族的首领。《史记》记载：“闽越王无诸及越东海王摇者，其先皆越王句践之后也，姓驺氏。秦已并天下，皆废为君长，以其地为闽中郡……汉五年，复立无诸为闽越王，王闽中故地，都东冶。”[④] 对于福建土著来说，闽越王崇拜具有特殊意义，可以说是族群认同的标志。由此看来，杨氏族人可能

---

① 郑振满．清代福建地方财政与政府职能的演变——《福建省例》研究[J]．清史研究,2002(2):24—35。

② 龙山杨氏族谱:世系．清乾隆二十六年抄本:无页码。

③ 正德福州府志:卷31[Z]．福州:海风出版社,2001:下册:386;〔明〕黄仲昭．八闽通志:卷58[M]．福州:福建人民出版社,2017:下册:503。

④ 〔汉〕司马迁．史记:卷114:东越列传[M]．北京:中华书局,2013:3585。

原来就是土著，其闽越王崇拜是与祖先记忆密切相关的。不过，到了宋代以后，杨氏族人的历史记忆受到儒家正统观念的影响，试图通过建构从华北南迁的祖先故事，掩盖其土著身份。

杨氏家族对“龙井”的记忆同样与闽越王崇拜密切相关。族谱记载：

> 濯缨公却侯封而入闽，以清示志者也。观钓龙井之清而曰：“可以栖迟。”爰傍井而寓。宾琦公之徙嵩阳也，初非本有“井边”之名，盖曰我祖以清示志者，铭心于井，是以到其地而凿井，名以井边；至于嵩阳，亦自公始而名，其题咏可考。仪新公之开基龙山也，初亦非有“龙山”之名，因九日携友登高歌咏得名，而其后遂以定名，且凿井题诗，示以南台井边之派，清白相传。[①]

这就是说，杨氏祖先在历次迁移过程中，始终都保持对“井”的记忆，其意义据说是“以清示志”。而在实际上，井的主要功能是提供水源，这对生活在山区的族群尤为重要（图58）。在福建历史上，民间曾经以闽越王为祷雨之神。例如，“洪武十年，布政使叶茂率僚佐祷雨祠下，即获嘉应。因具其灵迹达于中书，下礼官议，从神故封，称曰汉闽越王之神”。[②] 我们可以推测，崇拜闽越王与对“龙井”的记忆相似，都是表达了对水源的渴望与敬畏。

银凤亭位于紫山安厝寨旧址附近山巅，俗称“仙妈亭”，是木结构的单体建筑（图59），建筑面积约100平方米。庙中主要供奉三仙妈（潘龙、付凤、玉枝），又称三显真仙，另有仙父仙母、五谷真仙和伽蓝、土地的神像。在正殿神台下方的石条上，刻有题记：“宋绍兴戊寅年仲春吉旦，紫峰信官杨世秀肇建。”据当地人介绍，银凤亭的主祀神是银凤（付凤），其姐姐是金凤（潘龙），妹妹叫飞凤（玉枝）。在德化石牛山有金凤亭，尤溪有飞凤亭，紫山的银凤亭其实是老二。据说仙妈对求子很灵验，每年正月初九、十二、十五都有紫山和德化毛厝村等地的信众来银凤亭上香。

在闽中山区，三仙妈信仰由来已久。据德化民间传说，宋代尤溪县

① 龙山杨氏族谱：序．清乾隆二十六年抄本：无页码。

② 〔明〕黄仲昭．八闽通志：卷58［M］．福州：福建人民出版社，2017：下册：504。

马老汉生了三个女儿，后来马老汉遇害，三位女儿带着母亲流落到戴云山的石洞中。大姐去附近村庄买米，回来的路上遇到歹徒，大姐情急跳崖，为观音所救，醒来后发现自己在道观中，遂拜仙姑为师，得道成仙，道号“岱仙”。于是驭龙回戴云山，途中连失青龙、灰龙，乃在当地建庙修真，就在今天的“岱仙瀑布”附近。大姐又去石牛山拜访张、肖、章三位真人，得知其母亲和妹妹在山北的八逞村鼓山中定居，遂前往鼓山与姐妹一起建观修仙，二妹号飞凤仙子，三妹号银瓶仙子。最后，大姐回岱仙瀑布建飞仙亭，二妹在白潭山建飞凤亭，三妹在崎山巅建银瓶亭。①

图 58　紫山村龙井（张培奋摄）

上述传说中的三仙妈庙宇都在德化境内，并未提到紫山的银凤亭。实际上，在戴云山区的永春、永安等县市，都有关于马仙姑的传说。永春蓬壶镇百丈岩的马仙庙，据说始建于宋代，当地人称为马寺。庙中供奉三显真仙，中间为马氏仙姑，左右为其妹嫂。传说马氏仙姑为马文忠之女，15 岁时与嫂杜氏一同前往马德山结庐修道，为乡民采药治病，

① 德化县地方志编纂委员会办公室．戴云山志［Z］．北京：方志出版社，2011：277—278。

图 59　紫山村银凤亭

被认为是神仙下凡。仙姑 17 岁时，父被奸臣陷害，遂到百丈岩下掏蜜洞取石乳十八担，上京为父鸣冤，皇帝封她为马氏公主。后来与杜氏在百丈岩坐化升仙，皇帝下旨在百丈岩建庙奉祀，称公主殿。永春石鼓镇桃星村现存马氏母亲白氏坟，其嫂杜氏在石鼓镇凤尾村水吼宫亦有香火。马氏仙姑号称三显真仙，据说是因为她曾三次显灵：第一显是在百丈岩得道成仙，第二显是为皇后助产，第三显是在皇宫救火。因此，“三显真仙”来自皇帝的敕封，显示其身后备极恩荣。在永安县也有百丈岩，其中也有马仙姑庙。《永安县志》记载：

> 马氏名五娘，二十七都铜盘人。父马大相，母罗氏。广道元年正月十五日生，容貌丰美。及笄归婚，是夜，身中毒病，夫家弃还其父。父请僧徒送河边，将沉之。忽云雾飙起，有神附人语之，降童引上百丈岩头，得仙果食之。二妹及嫂杜氏来看，五娘以果分与之食，俱得飞升，云是九天玄女度之。今铜盘殿，其祖居地也；及百丈岩、上坪云峰洞，三处皆有显迹。乡人以木刻像祀之，随所祷祝皆应。唯云峰洞木像一出，即大风随起，彼二处则不然也。[1]

① 万历永安县志：卷 8[Z]．北京：方志出版社，2004：97。

在这里，马氏仙姑同样是与二妹、杜氏嫂一同得道成仙，其飞升地也叫百丈岩，但并无皇帝敕封故事，而是由九天玄女度化。

比较德化、永春、永安与永泰紫山的马仙传说，可以看出其内在关联或者说同源性。首先，马氏仙姑是三姐妹，在永春、永安又加入杜氏嫂；其次，马氏的父亲曾经受难，这是促使马氏姐妹修道成仙的关键环节；最后，马氏仙姑的成仙过程，得到了观音、张真君、九天玄女等神明的指引。很明显，这些故事有共同的来源，而不同的细节则来自传播过程中的“在地化”。在紫山的银凤亭中，如今不仅供奉马氏三仙妈，同时也供奉仙父仙母、五谷真仙等，这显然是不断吸收其他外来因素的结果。

不过，紫山银凤亭中现存的南宋绍兴年间“紫峰信官杨世秀肇建”的题记，无法证明南宋建庙是崇拜马氏仙姑，杨世秀也未必是紫山杨氏家族的祖先。从现存历史文献看，马仙信仰最初流行于浙南山区，唐代书法家李阳冰撰写的《护国夫人庙碑记》可能是现存最早的有关记载。兹摘录如下：

> 护国夫人马氏，括苍下邑鸬鹚人也……上元间连岁苦旱，郡守太子率吏令司马公与郡属吏遍祷境内之灵湫。未沾之间，有二老告诸司马公曰：某之下邑有马氏之祠与井，里人祷有所验。郡守遣吏同二老抵祠所，置享礼，吏未旋踵，合境告足。公异之，乃复命二老至黄堂，问仙姑始终出处之迹。二老曰：“某儿时，闻诸故老云：仙家贫，事姑孝，工辟纑机杼事以致养。……后莫识其所往，忽里人见之井所，自言‘名在仙籍，邻邦合为我祠，我其福汝！’。由是里人共立祠以祭之，故时无疫疠，所种必稔，则地稍辟，日有自他乡至者。采于山，获栋梁之材；钓于水，美鲜鳞之食；含哺鼓腹，不知帝力之有在矣。于时乡人为戍卒者，事仙益谨，遂立边功，得美官；以阴府助国，疏神善以告诸当路者，请闻于朝，乃赐命‘护国夫人’，并其纶诰以进之。”司马〔公〕敬开其函以语阳冰，阳冰时为缙云令，并记之以示不朽。①

① 成化处州府志：卷18［Z］. 明成化二十二年刻本：30—31。

在今浙南景宁畲族自治县有“鸬鹚殿”，当地人称之为马仙信仰的“祖殿”。鸬鹚殿的门联为“永久感德感永久，深山仰信仰深山”，可见马仙信仰与山区开发密切相关。唐朝敕封马氏为“护国夫人”，据说是因为戍边军官“以阴府护国”为由疏请；而当地民众对马氏的信仰，则是为了“时无疫疠，所种必稔”。

清康熙年间，景宁贡生潘可藻著有《马孝仙传》，记述了马仙信仰在浙南、闽东地区的传播过程：马氏原为华亭“著族”，其父曾任晋阳县尉，母卢氏，生育五娘、六娘、七娘。石敬瑭之乱时，马公辞职归田，“避来温之瑞安，叠迁至罗阳、百丈、仙居诸乡”。马公去世后，其妻女至青田十三都鸬鹚村，“诛茅结庵而居焉”。北宋建隆年间，七娘首先“证仙道”，“两姐精修日进，功满后五娘著仙灵于闽之松溪、仙岩，六娘著仙灵于瓯之瑞安、罗阳”。潘氏的马仙故事是从民间传说改编的，“谒马仙祠，见壁间黏记一篇，惜文辞鄙俚。特备序芳躅，而为之传”。[1]

从上述故事看，马仙信仰应起源于浙南山区，而后逐渐向闽东、闽中地区传播。地处浙南山区的景宁县是畲族聚居地，也是世界香菇栽培的发源地之一，至今还有“菇民戏”“菇民节”等民俗活动。明清时期，浙江景宁、龙泉、庆元等地的菇民陆续前往闽北、闽中山区，利用当地的山林资源培植香菇。紫山杨氏家族保存的明代契约，记载“绍兴陈玉人兄弟等”向杨氏租山，“批承去砍做菇树”。[2] 这说明，当时浙江菇民已经来到闽中山区，因而可能带来了马仙信仰。当然，马仙信仰在闽中山区的传播，同样必须经历“在地化”过程，逐渐与当地的民间信仰相结合，形成各种新的神话传说与仪式传统。

紫山杨氏家族的闽越王殿和银凤亭，承载了不同的历史记忆。大致说来，闽越王崇拜与祖先记忆相联系，表明杨氏家族可能是土著族群。不过，自明代以来，杨氏家族精英通过建构族源传说，使闽越王崇拜与入闽始祖相联系，试图遮蔽其族群身份；在庙中同时供奉恩主尊王、皇后娘娘、杨公太使、田公元帅等神明，其仪式传统日趋多元化，进一步

① 同治景宁县志：卷 13[Z]. 清同治十二年刻本：65—67。

② 洑口乡紫山村文书：壬 00403。

冲淡了闽越王崇拜的族群色彩。至于马氏仙姑，可能是外来“菇民”的保护神，后来在紫山立庙奉祀，反映了这些外来移民的“在地化”过程。在银凤亭中同时供奉五谷真仙等神明，同样有助于淡化族群色彩，促进不同移民群体的融合。

结语

紫山村地处永泰与德化、仙游交界的高山地区，山林资源丰富，生态环境得天独厚。自明代以来，当地村民通过开山造林，发展制笋、种菇、造纸等林业经济，逐渐发家致富。在此过程中，历代紫山人留下了大量契约文书，为研究山区开发史提供了宝贵的资料。

紫山村的主要居民为杨氏族人，其祖先据说于北宋迁居此地。不过，从现存历史文献看，杨氏家族的历史只能追溯至明代中叶。明嘉靖年间，紫山杨氏族人分为五大房，并重建祠堂、置族产、立家规，致力于家族建设。清代杨氏族人追求科举功名，参与公益事业，经常应邀参加乡饮酒礼，在地方社会确立了声望与权势。

紫山杨氏家族的闽越王殿与银凤亭，承载了不同的历史记忆。前者为土著族群的象征，与杨氏家族的祖先记忆相联系；后者为外来移民的寄托，反映了族群融合的历史。杨氏族人通过经营家族庙宇，操控民间信仰，建构了富有地方特色的宗教仪式传统。

尽管紫山村并未保存完整的庄寨建筑，但当地在历史上以造纸著称，又有红豆杉等珍稀林木，可以说是永泰山区开发史的活化石。研究紫山村的历史和文化，可以为永泰庄寨研究提供不同维度的参照。